大修館書店

もくじ

はじめに　1

第1章　本研究の目的と意義　……………………………………… 5
第1節　本研究の目的　6
第2節　本研究の意義　7
第3節　研究上の位置づけ　9
　1．待遇コミュニケーションに関する先行研究　10
　2．本研究に関連する先行研究　12
＊第1章のまとめ　16

第2章　考察のための理論的枠組み　……………………………… 19
第1節　「〈言語＝行為〉観」　19
第2節　コミュニケーション行為とコミュニケーション主体　23
　1．コミュニケーション行為——表現行為・理解行為　24
　2．コミュニケーション主体——表現主体・理解主体　26
第3節　人間関係と場——場面　27
　1．人間関係——自分・相手・話題の人物の関係　28
　2．場　32
　3．場面——人間関係と場　34
第4節　意図と待遇意識——「意識（きもち）」　35
　1．意図　35
　2．待遇意識　37
第5節　題材と内容——「内容（なかみ）」　38
　1．題材　38
　2．内容　39
第6節　言材，媒材，文話——「形式（かたち）」　40
　1．言材　40
　2．媒材——音声・文字　42
　3．文話——文章・談話　43

第7節　考察の前提となる考え方　44
　　1．「意識（きもち）」「内容（なかみ）」「形式（かたち）」の連動　44
　　2．相互尊重に基づく自己表現と他者理解　45
　　3．よりよいコミュニケーション　47
　第8節　考察のための方法に関する考え方　48
　　1．個別性と一般性　49
　　2．考察に用いる資料に関する考え方　52
　　3．「意識」の段階と「形式」の段階　55
　　4．本研究で用いる術語とその略語　56
　＊第2章のまとめ　58

第3章　待遇コミュニケーションにおける敬語…………………………………65
　第1節　敬語論に関する研究　65
　　1．敬語論のあり方　66
　　2．敬語の分類論　66
　第2節　言材としての敬語と敬語表現における敬語　67
　　1．言材としての敬語と敬語表現における敬語との区別　68
　　2．敬語に関する4つの段階　69
　　3．時枝の敬語論との違い　73
　第3節　言材としての敬語の体系　74
　　1．敬語的性質　76
　　2．敬語的性質に基づく敬語分類　84
　第4節　敬語表現における敬語　88
　　1．各敬語における論点　90
　　2．敬語表現における敬語化　105
　＊第3章のまとめ　121

第4章　待遇コミュニケーションとしての敬語コミュニケーション……………127
　第1節　敬語コミュニケーションと敬意コミュニケーション　128
　第2節　敬語コミュニケーションの諸相　131
　　1．敬語コミュニケーションを考察するための論点　131
　　2．「文話」における敬語コミュニケーション　176
　第3節　敬意コミュニケーション　203
　＊第4章のまとめ　215

第5章　待遇コミュニケーションの諸相…………………………………………… 221
第1節　意図に基づく表現行為の類型化　221
第2節　行動展開表現における丁寧さの原理　227
1．行動展開表現　227
2．丁寧さの原理　233
3．あたかも表現　238
4．許可求め型表現　248
第3節　行動展開に関する待遇コミュニケーション　255
1．行動展開に関する待遇コミュニケーションの捉え方　255
2．行動展開に関する待遇コミュニケーションの諸相　262
 ⑴宣言の待遇コミュニケーション　262
 ⑵確認の待遇コミュニケーション　267
 ⑶許可求めの待遇コミュニケーション　270
 ⑷申し出の待遇コミュニケーション　273
 ⑸忠告・助言の待遇コミュニケーション　277
 ⑹勧めの待遇コミュニケーション　285
 ⑺依頼の待遇コミュニケーション　287
 ⑻許可与えの待遇コミュニケーション　299
 ⑼指示・命令の待遇コミュニケーション　303
 ⑽誘いの待遇コミュニケーション　310
第4節　理解要請に関する待遇コミュニケーション　316
＊第5章のまとめ　319

第6章　まとめと今後の課題…………………………………………………………… 327
第1節　本研究のまとめ　327
第2節　待遇コミュニケーション研究の課題と展望　329

おわりに　331

参考文献　333

索　引　339

はじめに

　「待遇コミュニケーションとは何か？」という問いに対する最も簡潔な答えは，「待遇表現」に「待遇理解」の観点を加えてコミュニケーションを捉えたものだ，ということになる。また，「待遇とは何か？」という問いに対する最も簡潔な答えは，「人間関係」と「場」に重点を置いてコミュニケーションを捉えようとする観点だ，ということになる。
　しかし，これだけの説明では，待遇という観点も，待遇コミュニケーションという捉え方も，よくはわからないだろうと思われる。
　「待遇」という捉え方を理解しやすくするものは，「敬語」という用語であろう。「待遇コミュニケーション」ではなく，「敬語コミュニケーション」であれば，それが「人間関係」や「場」に重点を置いてコミュニケーションを捉えようとするものであるということも，わかりやすくなるかもしれない。それゆえに，これまでは，「敬語表現」や「敬語コミュニケーション」という用語によって，待遇表現や待遇コミュニケーションについて説明してきたわけである。しかし，敬語表現や敬語コミュニケーションの背景となっている考え方が待遇表現や待遇コミュニケーションなのであり，敬語表現や敬語コミュニケーションはその一つの現れなのである。
　本書では，そうした「待遇コミュニケーション」という捉え方を前面に出して，敬語や敬語表現や敬語コミュニケーションの本質を明らかにし，敬語表現や敬語コミュニケーションを超えた表現やコミュニケーションの仕組みを解き明かすことにしたい。
　ただし，本書で扱う具体的な対象となるのは，現代共通日本語における待遇コミュニケーションである。それは待遇コミュニケーションを対象とする研究領域の中の一部にしかすぎない。待遇コミュニケーションという捉え方の射程は，現代語や共通語や日本語に限るものではなく，さらに言語も超えた様々な行為や現象に及ぶものなのである。したがって，本書ではその点を自覚しつつ，現代共通日本語における「待遇コミュニケーションとは何か？」「待遇とは何か？」に対する一つの回答を，具体的に明らかにしたいと思っている。

本書は,「第1章　本研究の目的と意義」,「第2章　考察のための理論的枠組み」,「第3章　待遇コミュニケーションにおける敬語」,「第4章　待遇コミュニケーションとしての敬語コミュニケーション」,「第5章　待遇コミュニケーションの諸相」,「第6章　まとめと今後の課題」の全6章より成るが，はじめに，本書で主張しようとすることの要点を述べておきたい。

　まず，研究の対象となる「言語」とは何かという言語観を明確にし，その言語観に基づく研究がどのようなものとして展開するのかを示すことにある。本研究において示した言語観は，言語は言語主体の表現行為，理解行為そのものであるという「〈言語＝行為〉観」である。表現行為，理解行為をコミュニケーション行為だと捉えれば，言語はコミュニケーション主体のコミュニケーション行為そのものなのである。

　「〈言語＝行為〉観」という言語観に基づく研究のために，〈コミュニケーション主体（表現主体・理解主体）は,「人間関係」や「場」——それらを総称した「場面」の認識に基づき，コミュニケーションを行う「意識（きもち）」，そのコミュニケーションの「内容（なかみ）」，そしてその「形式（かたち）」を連動させながらコミュニケーションを行う〉という枠組みを提唱した。そこにおける要点は，それぞれがコミュニケーション主体の行為として連動していることである。すべてはコミュニケーション主体の認識に基づく行為として捉えられるわけである。

　しかし，そうはいってもコミュニケーション主体の行為以前に何らかの存在があり，それこそが言語なのではないのか，という疑問が生まれる。その問題を解決するための考え方として，行為以前に成立している何かを言語だと捉えるのではなく，それは言語を成立させるための「言材」だと捉え，それによって,「言語とは言材を用いて行う表現，理解の行為である」という規定が成り立つようにした。

　本研究における研究対象としては,「待遇表現」があるわけだが，その中でも，敬語や敬語表現が重要な課題となる。敬語に関する問題を解決する一つの方策は,「言材としての敬語」と,「表現における敬語」とを区分して扱うことである。それによって，敬語分類などにおける疑問点が解決できるのではないか，ということが本研究での主張点の一つになる。敬語研究における先人たちの研究成果と大きく異なるわけではないが，言語の根本のあり方を見直すことで，新たな敬語研究が展開するのではないかというのが提言の主旨である。

　しかし，本研究が目指すものは，言材の研究ではなく，あくまでも行為としての言語研究である。待遇表現についても，表現形式からではなく表現行為としての研究を進めたいということで，その中心的な課題となっている敬語表現,

そして敬語コミュニケーション，敬意コミュニケーションの分析，整理を進めた。

さらに，表現を表現行為としてみたときに，自己表出，理解要請，行動展開を意図とした表現の整理ができるという提言をした。これは表現行為の類型化であって，表現形式の類型化ではない。もちろん，行為と形式とは連動するので，それを明確に記述し分けることは難しく，表現形式についての整理に見えてしまうおそれもあるのだが，行動展開に関する表現行為は，敬語とは異なる観点からの「丁寧さの原理」とつながっていることを指摘した。そこでの発見としては，「許可求め表現」の意義であり，すべての行動展開表現が丁寧さという観点からすると許可求め表現に収斂するということである。究極的には，依頼表現も許可求め表現になり得る，ということなどが明らかにできた。

そして，待遇表現行為だけではなく，待遇理解行為があることに着目し，表現を理解主体から捉える必要性を提言した。こうした捉え方や枠組みから一体何が見えてくるのかということを，行動展開に関する待遇コミュニケーションの諸相を示しつつ，明らかにしていった。さらに理解要請に関する待遇コミュニケーションについても検討する意義を示した。

「〈言語＝行為〉観」に基づく待遇コミュニケーションという捉え方をすることで，実際の社会における言語生活，人と人とのコミュニケーション行為の問題に展開していくことになる。そして，一人一人が待遇コミュニケーションの力をどう養っていくのか，という教育の問題へと展開していくと考えている。

以上が本書で述べる要点であるが，それらを通じて「待遇コミュニケーションとは何か？」ということが明らかになることを目指すものである。

第1章
本研究の目的と意義

　本研究は，現代共通日本語における「待遇コミュニケーション」について，待遇コミュニケーションを考察するための理論的な枠組み，待遇コミュニケーションにおける「敬語」，待遇コミュニケーションとしての「敬語コミュニケーション」と「敬意コミュニケーション」，「行動展開表現」における「丁寧さ」に関する点を中心とした待遇コミュニケーションの諸相などを通して，論じようとするものである。
　「待遇コミュニケーション」というのは，従来の「待遇表現」に，「待遇理解」という観点を加えて「コミュニケーション」を捉えようとするものであり，言い換えれば，コミュニケーションを「待遇」という枠組みにより捉えようとするものである。
　「待遇」というのは，コミュニケーション主体（表現主体・理解主体）が，そのコミュニケーションにおいて，自己と他者との関係（上下親疎，立場・役割などの関係）――「人間関係」――をどのように認識し，位置づけようとするのか，自己がコミュニケーションを行う経緯（時間的位置）や状況（空間的位置）――「場」――をどのように認識するのか，という観点のことである。
　したがって，待遇コミュニケーションとは，コミュニケーション主体が，人間関係と場――それらを総称した「場面」――をどのようなものと認識し，それをどう表現行為，理解行為――それらを総称したコミュニケーション行為――に反映させようとするのか，そして，そのコミュニケーション行為を通じて「場面」をどう変容させていこうとするのか，ということに重点を置いて，コミュニケーションを捉えたものになるわけである。
　本章では，第1節においてこのような待遇コミュニケーションを研究することの目的，第2節において研究の意義，そして，第3節において研究上の位置づけについて述べていくことにする。

第1節　本研究の目的

　本書における第一の目的は，待遇コミュニケーションというものの本質を明らかにすることとともに，待遇コミュニケーションという捉え方をすることの意義を明確に打ち出すことにある。

　それは，一つには，従来「敬語」や「敬語表現」そして「待遇表現」などという術語で扱われてきた対象について，「コミュニケーション行為」の観点から捉え直そうという試みでもある。待遇コミュニケーションに関する規定や理論的な枠組みについては第2章において論じるが，待遇コミュニケーションを簡潔に規定すると，〈待遇コミュニケーションとは，待遇表現に待遇理解を加えたものである〉ということになる。これまでの待遇表現や敬語表現の研究においても，「理解」という観点がなかったわけではないが，その中心にあるのは，場面の異なりに応じた表現の使い分けや，そこに見られる表現形式などであった。待遇コミュニケーションという捉え方においても，「表現主体」の表現行為や表現形式は重要なものであるが，それと同時に「理解主体」の理解行為を，そして表現行為と理解行為との相互関係を併せ考えることによって，待遇コミュニケーションというものの本質が明らかになるのだと考えている。

　また，待遇コミュニケーションとは，コミュニケーション行為を「待遇」という観点から捉えようとするものだといえる。「待遇」の観点というのは，言い換えれば，表現主体や理解主体——「コミュニケーション主体」が認識する「人間関係」や「場」——「場面」に重点を置くことである。つまり，待遇コミュニケーションは，「場面」という観点に焦点を絞りつつコミュニケーション行為を捉えようとするものなのである。

　したがって，待遇コミュニケーションとは，コミュニケーションの捉え方を意味するものなのであって，コミュニケーションと別にあるものではなく，またコミュニケーションの下位区分として位置づけられるものでもない。このような待遇コミュニケーションという捉え方をすることの意義を明確に打ち出すことも重要な目的となる。

　このような待遇コミュニケーションについて研究しようとする理由として，まず，日本語においては，敬語表現を中心とした待遇表現が発達しており，現代日本語の研究としても，それらを含む待遇コミュニケーションに関する意識や実態を明らかにし，待遇コミュニケーションの本質を追究する必要があるということが挙げられる。

　それとともに，待遇コミュニケーションの研究が，待遇コミュニケーション

の教育や学習に関する研究の基盤となることも，本書の重要な背景としてあり，それが第二の目的となっている。

待遇コミュニケーションという捉え方をし，待遇コミュニケーションに関する意識や実態を通じて，待遇コミュニケーションの本質を追究することは，もちろん大切なことであり，本研究の第一の目的もそこにあるのだが，そのことが，コミュニケーション主体一人一人の実際の表現行為，理解行為のあり方にもつながっていくことが重要だと考えている。待遇コミュニケーション研究が必然的に待遇コミュニケーション教育の研究に展開し得るものとなること，それを目指すことも本研究の大きな目的だといえるのである。

こうした目的を持つ，現代共通日本語における待遇コミュニケーションに関する研究は，〈言語とはコミュニケーション主体のコミュニケーション行為そのものである〉とする言語観である「〈言語＝行為〉観」を基盤としている。その意味で，「〈言語＝行為〉観」に基づく言語研究の一つの成果だということもできる。本研究は，言語とは別にあるコミュニケーションに関する研究を目指すものではなく，「〈言語＝行為〉観」に基づく〈言語＝コミュニケーション行為〉に関する研究として位置づけられるものである。

そして，そのような意味での言語によるコミュニケーションを研究することが，言語教育にも深く関連するとともに，言語以外の手段によるコミュニケーションとの関係も含めた言語生活の実態を明らかにすることにもつながると考えている。そのような展開を見せる言語研究のあり方を模索していくことも，本研究の背景にある大きな目的となっている。

本書においては，これらのことを目的として掲げ，現代共通日本語における待遇コミュニケーションについて論じていきたいと考えている。

第2節　本研究の意義

「〈言語＝行為〉観」という言語観に基づく待遇コミュニケーション研究は，従来の，敬語，敬語表現，待遇表現に関する研究を乗り越えていこうとするものである。それは，先人たちの積み重ねてきた多くの研究成果を背景としながら，〈言語＝コミュニケーション行為〉という観点から新たな光を当てていくことに他ならない。そして，待遇コミュニケーションの本質を明らかにするという研究目的を達成することが，それだけで完結してしまうのではなく，待遇コミュニケーションに関する教育／学習の研究や実践へとつながるものであることに意義があると考える。

本書では，まず，待遇コミュニケーションを考察するための基本的な枠組み

について述べていくが，そのことは，言語というものをコミュニケーション主体のコミュニケーション行為として捉えることにより，何が見えてくるのか，どういう点が明らかになっていくのかということにつながっている。言語研究が「人間」について追究していくものであり，それが必然的に「社会」，「文化」の問題と関係していくこと，それを示すことにも本書の意義がある。

　人は一人では生きていけない。人が人になるためには，人とのコミュニケーションが必要になる。人と人とのコミュニケーションを通じて，社会が生まれる。人はその社会において，人との関係を創り，新たな社会を創っていくのである。

　そして，人が人らしく生きていくためには，よりよい関係を創るための知恵が必要となる。その知恵とその知恵によって生み出されるものが文化だとすれば，人が文化を創り，その文化によって人となっていく。

　待遇コミュニケーションの根本にあるのは，このような社会に生きる人間の文化的な営みであり，その意味での普遍性を求めることも，待遇コミュニケーションについて研究していくことの意義であると考えている。

　日本語研究としての待遇コミュニケーションの最初の課題としては，「敬語」というものをどう捉え，位置づけるかということが挙げられる。そのために，敬語について，待遇コミュニケーションの観点により体系的な整理を試みる。それは敬語研究に関する新たな方向性を示すものになると考えている。

　その上で，コミュニケーションにおいて敬語がどのように位置づけられるのか，敬語が用いられているコミュニケーションとしての「敬語コミュニケーション」とはどのようなものなのか，尊重の意識や敬意が込められているコミュニケーションとしての「敬意コミュニケーション」とはどのようなものになるのかを明らかにしていく。

　そして，人と人とがよりよい関係を築くために必要な「丁寧さ」につながる待遇コミュニケーションを中心に，現代共通日本語における待遇コミュニケーションの諸相を示すことで，待遇コミュニケーションという捉え方の持つ意義や待遇コミュニケーションの本質が明らかになっていくと考えている。

　冒頭に述べたように，待遇コミュニケーションとは，コミュニケーション主体が，「場面」をどのようなものと認識し，それをどうコミュニケーションに反映させようとするのか，そして，コミュニケーションを通じて「場面」をどう変容させていこうとするのか，ということに重点を置いてコミュニケーションを捉えたものである。それは，単に場面の制約によるコミュニケーションのあり方を扱うことだけではなく，コミュニケーションによって場面を変えていこうとするという，極めて動態的な研究へと転換していく可能性を持つものに

なるといえるのである。
　本研究は，「〈言語＝行為〉観」に基づく言語研究の一つとして位置づけられるものだが，言語を表現主体の表現行為，理解主体の理解行為そのものだと捉えることにより，個々のコミュニケーション主体の意識や認識に重点が置かれることになる。
　言語研究においては，個々のコミュニケーション主体の意識や認識を明らかにすること自体が目的となるわけではないが，個々のコミュニケーション主体という点に焦点が絞られることによって，一人一人の人間の行為としての言語のありかたも浮かび上がってくるといえる。その意味で，言語研究が人間に関する研究としての意義を明確に持つことになると考える。
　一般性，普遍性を求める研究の成果が，再び一人一人の人間の行為に戻ることによって，言語研究と言語教育研究とがその本質において連動していること，それを示すための基礎となる言語研究になりうることが，本研究の持つ最も重要な意義だと考えている。

第3節　研究上の位置づけ

　本研究は，「〈言語＝行為〉観」に基づく，現代共通日本語における待遇コミュニケーション研究として位置づけられるものである。
　「〈言語＝行為〉観」は，時枝（1941，1955）において提唱された「言語過程説」における言語本質観に基づくものであるが，本研究においては，言語がコミュニケーション主体のコミュニケーション行為である点を強調するとともに，「言材」という術語を提示することで「言語過程説」に対する批判を乗り越えようとしている。言語＝コミュニケーション行為と捉える「〈言語＝行為〉観」に基づくことで，言語は言語として存在し，その言語を使ってコミュニケーションする，といった言語とは別にあるコミュニケーションを扱うものではないという姿勢を明確にした。
　待遇コミュニケーションは，これまでの「敬語」「待遇表現」の研究を展開させたものであるが，そこに「待遇理解」の観点を加えることで，コミュニケーションという捉え方をより鮮明に示そうとしている。従来の諸研究の成果の上に築かれるものではあるが，根本にある言語観が異なる研究に対する批判の上に何かを積み上げようとするものではなく，言語の実態を踏まえつつ，筆者自らの言語観に基づく理論的展開と，そこから導かれる見解を述べようとすることに主眼がある。
　したがって，本研究の前提となる先行研究についても，その中心になるのは，

待遇コミュニケーションに関する研究として展開してきた諸研究である。言うまでもなく、唯我独尊の研究になることは避け、本研究に関連する先人たちの研究を踏まえることは心がけなければならないが、局所的な議論に陥ることなく、基本的な理念や言語観と具体的な研究との関連性、整合性を重視し、待遇コミュニケーションに関する本質、待遇コミュニケーションという捉え方をすることの意義、そうしたものの全体像を示すことに努めたいと考えている。

1. 待遇コミュニケーションに関する先行研究

まず、待遇コミュニケーションに関するこれまでの研究について、整理しておくことにする。

「待遇コミュニケーション」という術語を初めて示した論考は、蒲谷・川口・坂本（2002）である。ただし、そこにおいては、

> なお、将来的に「待遇表現」の研究という場合には、狭義の「待遇表現」と「待遇理解」の両者を含めるものとなることが予想される。その場合、狭義の「待遇表現」との混乱を避けるために、総称としての「待遇表現」には、例えば「待遇コミュニケーション」というような術語を用いる必要もあるかと思う。
> (p16)

と述べたように、未だ萌芽的な提案の段階であった。

筆者が「待遇コミュニケーション」という術語を明確に打ち出し、提言した論考は、蒲谷・待遇表現研究室[1]（2003）「「待遇コミュニケーション」とは何か」、蒲谷（2003b）「「待遇コミュニケーション教育」の構想」をその嚆矢とする。

ただし、待遇「表現」だけではなく待遇「理解」の観点も必要であり、「コミュニケーション」の観点から待遇表現を捉える必要があるという、「待遇コミュニケーション」の考え方そのものは、蒲谷、川口、坂本による待遇表現研究会時代から持ち続けていたものである。蒲谷・坂本（1991）、蒲谷・川口・坂本（1994）においても、待遇表現だけではなく、待遇理解という捉え方の重要性については射程に入っていた。

その一方で、「待遇」という用語が一般的には理解されにくいこともあって、

---

[1] 早稲田大学大学院日本語教育研究科は2001年に開設したが、その際の研究室名は「待遇表現研究室」であった。2003年に「待遇コミュニケーション研究室」と改め、現在に至っている。

待遇コミュニケーションの考え方は、蒲谷・川口・坂本（1998）『敬語表現』、蒲谷・川口・坂本・清・内海（2006）『敬語表現教育の方法』、蒲谷・金・高木（2009）『敬語表現ハンドブック』、蒲谷（2007b）『大人の敬語コミュニケーション』、蒲谷・金・吉川・高木・宇都宮（2010）『敬語コミュニケーション』など、公刊された一連の著作においては、「敬語表現」や「敬語コミュニケーション」という用語によって語られることが多くなっている。それらの根底にあるのは「待遇コミュニケーション」という捉え方ではあるのだが、書名にある「敬語…」という用語に引き摺られて、待遇コミュニケーションを前面に出して語るようになっても、待遇すなわち敬語というような誤解や曲解を生んでいることは否めない。

　敬語から敬語表現、待遇表現、そして待遇コミュニケーションへという展開について論述したものとしては、蒲谷（2003c）、川口・坂本・蒲谷（2003）、蒲谷（2006c）、川口（2006）、蒲谷・高木（2008）などを挙げることができる。「待遇コミュニケーション」という術語は「待遇表現」に基づくものであるが、「待遇」という概念が正確には理解されないことも多い。しかし、コミュニケーションを「待遇」という観点から捉えようとすることの研究史上の意義については、日本語学においても、日本語教育学においても、改めて検討すべき大きな課題であると考えている。

　待遇コミュニケーションに関する具体的な研究成果は、待遇コミュニケーション研究会、待遇コミュニケーション学会発行の『待遇コミュニケーション研究』（2003～）に掲載されている諸論考においても示されている[2]。

　基本的には、本研究に関連する先行研究としては、待遇コミュニケーションの根本にある、コミュニケーション主体が人間関係と場――「場面」をどのようなものと認識するのか、そして、その認識がコミュニケーション主体の意識やコミュニケーションの内容や形式とどう関わってくるのかという観点に共通性のあるものについてのみ、触れていくことになる[3]。

2）『待遇コミュニケーション研究』創刊号～4号（2003～2006）は、早稲田大学待遇コミュニケーション研究会発行、2007年度に待遇コミュニケーション学会が設立されたため、5号以降（2008～）は、待遇コミュニケーション学会発行となっている。

3）　待遇コミュニケーション（教育）に関する研究は、研究会、学会などを通して行われてきたが、本書において論じる、「待遇コミュニケーション」、「意識（きもち）、内容（なかみ）、形式（かたち）の連動」、「〈言語＝行為〉観」、「言材としての敬語と敬語表現における敬語」、「言材としての敬語の体系」、「敬語コミュニケーションの諸相」、「行動展開表現における丁寧さの原理」などは、筆者独自の考えに基づくものである。2003年以降、こうした考えに基づく研究成果が『待遇コミュニケーション研究』を中心に現れてきている。

2. 本研究に関連する先行研究

　本研究においては，現代共通日本語という範囲に限定された待遇コミュニケーションについて論じるわけだが，現時点での筆者の中心的な課題としては，敬語，敬語コミュニケーション，敬意コミュニケーション，行動展開表現，丁寧さ，などが挙げられる。したがって，それらの考察を通じて待遇コミュニケーションを論じることになる。しかしながら，これまで述べてきたように，本研究の基盤となる考え方は，言語とはコミュニケーション行為そのものだとする「〈言語＝行為〉観」であるため，言語観を異にする諸研究との関連性を持たせて論じることには，かえって無理が生じると思われる。また，事実として，本研究において直接参考にした先行研究は少なく，研究の結果として先行研究との関連が見出せるというものが多い。

　ただし，これらの課題は，従来の敬語論，待遇表現研究，社会言語学，語用論，ポライトネス理論，コミュニケーション論などとの関連が深く，それらとの関係をまったく抜きにして論じることはできないだろう。敬語論に関する先行研究については，第3章で述べることとするが，ここでは，敬語と待遇コミュニケーションについて，語用論，ポライトネスとの関連で見ておきたいと思う。

　ポライトネスを「言語使用における，ある普遍現象」として捉える理論は，Brown and Levinsonによって提唱されたものであるが，田中典子監訳（2011）の「日本語版出版によせて」に2011年時点での両氏からのコメントがある。

　　　私たちの理論的発展の出発点は，敬語その他の社会的地位を示す様々な「標識」（markers）の存在にもかかわらず，総体としてのポライトネスは個々の語や文自体に備わっているのではないということである。そうではなく，ポライトネスとは1つの「含意」（implicature），つまり，状況の中で発せられる言葉によって，ポライトな態度や意図を首尾よく伝えることにより，伝達される可能性を持つある推論なのである。　　　　（p xii）

　ここでは，「敬語」についても触れているが，それは「社会的地位を示す様々な標識」の一つとして捉えられていることがわかる。敬語をどのように捉えるかという点に関連するものとして，Thomas, J.（1995）では語用論と社会言語学の違いを次のように述べている。

　　　…社会言語学は主に，個人の話し方に関する比較的「静的」（fixed）で

「安定」した（stable）社会的変数（たとえば出生地，社会階級，民族的背景，性別，年齢など）が，どのように体系的に言語に反映しているかに関心を持つ。これに対して，語用論は，同じ個人の比較的「変化しやすい」（changeable）側面（相対的地位や社会的役割など）がどのように言語に反映するか，また，話し手がある特定の目的を達成するために「自分」の持っている（社会）言語学的レパートリーをどのように駆使するかなどを明らかにすることに関心を持つ。　　　　　（浅羽亮一監修1998，p200）

　要するに，敬語は，どちらかといえば社会言語学的な対象であり，語用論的（ポライトネス的）な対象ではないという認識が強いわけである。しかしながら，待遇コミュニケーションと敬語との関係については第3章で述べるが，結論から言えば，敬語は上記のように捉えられるものではなく，社会言語学的な対象でもあり，語用論的（ポライトネス的）な対象でもあるのである。
　ポライトネスという捉え方は，待遇コミュニケーションと通底する点があるといえるだろう。しかし，それについて検討する前提として，まず，ポライトネスにおけるポジティブ・ポライトネスとネガティブ・ポライトネス，そしてオフ・レコードの規定について見ておきたい。
　ポジティブ・ポライトネスは，次のように規定されている。

　　ポジティブ・ポライトネスとは，相手のポジティブ・フェイスに向けられた補償行為を指し，聞き手の永続的な欲求（欲求から出た行為，その結果手に入れた物や評価）が常に望ましいものであると認められたい，という願望に沿うものである。　　　　　　　　　　　（田中典子監訳（2011）p134）

ネガティブ・ポライトネスは，次のように規定されている。

　　ネガティブ・ポライトネスとは，相手の「ネガティブ・フェイス」，つまり，自由な行動や興味を妨げられたり邪魔されたくないという欲求に向けられる補償的行為である。　　　　　　　　　　　　（田中典子監訳（2011）p178）

　興味深いのは，この後に「西洋文化の中でポライトネスを考える時，まず頭に浮かぶのはネガティブ・ポライトネスである。我々の文化では，ネガティブ・ポライトネスがFTAの言語的補償として最も精緻で慣習化したものとなっており，（ポジティブ・ポライトネスも幾分かの関心を集めているとはいえ）ネガティブ・ポライトネスは諸々のエチケット本の主要部分を占めるに至って

いる。」と記述されていることである。

　よく日本語はネガティブ・ポライトネスの言語だといわれるが，はたしてそうした捉え方でよいのかどうかは，さらに検討してみなければならないだろう。また，敬語表現もネガティブ・ポライトネスの現れだといわれるのだが，敬語表現がポジティブ・ポライトネスになりうること，上位者に対して敬語を使って話しかけた場合，話しかけること自体がネガティブ・フェイスを脅かすことになる場合もあること，などの点を抜きに論じてもあまり意味がない。敬語や敬語を使って表現することと，ネガティブ・ポライトネスとは直接には関係がないとも考えられるのである。

　オフ・レコードの規定は，次のようになっている。

　　ある伝達行為が，単一の明快な伝達意図によるものとして捉えることができないような形でなされる場合，つまり，行為者が，自分の行為を弁護できるような解釈をいくつか用意することで，自らに「逃げ道」（out）を残している場合，それをオフ・レコードと呼ぶ。
　　…このようなオフ・レコード発話の本質は，言語の間接的使用である。
　　　　　　　　　　　　　　　　　　　　　　　　（田中典子監訳（2011）p300）

このオフ・レコードが間接的表現につながるわけで，この後に次の記述がある。

　　…会話の構造を包括的に理解するためには間接的コミュニケーションの適切な説明が不可欠であることを示している。　　　　　（同上 p301）

敬語と語用論，ポライトネス理論とをつなぐ論考として，滝浦（2005）がある。そこでは，次のように述べられている。

　　「敬語とは何か？」この問いに対する答えとして本書は，「敬語は敬意の表現である」に代わる定義「敬語は距離の表現である」を置きたいと思う。
　　日本語の「敬語」という言語形式は，話し手・聞き手・言及される登場人物の三者間の関係を〈距離〉の関係として表示するシステムである。人は誰かに対して敬語を用いることによって，敬語の対象との間に距離を表し，誰かに対して敬語を用いないことによって，その人びとを脱距離的な関係の中に置き入れる。そうして，誰から見て誰が"ウチ"的であり誰か

ら見て誰が"ソト"的であるかの線引きを，そのつどの発話において表現する。敬語は，人間関係を相対的な距離の関係として構成的に表現する。
(p258)

　副題にあるように，日本の敬語論について「ポライトネス理論からの再検討」をすることで明らかにできた点も多いのだが，敬語の使い方とポライトネスとしての捉え方が混乱していると思える点もある。例えば，敬語を使うことは距離を表すことであり，敬語を使わないことは距離を表さずポジティブ・ポライトネスにつながるという見方は，ポライトネスの考え方に従ったとしても，ポジティブ・ポライトネスの一面を捉えたものにすぎない。相手の欲求が，敬語を使ってほしいということであれば，その相手に敬語を使わないことは，まさにポジティブ・フェイスを脅かす行為であり，その場合には，敬語を使って表現することが相手の願望に沿うポジティブ・ポライトネスになるということなのである。逆に，そもそも敬語を使い合う関係にはない同位者同士のコミュニケーションにおいては，敬語を使って表現する行為は相手の欲求や願望に沿わないことになり，相手のポジティブ・フェイスを脅かすことにつながるわけである[4]。この点は，区別して論じる必要があるのではないだろうか。

　敬語とポライトネスの関係がそのまま敬語と待遇コミュニケーションの関係になるというわけではないが，本研究では，敬語が待遇コミュニケーションとしてどのように位置づけられるのかという点について明確にしたいと思う。

---

[4] 滝浦（2005）の「Ⅲ敬語の語用論のために　2 〈視点〉と〈距離〉の敬語論──語用論の可能性」において，「第一に，敬語は距離化の表現であり，距離化とは，対象人物を"遠くに置くこと"によってその領域の侵犯を回避するネガティブ・ポライトネスの一形態である。…それゆえ，敬語使用の裏面にある敬語の不使用が，対象人物を"遠くに置かないこと"によって領域の共有を表現するポジティブ・ポライトネスのストラテジーとなり得る」（p233）とあるが，これはあくまでも一面の真理であり，敬語を使うこと自体がポジティブ・ポライトネスの一形態でもある点を見失ってはならないだろう。

第1章のまとめ

本章において述べてきた要点をまとめると，次のようになる。

【第1節】**本研究の目的**

本研究の目的は，次のようなものである。
- 待遇コミュニケーションというものの本質を明らかにすること。
- 待遇コミュニケーションという捉え方の意義を示すこと。
- 待遇コミュニケーション教育につながる研究となること。
- 「〈言語＝行為〉観」に基づく研究としてのあり方を示すこと。

【第2節】**本研究の意義**

(1) 「〈言語＝行為〉観」という言語観に基づく待遇コミュニケーション研究は，従来の，敬語，敬語表現，待遇表現に関する研究を乗り越えていこうとするものである。
(2) 言語というものをコミュニケーション主体のコミュニケーション行為として捉えることにより，言語研究が「人間」について追究していくものであり，それが必然的に「社会」，「文化」の問題と関係していくこと，それを示すことにも本研究の意義がある。
(3) 一般性，普遍性を求める研究の成果が，再び一人一人の人間の行為に戻ることによって，言語研究と言語教育研究とがその本質において連動していること，それを示すための基礎となる言語研究になりうることが，本研究の持つ最も重要な意義だと考えている。

【第3節】**研究上の位置づけ**

(1) 本研究では，言語の実態を踏まえつつ，筆者自らの言語観に基づく理論的展開と，そこから導かれる見解を述べようとすることに主眼がある。
(2) 局所的な議論に陥ることなく，基本的な理念や言語観と具体的な研究との関連性，整合性を重視し，待遇コミュニケーションに関する本質，待遇コミュニケーションという捉え方をすることの意義，そうしたものの全体像を示すことに努めたい。
(3) 「待遇コミュニケーション」という術語そのものに拘泥することにはあまり意味はないが，コミュニケーションを「待遇」という観点

から捉えようとすることの意義については，日本語学においても，日本語教育学においても，検討すべき大きな課題であると考えている。
(4) 本研究に関連する先行研究としては，待遇コミュニケーションの根本にある，コミュニケーション主体が人間関係と場——「場面」をどのようなものと認識するのか，そして，その認識がコミュニケーション主体の意識やコミュニケーションの内容や形式とどう関わってくるのかという観点に共通性のあるものが挙げられる。
(5) 待遇コミュニケーションの研究は，従来の敬語論，待遇表現研究，社会言語学，語用論，ポライトネス理論，コミュニケーション論などとの関連が深く，それらとの関係をまったく抜きにして論じることはできない。しかし，現段階での社会言語学や語用論では，必ずしも敬語とコミュニケーションに関する明確な位置づけができていないのではないかと考えられる。

第2章
考察のための理論的枠組み

　本章においては，「待遇コミュニケーション」を考察するために必要となる理論的な枠組み，考察のための方法などについて述べていくことにしたい。それらを通じて，本研究で対象とする待遇コミュニケーションとは何かということ，待遇コミュニケーションをどのように捉えようとしているのかということも，明らかにしていきたいと思う。

　第1節において，本研究の基盤となる言語観である「〈言語＝行為〉観」について述べ，それに基づき，第2節において〈「コミュニケーション行為」という捉え方と，「コミュニケーション主体」（「表現主体」・「理解主体」）〉，第3節において〈コミュニケーション主体が認識する「人間関係」（「自分」・「相手」・「話題の人物」相互の関係），「場」，人間関係と場の総称としての「場面」〉，第4節において〈コミュニケーション主体の「意図」，「意識」〉，第5節において〈コミュニケーションの「題材」，「内容」〉，第6節において〈コミュニケーションを成立させる形式としての「言材」，「媒材（音声・文字）」，「文話（文章・談話）」〉など，待遇コミュニケーションを考察するために必要な枠組みについて述べる。

　そして，第7節において，「考察の前提となる考え方」，第8節において，〈待遇コミュニケーションを記述，分析，考察するための研究方法に関する基本的な考え方〉などについて述べていくことにする。

第1節　「〈言語＝行為〉観」

　まず，本研究の基盤となる言語観である「〈言語＝行為〉観」について述べておきたい。
　「〈言語＝行為〉観」というのは，〈言語とは行為である〉と規定する言語観

であり，言語の本質は「コミュニケーション行為」にあると考える言語観のことである。より正確に言えば，言語というものを「（音声・文字を媒材とした）表現主体の表現行為および理解主体の理解行為」そのものとして捉える言語観であり，言語はコミュニケーション主体（表現主体・理解主体）の行為とは別に「存在するもの」ではなく，個々のコミュニケーション主体の個々のコミュニケーション行為として「成立すること」だとする言語観である。

この「〈言語＝行為〉観」という術語は，筆者が提唱するものではあるが，直接的には，時枝誠記の「言語過程説」における言語本質観により導かれたものである[5]。

言語過程説というのは，周知のように，

　　…言語の本質を心的過程と見る言語本質観の理論的構成であつて，それ
　　は構成主義的言語本質観或は言語実体観に対立するものであり，言語を，
　　専ら言語主体がその心的内容を外部に表現する過程と，その形式に於いて
　　把握しようとするもの…
　　　　　　　　　　　　　　　　　　　　　　　　（時枝1941, p3）

である。

時枝は，こうした言語観に基づき，文法論，敬語論などの各論を展開した。しかし，時枝自身も下記の記述で認めているように，これらの各論が真に言語過程説の言語本質観に即した論として展開されているのかには問題が残る。

　　…各論は，当然，『正編』の総論の展開したものであるべき筈であるが，
　　実は，この各論の組織は，在来の言語学，国語学の諸部門をそのまま踏襲
　　したに過ぎないものであつて，そこには，まだ言語過程説独自の体系とい
　　ふものは，打出されてゐなかった。従つて，各論は，総論を承けるものと
　　しては，甚だちぐはぐなものとなつてしまつたのである。
　　　　　　　　　　　　　　　　　　　　　　　　（時枝1955, pp3-4）

したがって，本研究は，詞辞論を中心とした文法論，敬語論等，時枝の個別の言語論自体に賛同するものではなく，また，それらを含めたものとしての言語過程説全体を踏襲しようとするわけでもない。あくまでも，それらの根底をなすところの，

---

[5]　「言語過程説」は，時枝（1941）により提唱された言語観であるが，筆者が参考にするものは，むしろ時枝（1955）であり，「言語過程説の基本的な考へ方」の冒頭に示されている「言語は，人間の表現行為そのものであり，また，理解行為そのものである。」に基づくものである。

> 　言語は，思想の表現であり，また，理解である。思想の表現過程及び理解過程そのものが，言語である。
> 　…言語は，言語主体の実践的行為，活動としてのみ成立する。
> 　　　　　　　　　　　　　　　　　　　　　　　　　（時枝1955，p4）

という言語本質観を受け継ぐものである。
　ただし，「〈言語＝行為〉観」と「言語過程説」における言語本質観とでは，若干異なる点がある。それは，言語が行為として成立するものであるとしても，その行為を成立させる前提となる「何か」が必要になるのではないかという点に対する見解の相違である。時枝は，下記のように，この「何か」の存在を強く否定した。

> 　この考へ方は，表現理解の行為とは別に，或はそれ以前に，表現理解において使用される資材としての言語（ソシュールのいわゆる「ラング」）が存在するといふ考へ方を否定するものである。（時枝1955，p7）

　「〈言語＝行為〉観」においても，「使用される資材としての言語が存在する」ことを認めるわけではない。ただし，行為を成立させるための「何か」が必要になることを全面的には否定しないということである。
　表現行為や理解行為そのものが言語であると規定しても，例えば，「わたしは学生です。」と話す（書く）ためには，またそれを聞いて（読んで）理解するためには，その表現行為や理解行為が成立する以前に，コミュニケーション主体において「ワタシ」「ハ」「ガクセイ」「デス」といった「コトバ」の存在がなければならないのではないのかという疑問が生じる。その疑問に対して，言語過程説では，表現行為，理解行為以前にはそうしたものは存在しないと主張するのだが，「〈言語＝行為〉観」では，そうしたコトバを「言材」と名づけ，行為としての「言語」と，その行為を成立させるコトバとしての「言材」とを区別して位置づけることで解決しようとする（以下，「言材」については，「カタカナ」で示す）。この点が言語過程説と「〈言語＝行為〉観」との違いとなる。
　言語過程説に対しては誤解や曲解に基づく様々な批判がなされたが，言語過程説を好意的に受け止めようとしながらもなお残る疑問として，言語としての表現行為，理解行為を成立させるための，それ以前にある「何か」は必要なのではないか，という点があった。時枝は，その「何か」こそが言語であるとするような言語観を強く否定し，そうした言語観との差異を際立たせようとしたため，その「何か」の存在そのものまでも否定してしまい，その点に多くの疑

問や批判が集中してしまったといえる。しかし，その姿勢によって，言語の本質が「行為」にあるという主張までも受け入れにくくさせてしまったのではないかと思えるのである[6]。

「〈言語＝行為〉観」における核心は，言語は行為として成立する，という点にある。それが，言語は行為とは別に存在するものだと考える言語観との決定的な違いである。ただし，言語という行為を成立させるためには，それを成立させるための「何か」，すなわち「言材」は必要だと考えるわけである。この点が，言語が行為であることを唱えつつ，言語過程説を乗り越えようとする「〈言語＝行為〉観」の一つの特色となる。

ただし，このように述べると，言材というものを認めてしまう以上，言語過程説を否定することになり，その結果「〈言語＝行為〉観」自体も成り立たなくなるのではないか，という疑問が生じるかもしれない。しかし，「〈言語＝行為〉観」においては，言材は，あくまでも言語を成立させるための「何か」として位置づけられるのであって，言材のことを言語だと規定するものではない。そして，言材と，行為としての言語とを区別することによって，はじめて言語の本質が明らかになってくるという点にこそ，「〈言語＝行為〉観」に基づき待遇コミュニケーションを考えていく意義があるといえるのである。この点については，特に「敬語」に関する研究においてその重要性が見出せると考えている。

それでは，言材とは一体どういうものなのか，言語と言材との関係はどうなっているのか，という課題が残る。それについては，後に詳しく述べるが，ここで付け加えておくべきことは，言語が個々のコミュニケーション主体において成立するのと同様，言材も個々のコミュニケーション主体において成立するものだ，という点である。言材が個々のコミュニケーション主体を離れて存在するものだとは見做さない。その意味でも，言材を認めることにより「〈言語＝行為〉観」は成り立たなくなるという批判は当たらないのである。

一方で，このように述べると，「〈言語＝行為〉観」に基づく言語研究とは，個々のコミュニケーション主体にのみ生じる事象を明らかにしようとするものだと誤解されるかもしれない。「〈言語＝行為〉観」に基づく言語研究においても，言語や言材が個々のコミュニケーション主体において成立するということを踏まえた上で，コミュニケーション主体間における共通性，一般性，そして

---

[6] 佐藤喜代治（1948）「言語過程説についての疑問」『国語学』2，に対する反論として，「佐藤喜代治氏の「言語過程説についての疑問」に答えて」『国語学』3，服部四郎（1957）「言語過程説について」『国語国文』26-1，における批判に対する反論として，「服部四郎教授の「言語過程説について」を読む」『国語国文』26-4などがある。

普遍性を追究していくことに変わりはない。
　ここでの要点は,「〈言語＝行為〉観」は,言語過程説から導かれたものではあるが,その言語本質観を正当に受け継いでいくために,言語過程説の考え方を修正し,乗り越えていくことにある。そして,言語と言材とを区分しつつ言語研究を進めることで,言語というコミュニケーション行為の実態や,言語というコミュニケーション行為における特色を明らかにしていくことなのである。それが,

　　　言語過程説は,言語において,人間を取り戻そうとするのである。
　　　　　　　　　　　　　　　　　　　　　　　　　　　　（時枝1955, p6）

という主張を真に継承することになるのだと考えている。
　なお,本研究では,「〈言語＝行為〉観」と言語過程説との違いについてのみ述べることとし,「〈言語＝行為〉観」と他の言語観とを比較し,その適否や優劣について論じることはしない。言語観は,それぞれの言語研究者が持つ自らの言語研究の基盤とする観方,考え方である。したがって,その意味ではすべての言語観は仮説なのであって,仮説自体を比較して論じることにあまり意味はないと考えるからである。また,そうした議論の多くが不毛なものに終わることは,過去の事実により明らかだからである[7]。
　最も重要な点は,言語観の是非を論じることではなく,例えば,「言語とはコミュニケーション行為である」という言語本質観に立つと,どのような研究が展開しうるのかということにあるのではないだろうか。「〈言語＝行為〉観」に基づくと,待遇コミュニケーションはこのようなものとして捉えることができ,それによってこのようなことが明らかになる,という点を示すことこそが大切なのだと考える。本研究おける一つの大きな目的は,その点を具体的に提示することにあるといえるのである。

第2節　コミュニケーション行為とコミュニケーション主体

　本節では,コミュニケーション行為とコミュニケーション主体というものの捉え方について述べていきたい。

---

[7]　いわゆる時枝・ソシュール論争が不毛である原因は,そもそもソシュールの学説そのものが確定したものではない上に,時枝の学説に対する誤解などが重なっているからだと思われる。しかし,最大の問題は,そうした議論がどのような言語研究のあり方につながり,発展していくかという展望が見出せないことであろう。時枝（1957）「批評の精神」などの文章も興味深い。

1として,「コミュニケーション行為——表現行為・理解行為」について,および,2として,そのコミュニケーション行為の主体である「コミュニケーション主体——表現主体・理解主体」について述べていく。

1. コミュニケーション行為——表現行為・理解行為

まず,コミュニケーション行為,表現行為,理解行為という術語に関して,説明しておきたいと思う。

本研究では,「コミュニケーション行為」という術語を用いているが,それは,コミュニケーションの持つ行為性や動態性を明示しようとしたものであり,「コミュニケーション」という術語とは異なる概念を特に示そうとするものではない。「待遇コミュニケーション」という術語においては「コミュニケーション」を用いており,取り立てて「待遇コミュニケーション行為」とは明示しないが,コミュニケーションをコミュニケーション行為として動態的に捉えようとすることには変わりない。

「表現」という術語についてだが,「表現」には,「表現すること」と,「表現するために用いる表現形式」と「表現された結果としての表現」という複数の意味がある。その違いを明確に示そうとする場合には,それぞれを「表現行為」,「(表現行為で用いられる)表現形式」,「(表現行為の結果としての)表現」という術語を用いることにする。なお,( )内の説明を含めて一つの術語とするわけではないが,必要に応じて「結果としての表現」などのように示すということである。

「待遇表現」という術語についても,その中には,「待遇表現行為」,「待遇表現形式」,「(結果としての)待遇表現」という違いが含まれている。本研究では,表現行為としての待遇表現を扱うことが主眼となるが,一般的には,待遇表現を(結果としての)表現や表現形式として捉えている場合が多い。

一般的な記述を知るために,国語辞典における,「たいぐうひょうげん【待遇表現】」の項を見ると下記のようになっている。

・話題の人物に対する話し手の,尊敬・親愛・侮蔑などの態度を表す言語表現。(『広辞苑』第六版2008)
・話し手が,聞き手あるいは話題の人物との人間関係によって,尊敬・親愛・侮蔑などの気持ちをこめて用いる言語表現,またはその形式。(『大辞林』第三版2006)
・相手の性,年齢,社会的地位,職種,または相手に対しての敬卑などの気

分による人間関係のあり方に応じて変える言語表現，またはその形式。
（『日本国語大辞典』第二版2001）

　本研究では，「表現」という術語の持つ多義性を考慮し，必要に応じて，待遇表現行為，待遇表現形式といった使い分けをすることで，表現行為と表現形式との違いを示すことにしたい。
　「待遇理解」という術語は，この研究領域においてもほとんど用いられてはいないが，「待遇表現」に対応するものとして提示される必要があると考えている[8]。「理解」については，「表現」のような多義性はなく，基本的に「理解すること」という理解行為の意味に限られるため，ここでは特には問題にしない。
　「コミュニケーション行為」には，「表現行為」と「理解行為」があるが，客観的にコミュニケーションが成立するという観点からすれば，表現行為，理解行為は単独で成立するものではない。ある表現行為が行われ，その表現行為の結果成立した表現を受け止め，理解するという理解行為が行われることで，コミュニケーションは成立するといえるからである。
　しかしながら，表現行為と理解行為は，あくまでもそれぞれが独立したコミュニケーション行為として捉える必要がある。表現行為は理解行為を前提とし，理解行為は表現行為を前提とすることは明らかなのだが，ある表現行為は，それ自体が独自のコミュニケーション行為として捉えられるものであり，同様に，ある理解行為は，それ自体が独自のコミュニケーション行為として捉えられるものである。このことは，現実のコミュニケーションにおいて，表現行為と理解行為それぞれが独自に成立するコミュニケーション行為であるがゆえに，表現行為と理解行為との間で様々な誤解やずれが生じることなどからも明らかであろう（かりに誤解やずれが生じない場合であっても，表現行為と理解行為それぞれが独自に成立するコミュニケーション行為であることには変わりない）。
　その一方で，実際のコミュニケーション行為は，その多くがただ一度の表現行為，理解行為によって成立するものではないという点にも，着目する必要がある。表現行為――理解行為というやりとりと，表現行為――理解行為，表現行為――理解行為，…というやりとりを繰り返すことにより成り立つものであ

8）管見では，「待遇理解」という用語が初めて示されたのは，文化庁（1971）においてである。「…「待遇表現」という語をあえて用いるのであれば，その周辺の問題として「待遇理解」というものも頭においておく必要があろう。」（p4）という記述がある。
　なお，本書における「待遇理解」は，「周辺の問題」というのではなく，待遇表現と並ぶものとして位置づけられる。

る。要するに，コミュニケーション行為は，表現行為，理解行為の「やりとり」と「くりかえし」という観点からも捉えることができるわけである。このことは，特に音声コミュニケーションとしての「談話」において明らかであるが，例えばインターネット上の「文章」などにおいても，こうした「やりとり」と「くりかえし」が頻繁に行われているといえよう。

待遇コミュニケーションは，このようなコミュニケーション行為を「待遇」という観点から捉えようとするものである。表現行為を待遇という観点から捉えたものが「待遇表現」であり，理解行為を待遇という観点から捉えたものが「待遇理解」だということになる。

要するに，待遇コミュニケーションは，待遇表現と待遇理解によって成り立つと考えるものである。

2．コミュニケーション主体——表現主体・理解主体

言語をコミュニケーション行為として捉える言語観において最も重要になるものは，その行為を成立させる「主体」の存在である。コミュニケーション行為は，主体なしに成立し得ないからである。ここでは，そうしたコミュニケーション行為の主体となる「コミュニケーション主体」（表現行為を行う「表現主体」，理解行為を行う「理解主体」）について述べていくことにする。

なお，「〈言語＝行為〉観」においては，言語とはコミュニケーション行為（表現行為・理解行為）であると規定するのだが，すべてのコミュニケーション行為（表現行為・理解行為）が言語だというわけではない。言語は，基本的には，音声・文字を「媒材」としたコミュニケーション行為であり，その他の媒材によるコミュニケーション行為とは区別する必要がある。したがって，音声・文字を媒材としたコミュニケーション行為（表現行為・理解行為）の主体を示す場合には，「言語主体」（言語表現主体・言語理解主体）と呼ぶべきだろう。本研究も，その主眼は言語にあるのだが，言語がコミュニケーション行為であるということを明示するため，また，待遇コミュニケーションという捉え方は，必ずしも音声・文字を媒材としたコミュニケーション行為に限定されるわけではない（表情，態度，行動なども含まれる）ため，「コミュニケーション主体」（表現主体・理解主体）という術語によって表すことにする。

コミュニケーション主体は，基本的には，あるコミュニケーション行為における，コミュニケーションをする意思を持った存在としての主体である。コミュニケーションを広く扱えば，コミュニケーション主体は必ずしも人間だけではない。人間とロボット，人間と動物などとのコミュニケーションも射程に入

れておく必要はあるだろう。

　コミュニケーション行為においてその主体同士がどのような関係にあるかを示すと，例えば，コミュニケーション主体Xとコミュニケーション主体Yとの音声による同時的なコミュニケーションにおいては，コミュニケーション主体Xが表現主体として表現行為をしているときには，コミュニケーション主体Yは理解主体となって理解行為をしている，と捉えることができる。そして，コミュニケーション主体Yが表現主体として表現行為をしているときには，コミュニケーション主体Xが理解主体として理解行為をしている，ということになる。つまり，それぞれのコミュニケーション主体は，表現主体となり，理解主体となって「やりとり」することで，コミュニケーション行為が成立するわけである。

　以上が一般的なコミュニケーションのあり方だが，そのとき，常に表現主体と理解主体とが交替する場合（例えば，通常の会話・議論など）と，コミュニケーション主体Xが一方的に表現主体，コミュニケーション主体Yがほぼ一方的に理解主体の場合（例えば，講演会など）がある。

　また，異なるコミュニケーション主体間のコミュニケーション行為ではなく，一人のコミュニケーション主体で完結するコミュニケーション行為もある。例えば，コミュニケーション主体Xが自問自答するような場合，自らが書いた文章を読むような場合には，同一のコミュニケーション主体において表現行為と理解行為とが成立することとなる。コミュニケーション主体Xのみが表現主体となり，理解主体となるということである。

　いずれにしても，コミュニケーション行為がコミュニケーション主体によって成立する以上，そのコミュニケーション主体の認識によってコミュニケーション行為のすべてが決まるといっても過言ではない。待遇コミュニケーションにおいても，それは同じことであり，以下に述べる枠組みのすべてに，コミュニケーション主体の認識が関係しているわけである。

　待遇コミュニケーションにおいては，このようなコミュニケーション主体Xとコミュニケーション主体Yとの関係について，コミュニケーション主体であるXとYがそれぞれをどう捉えているのかという点が重要になるわけだが，それについては，第3節の「人間関係」において述べることにする。

第3節　人間関係と場 ── 場面

　「待遇」という術語は，コミュニケーション主体がコミュニケーション行為を行う際に「人間関係」と「場」──その総称としての「場面」をどのように

捉えるか，ということにその主眼がある。本節では，待遇コミュニケーションにおける「待遇」という観点において最も重要なものとなる，人間関係と場——場面について述べていきたいと思う。

コミュニケーション主体は，人間関係と場をそれぞれ異なるものとして認識しながら，同時にそれらが融合したものとして捉えていると考えられる。人間関係と場を併せて「場面」という術語で示すのは，そのような趣旨に基づくものである。

1として，「人間関係——自分・相手・話題の人物の関係」，2として，「場」について，そして，3として，「場面——人間関係と場」について述べていくことにする。

1. 人間関係——自分・相手・話題の人物の関係

「人間関係」というのは，例えば，親子関係，友人関係，恋人関係，夫婦関係，上司と部下の関係，教師と生徒の関係等々，人と人との関係として捉えることができる。しかし，待遇コミュニケーションを考察する際に重要になるのは，そのような人と人との関係を客観的，一般的に位置づけるということよりも，コミュニケーション主体自身が自己と他者との関係をどう認識するのか，どのようなものとして位置づけようとしているのか，という観点である。あるコミュニケーション主体Xは，自分と自分の子供との関係としては，自己を「親」，相手を「子供」だと捉えるわけだが，自分の親との関係においては，自己を「子供」と捉え，相手を「親」だと捉えることになるわけである。

コミュニケーション主体自身の認識を重視するというのは，必ずしも個々のコミュニケーション主体の個別的な捉え方のみを問題にするということではないのだが，術語としての「人間関係」は，あくまでも個々のコミュニケーション主体の認識によるものである点は確認しておく必要がある。

ここでは，コミュニケーション主体Xとコミュニケーション主体Yとの二者間によるコミュニケーション行為によって，それぞれの「人間関係」の捉え方の枠組みについて述べていくことにする。なお，必要に応じて，コミュニケーション主体Z，話題の人物Wを登場させる。

まず，コミュニケーション主体Xの認識に基づく「人間関係」について見ていく。

・コミュニケーション主体Xがコミュニケーション主体Yとのコミュニケーションを行う際，コミュニケーション主体Xは，自らを「自分」，Y

を「相手」だと認識する。
・XがYに対して表現を行っているその場に，別のコミュニケーション主体Zが存在している場合は，Zも理解主体となる。
・ただし，XがYに対してのみ表現し，Zのことを意識していないときには，XにとってZは「相手」ではない。
・Xがその場にいるZのことも意識しながらYに対して表現するときには，Xにとって，Zも「相手」の一人となる。
・ただし，直接の相手であるYとの関係とは異なる点を明示する際には，Yは「当の相手」，Zは「脇の相手」という区別をすることになる。

次に，その場にはいないが，その表現の中に登場する人物Wとの関係を整理しておく。
・表現主体であるXがYを「相手」にWのことについて表現する際，Wは「話題の人物」となる。
・なお，その場にいる人物であるXやYやZは，かりにその表現の中に登場してきても，それは「話題の人物」としてではなく，あくまでも「自分」，「相手」として捉えられる人物だと位置づける。
・「話題の人物」Wは，コミュニケーション主体との関係によって，次の4タイプがあると考えられる。
　　①自分側の「話題の人物」（X側の「話題の人物」W）
　　②相手側の「話題の人物」（Y側の「話題の人物」W）
　　③自分と相手に共通する「話題の人物」（XとYに共通する「話題の人物」W）
　　④自分にも相手にも関係のない「話題の人物」（XにもYにも関係のない「話題の人物」W）
・「話題の人物W1」とのつながりで「話題の人物W2」が登場してきたときにも，その「話題の人物W2」は，Xにとって，自分側の「話題の人物」か，相手側の「話題の人物」か，自分と相手に共通する「話題の人物」か，自分にも相手にも関係のない「話題の人物」かのどれかに位置づけられる。

以上がコミュニケーション主体Xから見た，「自分」，「相手」，「話題の人物」の捉え方になる。
次に，コミュニケーション主体Yの認識について見ていくことにする。煩雑にはなるが，コミュニケーション主体Xとの違いを確認しておきたいと思う。

- コミュニケーション主体Yがコミュニケーション主体Xとのコミュニケーションを行う際，コミュニケーション主体Yは，自らを「自分」，Xを「相手」だと認識する。

　YがXに対して表現を行う場合にも，先ほど述べたXと同じことになるため，XとYを入れ替えるだけになるのだが，XがYに対して表現していることをYが理解主体として理解しているときの「人間関係」について述べておく。

- XがYに対して表現を行っているその場に，別のコミュニケーション主体Zが存在している場合は，Zも理解主体とはなるが，XがYに対してのみ表現し，Zのことを意識していないときには，YにとってZは単なる第三者である。
- Xがその場にいるZのことも意識しながらYに対して表現するときには，YはZをもう一人の理解主体として認識する。ただし，Yは自分がXの「当の相手」であり，ZはXの「脇の相手」であると認識することになる。
- 「話題の人物」については，基本的な捉え方はXのときと同様であるが，Xが自分側の「話題の人物」と認識した人物について，Yは相手側の「話題の人物」と認識し，Xが相手側の「話題の人物」と認識した人物について，Yは自分側の「話題の人物」と認識することになる。

　「自分」，「相手」，「話題の人物」という人間関係の捉え方は，客観的に，固定的に規定されるものではなく，個々のコミュニケーション主体がそれをどう認識し，位置づけるかということに基づく，相対的，動態的なものである。コミュニケーション主体Xが捉えた「相手」であるYは，客観的に存在するコミュニケーション主体Yというのではなく，あくまでもXが自分との関係において捉えた「相手」としてのYである。つまり，「コミュニケーション主体」としてのYそのものと，Xから見た「相手」としてのYとを区別して扱う必要があるということである。

　以上を整理すると次のようになる。

- コミュニケーション主体Xとコミュニケーション主体Yとのコミュニケーション
　　表現主体Xとしての認識…自分X，相手Y
　　理解主体Yとしての認識…自分Y，相手X
　　表現主体Yとしての認識…自分Y，相手X

理解主体 X としての認識…自分 X，相手 Y

・コミュニケーション主体 Z が加わる場合
　　　表現主体 X としての認識…自分 X，当の相手 Y，脇の相手 Z
　　　理解主体 Y としての認識…自分 Y（自分は当の相手），相手 X，もう一
　　　　　　　　　　　　　　　　人の理解主体 Z
　　　理解主体 Z としての認識…自分 Z（自分は脇の相手），相手 X，もう一
　　　　　　　　　　　　　　　　人の理解主体 Y

　　　表現主体 Y としての認識…自分 Y，当の相手 X，脇の相手 Z
　　　理解主体 X としての認識…自分 X（自分は当の相手），相手 Y，もう一
　　　　　　　　　　　　　　　　人の理解主体 Z
　　　理解主体 Z としての認識…自分 Z（自分は脇の相手），相手 Y，もう一
　　　　　　　　　　　　　　　　人の理解主体 X

・X 側の「話題の人物」W が登場する場合（その他の「話題の人物」については省略）
　　　表現主体 X としての認識…自分 X，相手 Y，自分側の話題の人物 W
　　　理解主体 Y としての認識…自分 Y，相手 X，相手側の話題の人物 W

　　　表現主体 Y としての認識…自分 Y，相手 X，相手側の話題の人物 W
　　　理解主体 X としての認識…自分 X，相手 Y，自分側の話題の人物 W

　それぞれのコミュニケーション主体が，「自分」をどのようなものして位置づけ，「相手」をどのようなものとして位置づけ，「話題の人物」をどのようなものとして位置づけるのか，そこには，「上・下・親・疎」の関係，それぞれの「立場や役割」，「恩恵を与える者　受ける者」などといった関係があり，好き嫌いといった感情なども含めた複雑な認識が絡んでくる。

　「上下親疎」に関しては，それらを総合的に捉えた位置づけとして，自分と相手との関係においては「相手レベル」，自分と相手と話題の人物との関係においては「話題の人物レベル」というものを設定し，例えば，＋2，＋1，0，－1，－2の5段階や，＋1，0，－1の3段階で示してきた[9]。

　これは，教育的な観点も含め，「人間関係」の位置づけを明示するために提唱した一つの方法ではあるが，敬語表現を中心とした表現上のレベルづけとの

---

[9]　蒲谷他（1998），蒲谷他（2006），蒲谷他（2009）などを参照。

関係において，意味を持ってくるものだと考えている。

例えば，「相手レベル」としての位置づけであれば，上・疎の方向を「＋」，下・親の方向を「－」と捉え，敬語表現との関係で示すと次のようになる。

　　　［相手レベル・＋１］…「いらっしゃいますか。」と表現するような相手の
　　　　　　　　　　　　　　レベル。
　　　［相手レベル・　０］…「行きますか。」と表現するような相手のレベル。
　　　［相手レベル・－１］…「行くの？」と表現するような相手のレベル。

　もちろん，このようなレベル設定自体，極めて類型的なものであり，そこにはさらに中間的な段階があること，実際のコミュニケーションにおいてはそれぞれのレベルが混在してくることはいうまでもないが，コミュニケーション主体は，人間関係について大まかな類型化を行いつつ表現形式を選択していると考えられるため，このようなレベル化にも意味があるということである。「話題の人物レベル」についても，同様に位置づけることができる。

　以上，「人間関係」の捉え方の枠組みについて述べてきたが，待遇コミュニケーション研究においては，それぞれのコミュニケーション主体が自己と他者との関係によって，「自分」，「相手」，「話題の人物」をどのように位置づけ，それに基づきどのようにコミュニケーションを行っているのかということが重要な観点になるといえる。

2．場

　「場」という術語は，〈コミュニケーション主体が認識する，コミュニケーション主体がコミュニケーション行為を行う時間的・空間的な位置〉だと規定できる。ここで時間的な位置というのは，文脈，経緯などを含む「いつ」ということであり，空間的な位置というのは，雰囲気，環境などを含む総合的な状況としての「どこで」ということになる。いずれも，客観的な時刻や場所を意味するものではなく，それをコミュニケーション主体がどのように認識しているのかということが重要な観点になる。したがって，コミュニケーション主体Ｘとコミュニケーション主体Ｙのコミュニケーションにおいて，Ｘが表現主体として認識する「場」と，Ｙが理解主体として認識する「場」とは異なるものとなる。例えば，教員の研究室で学生とコミュニケーションする際，客観的な研究室としては同じものであっても，教員にとっての研究室という「場」と，学生にとっての研究室という「場」はまったく異なるということである。

客観的な時間、空間という観点から「場」を整理すると、コミュニケーション主体Ｘとコミュニケーション主体Ｙとが、同じ時間・空間においてコミュニケーションする場合（通常の会話）、同じ時間・異なる空間におけるコミュニケーションの場合（時差のない電話、スカイプなどでの会話）、異なる時間・同じ空間におけるコミュニケーションの場合（その教室で撮影されたビデオ講座を見ること、その場に書き残された文章を読むことなど）、異なる時間・異なる空間におけるコミュニケーションの場合（録画された番組を見ること、小説を読むことなど）等々、様々なコミュニケーションのあることがわかる。

これまでの待遇コミュニケーション研究においては、「相手レベル」と同様、「場」についても、＋２、＋１、０、－１、－２の５段階や、＋１、０、－１の３段階のレベルで示してきた[10]。「場レベル」については、「改まり」と「くだけ」という観点から次のように位置づけられる。

　　　［場レベル・＋１］…改まった「場」
　　　［場レベル・　０］…通常の「場」
　　　［場レベル・－１］…くだけた「場」

「場レベル」についても、単純な類型化にはあまり意味がないこと、それぞれの中間段階があることはいうまでもないが、相手レベルと同様、コミュニケーション主体がどのような意識でコミュニケーションを行うか、そのための大まかな基準になるという意味があると考えている。

基本的に、「場」に対する認識は、「人間関係」に対する位置づけよりも優先されるといえる。例えば、改まった会議中という「場」におけるコミュニケーションでは、通常の「人間関係」としては「相手レベル・－１」に位置づけられる同僚に対しても、「相手レベル・０」や「相手レベル・＋１」という待遇のしかた、例えば「山田さんはどのように思いますか。」や「山田さんはどのように思われますか。」などといった表現になることからもわかる。なお、これは、互いがその組織の一員であるという立場を優先したと考えることもできる。その意味でも、「人間関係」と「場」とを完全に切り離して扱うことはできないわけであるが、ここでの主旨は、同じ「人間関係」でも「場」によってコミュニケーションのあり方が変り得るという点にある。

ただし、常に「場」に対する認識が優先するというわけではなく、会議中で

10）蒲谷他（1998）、蒲谷他（2006）、蒲谷他（2009）などを参照。

あっても「山田はどう思うの。」などという表現になる場合もあり得る。こうしたことは，個々のコミュニケーション主体による認識によって決まるので，安易に一般化して記述することはできない。この個別性と一般性の問題は，コミュニケーション行為をどのように研究するかという課題にもつながるのだが，それについては本章第8節で述べることとする。

いずれにしても，「場」は，コミュニケーションの制約となるものであると同時に，固定的なものではなく，コミュニケーション主体の認識によって決まり，コミュニケーション主体が作っていく動態的なものだといえる。コミュニケーション主体は，「場の空気」を読む必要があるということとともに，自らが，あるいは他者との協働によって「場の空気」を変えられるということが，待遇コミュニケーションにおいては重要な点となるだろう。

「待遇」という観点においては，「場」も「人間関係」と同様，極めて重要なものである。

3. 場面――人間関係と場

以上述べてきた，「人間関係」に関する認識と「場」に関する認識が融合したものとして，「場面」があると考えられる。それは，コミュニケーション主体が認識する「いつ・どこで・どのような状況で，だれが・だれに・だれのことを」という枠組みである。「人間関係」，「場」のところでも述べたように，「場面」は，客観的に規定されるものではなく，個々のコミュニケーション主体がそれをどのようなものとして認識するかによって決まってくるのだといえる。

「場面」という術語は，「場」の意味として用いられることもあるが，本研究における「場面」は，あくまでも「人間関係」と「場」との総称として捉えられるものである。「人間関係」と「場」とは異なるものであるが，「だれが・だれに・だれのこと」という認識も，「いつ・どこで・どのような状況で」という認識も，それらの相互関係において定まってくるわけであり，その意味で，それらを統合した術語としての「場面」という枠組みが必要になると考えるからである。

このような「場面」は，コミュニケーション行為全体に大きな影響や制約を与えるものではあるが，その一方で，コミュニケーション主体のコミュニケーション行為によって「場面」を変容させることもあり得る。その意味でも，「場面」は固定的なものではなく，極めて動態的なものであるといえる。例えば，「相手レベル・＋1」（重要な交渉相手），「場レベル・＋1」（改まった会

議)という「場面」で、そのことが待遇コミュニケーション全体に大きな影響や制約を与えるものであっても、ユーモアのある表現をすることが切っ掛けとなって、相手レベルや場レベルの程度が下がり、親しみの感じられる関係や和やかな雰囲気に変わる、などということも起こるわけである。

このように、待遇コミュニケーションにおいて、「場面」は、最重要の枠組みであり、以下に示すすべての枠組みに大きな影響や制約を与えつつ、状況に応じて変容していく動態性の高いものだといえる。

第4節　意図と待遇意識――「意識(きもち)」

本節では、コミュニケーション主体の持つ「意図」と「待遇意識」について述べていく。これらは、「意識」ということで総称したいと思う。これは、コミュニケーション主体が、ある「場面」において、「なぜ・何のために」「どのような考えや思いをもって」コミュニケーションするのかという、コミュニケーションにおける「きもち」の面を扱うための重要な枠組みである。

1として「意図」、2として「待遇意識」について述べていくことにしたい。

1．意図

「意図」というのは、〈コミュニケーション主体がそのコミュニケーション行為によって何かを実現しようとする、その自覚的な意識〉のことである。

蒲谷 (2002) では、意図、表現意図、理解意図の規定として、次のように記述した。

(1)「意図」とは、ある「主体」が、ある「行為」を行うことによって何かを実現しようとする、その主体の「自覚的な意識」のことである。
(2)「表現意図」とは、「表現主体」が、ある「表現行為」を行うことによって何かを実現しようとする、「表現主体」の「自覚的な意識」のことである。
(3)「理解意図」とは、「理解主体」が、ある「理解行為」を行うことによって何かを実現しようとする、「理解主体」の「自覚的な意識」のことである。

「表現意図」は、表現主体の持つ意図ということであるが、コミュニケーション主体Xとコミュニケーション主体Yのコミュニケーションで考えると、

〈Xが表現主体のときに持つ表現意図〉と、〈理解主体であるYが理解行為において推測したXの表現意図〉とを区別して考える必要がある。例えば、Xは「依頼したい」という表現意図を持って表現したとしても、Yがその表現（例えば、「それ、取って。」）を理解したとき、「Xは命令しようとしているのだ」と推測したとすれば、Xの表現意図は「依頼」、Yが推測したXの表現意図は「命令」ということになり、「結果としての表現」は同じであっても、コミュニケーション主体それぞれが認識する表現意図は異なっていることもあるからである。かりに、X、Y双方の意図が「依頼」ということで一致していたとしても、Xの「表現意図」とYが推測する「表現意図」とは、それぞれが別個の意図であることには変わりない。

こうしたことに基づき、表現主体の持つ表現意図は「表現主体〈表現意図〉」、理解主体が推測する表現意図は「理解主体〈表現意図〉」と区別して示すことにした。

「理解意図」については、上に述べた「理解主体〈表現意図〉」と混同されてしまいがちなのだが、「理解意図」は、「理解主体〈表現意図〉」とは全く別の意図であり、理解主体が理解行為によって実現しようとする意図のことである。例えば、レポートを書くために必要な情報を得ようとしてある本を読むという理解行為をするとき、読む前に、あるいは読みながら持つ、「必要な情報を得よう」という自覚的な意識が「理解意図」である。「理解」という行為は、本来、理解する前提となる表現が成立した上で行われるものであるため、「意図」という主体の能動的な意識とは合わないのだが、理解行為自体は、理解主体の能動的、主体的な行為であり、その際に明確な意図をもって理解行為をする場合もあるといえる。それを「理解意図」と名付けたわけである。

理解意図にも、表現主体が推測する理解主体の理解意図ということが想定されるため、術語としては「理解主体〈理解意図〉」と「表現主体〈理解意図〉」というように区分している。

待遇コミュニケーション研究においても、コミュニケーション主体の表現行為、理解行為における「意図」は、コミュニケーション全体に影響を与えるため、重要な枠組みとなる。その中で、待遇に関する意図、すなわち場面の認識と関係する意図は、「待遇意図」として捉えることができるだろう。待遇意図は、例えば、先輩後輩の関係であることを明確に示したい、改まった場ではないようにしたいなど、人間関係や場を維持、変容させようとするための意図だといえる。これは次に述べる「待遇意識」とも関わってくる。

2. 待遇意識

「待遇意識」というのは、特に人間関係の認識と連動しているものだが、上位者として、下位者として、親しい関係にある者として、親しくない関係にある者として、などという人間関係の位置づけをした上で、それをコミュニケーション主体自身がどう捉え、どのように待遇コミュニケーションにつなげようとするかという意識であるといえる。コミュニケーション主体が自己と他者との関係をどう位置づけるのかという認識（「人間関係」）と、他者をどう待遇しようとするかという意識（「待遇意識」）とは異なるものとして考える。

このような「待遇意識」にはある程度の一般性があるといえる。例えば、教師と学生との関係なら、学生は教師に対して敬意を持って接することが期待され、教師は学生に対して、知識を授け、指導する立場にある者としての意識を持とうとするわけである。

しかしそのような一般性はあるとしても、待遇意識も個々のコミュニケーション主体の意識であるため、すべての人が同じ待遇意識を持つわけではない。学生は、自分が学生であり相手が教師であると認識はしていても、その教師を上位者として待遇しようとは思わない場合もあり、教師は、自分が教師で相手が学生だと認識しても、その学生に対して尊敬の念をもって接しようとする場合もある。つまり、客観的な認識に基づく一般的な位置づけと、個々のコミュニケーション主体の個別の認識のしかたや待遇のしかたとは、区別して考える必要があるわけである。

待遇意識は、「場」に関しても同様のことがいえる。一般的には改まった場であると認識されるような式典や会議の席であっても、それをどう認識するかということと、その認識をコミュニケーションのしかたにどう表そうとするかは別のことであり、それは個々のコミュニケーション主体によって異なるのである。

待遇意識は、例えば、「敬語は敬意を表すために使う言葉だ」などと言われるように、表現形式の選択にもつながってくる意識である。敬意と敬語とが連動する場合はもちろんあるが、敬語が常に敬意を伴って用いられるわけでないことも明らかであり、敬意と敬語、敬意と敬語を選択する意識とは区別して扱う必要があるといえる。「その人物を高めるという意識」と「人物を高くする性質を持つ敬語」とは別の次元に属することであり、「尊敬しているかいないか」という敬意の有無と、「敬意を表すことができる性質を持つ敬語」と、「その敬語を選択するかしないかという意識」とは区別して考えなければならないということである。「意識」と「形式」とは、連動したものとして捉えつつ、

しかしそれぞれを区分して扱う必要があるということの趣旨もそこにある。これについては，第3章において詳しく論じることになる。

待遇意識は，客観的に明確にできるものではないのだが，待遇コミュニケーションの行為全体を覆う意識として，そのコミュニケーション主体がそもそも持っている待遇に関する知識や情報，コミュニケーションの前提となる考え方や思想などにより生み出されるものだといえる。その意味で，待遇コミュニケーションを考えるための重要な枠組みの一つとなるわけである。

第5節　題材と内容 ── 「内容（なかみ）」

本節では，コミュニケーションの「題材」と「内容」について述べていく。総称としては，「内容」という術語を用いるが，「内容」とは，コミュニケーション主体がそのコミュニケーションにおいて伝えようとする「何か」，理解しようとする「何か」のことであり，「何について」「何を」コミュニケーションするのか，というコミュニケーションの「なかみ」が問題となるわけである。「内容（なかみ）」も，待遇コミュニケーションを考察するための重要な枠組みとして位置づけることができる。

1として「題材」，2として「内容」について述べていくことにしたい。

1. 題材

「題材」というのは，コミュニケーションにおいて扱われる「何（について）」ということである。例えば，この文章は全体として「待遇コミュニケーションについて」述べたものであり，待遇コミュニケーションというものが「題材」となっているといえる。題材は，それに関する「内容」を持つことになるが，文章における「章」と「節」との関係のように，その章の題名で示される題材に関する内容があり，その内容の中には，節の題名で示される題材が含まれ，その節の内容があるというような入れ子構造になっている。その意味で，この文章は「待遇コミュニケーション」を題材とするものであると同時に，それを内容とする文章だということができるわけである。「何について」と「何を」とを区別する必要があるときには，それを題材と内容とに分けることになり，総体として捉える場合には，「内容（なかみ）」という術語で示すことになる。

待遇コミュニケーションにおいて，題材を枠組みとして取り上げる意味は，「場面」や「意識」との関係で，なぜその題材を選択するのか，あるいは選択

しないのかという点が問題になるからである。例えば，懇親会で楽しく語らおうとする場面では，最近あった明るい話題や趣味に関する話などは題材として選択するが，政治や宗教に関する深刻な問題を題材として選択してはならないという意識が働く，というようなことである。

このように，題材も，常に「場面」や「意識」との関連で捉える必要があるのだが，題材の選択についても，個々のコミュニケーション主体によってそれをどう考え，位置づけるのかは異なる。場面を変えるために，あえてその題材を選ぶ場合もあり，何も意識せずに，その題材を選んだために場面が変ってしまう場合もある。

待遇コミュニケーションにおいても，題材の選択については，形式の選択と同様の意味を持つといえるのである。

2．内容

「題材」に関連する「内容」というのは，「何を」表現しようとしているのか，「何を」理解するのかということである。先に述べたように，題材と内容とは異なりつつ，重なるものであるため，それらを区別して扱う場合と，総合的に捉える場合とがある。

「内容」は，題材と関連するものだが，意図とも近いため，それらが混同されることも多い。しかし，意図は「意識」に属するものであり，題材や内容は，表現しようとする（あるいは，表現される）事柄に関するものである。例えば，本を貸してもらうという「依頼表現」において，「表現意図」は，自分がその人に本を貸してもらおうとする自覚的な「意識」のことであり，「題材」は，本を貸してもらうということ，「表現内容」は，「本を持っているかの確認」「その本を貸してほしい事情」「本を貸してほしいという表明」などということになる。それらが，「表現形式」とつながって，具体的な表現が成立するわけである。

内容も，コミュニケーション主体が何を内容として選択するか，ということが問題となる。待遇コミュニケーションにおいては，その場面であれば，このような内容を選ぶというような，場面と内容との「連動」が課題となる。例えば，依頼する相手が親しい友人なのか，あまり親しくはない教師なのかによって，どのような内容で表現するかが決まってくるわけである。もちろん，そこにも個々のコミュニケーション主体の意識が関係してくるため，すべての人が同じ内容で表現するわけではない。また，先の例で挙げたように，懇親の席では政治の話題を選ぶことはふさわしくないが，それが深刻な話題ではなく，明

るい内容を持つものであれば特に問題にはならないので（それでも政治の話題はふさわしくないとする人はいるかもしれないが），その場面と個別の内容とがどう関係するかが問題となるわけである。

　待遇コミュニケーション，特に敬語コミュニケーションについては，「形式」の面が重視されがちだが，「内容（なかみ）」も重要な意味を持つことはいうまでもない。待遇コミュニケーションにおいては，常に「場面」「意識（きもち）」「内容（なかみ）」を連動させて考える必要があるといえるだろう。

第6節　言材，媒材，文話 ——「形式（かたち）」

　本節では，コミュニケーションにおいて用いられる「言材」，音声・文字という「媒材」，そして，表現行為の結果として成立する「表現」の中で，「意図」を実現するための表現単位として位置づけられる「文話」（文章と談話の総称）について述べていく。これらは，大きくは「形式」ということで括られるものであり，コミュニケーションにおける「かたち」として捉えることのできる枠組みである。

　「形式」は，形式としてだけ存在するものではなく，「意識」や「内容」と深く関わっているものである。しかし，それらはコミュニケーション主体の「意識（きもち）」やコミュニケーションの「内容（なかみ）」と同列には論じられないという点において，それぞれを区分して捉える必要があるということである。

　1として「言材」，2として「媒材——音声・文字」，3として「文話——文章・談話」について述べていくことにしたい。

1. 言材

　「言材」とは，抽象的に規定すると，「個々のコミュニケーション主体において成立する，音概念・文字概念と，概念（あるいは表象）との回路のこと」である。例えば，「ワタシ」という言材であれば，／ワタシ／という音概念と〈私〉という概念とが結びついて成立したものだと考えるわけである。その音概念と概念とは常に結合しているわけではなく，あくまでもコミュニケーション主体において，音概念→概念，概念→音概念というように結び付けられるものであり，それを回路として捉えるものである。

　図式的に示せば，
　　［ワタシ］という音声——／ワタシ／という音概念——〈私〉という概

念――「私」という人物（表象を含む）
がコミュニケーション主体において連動していくことで表現行為，理解行為が成立すると考えるわけである。

　ただし，言材はそれ自体が客観的に捉えられるものではなく，また，一般的な言材がどこかに存在しているわけでもない。言材は，個々のコミュニケーション主体において成立し，しかもそれは固定的なものではなく，どのような言材として成立しているのかにも様々な段階があると考えられる。

　例えば，「おはようございます。」という表現は，個々のコミュニケーション主体によって，①「オハヨウゴザイマス」という言材（それ自体が挨拶表現全体として言材となっている場合），②「オハヨウ」と「ゴザイマス」という言材（前者は「おはよう。」という挨拶表現になりうる言材，後者は，最上の丁寧さを加える言材という場合），③「オ」「ハヤイ」「ゴザル」「マス」という言材（これらの言材が組み合わさることによって「おはようございます。」が成立すると捉えられる場合）などがある。なお，この他にも，「オ」「ハヤイ」「ゴザイマス」や，「オハ」が言材になっている場合などもあると考えられる。

　これらは，「おはようございます。」という表現を，あるまとまりとして捉えるか，分析的に捉えるかの違いだということもできるが，コミュニケーション主体が言材を用いて表現すると仮定した場合，個々のコミュニケーション主体における言材に関する認識の違い，さらに言えば，個々のコミュニケーション主体においてもその時々の「場面」に応じた言材に関する認識の違いとして捉えることができるわけである。例えば，日常の生活場面においては，②の「オハヨウ」「ゴザイマス」という言材として認識され，他の様々な表現との関連を考えて分析的に捉えようとする場合には，③の「オ」「ハヤイ」「ゴザル」「マス」が言材だと認識していると考えられる。言材が個々のコミュニケーション主体において成立するものだと考えた場合には，必ずしも，③の「オ」「ハヤイ」「ゴザル」「マス」という言材によって「おはようございます。」という表現が成立していると断定するわけにはいかないのである。

　要するに，言材にも様々な段階があり，その言材に対する認識のしかたも個々のコミュニケーション主体によって様々なものがあるといえるわけで，それによって，表現上の誤用や習得過程における中間言語のような段階なども生まれてくるのだと考えられる。

　このような言材とは何かを明らかにすることは，本研究とはまた別の大きな課題になってくる。本研究においては，言材とは，言語を成立させるための前提にある，音概念・文字概念と，概念あるいは表象との回路である，と規定し，それを言語と呼ぶのではなく，あくまでも言材を用いて表現し，理解するとい

うコミュニケーション行為自体が言語であるという捉え方をすること[11]で，待遇コミュニケーションがどのようなものとして解明できるのか，というところに主眼を置きたいと思う。

　言語をコミュニケーション行為として捉え，そこにその行為を成立させるための言材のあり方を探ることで，言語と言語以外のコミュニケーション行為との共通点，類似点などが明らかにされ，社会生活の中での言語の持つ意味も見えてくるのだといえよう。

2. 媒材——音声・文字

　「媒材」というのは，言材の持つ音概念と結びつく具体的な音声，文字概念と結びつく具体的な文字であり，その総称としての術語である。言語というコミュニケーション行為における媒材は，音声・文字であるが，非言語行動としての態度，表情，動作なども「媒材」に関連するものとして考えることができる。

　音声・文字は，それ自体が「かたち」として捉えられるものだが，コミュニケーション行為との関連でみれば，行為としては，音声化すること，文字化すること，すなわち，発音すること，表記することという問題と関係する。コミュニケーションの形態として，媒材を基準とした音声コミュニケーション，文字コミュニケーションという捉え方をすることにより，それぞれが，談話，文章という「形式」ともつながっていくわけである。

　音声コミュニケーション，文字コミュニケーションにおいて，音声，文字という媒材の違いによって生じる様々な問題は，場面，意識，内容との連動を踏まえつつ，談話，文章の中で考察すべき課題になるといえる。

　また，待遇コミュニケーション，特に敬語コミュニケーションにおいては，発音することや表記することという行為，その結果としての音声や文字に対する，理解行為上の評価の点なども検討する意義を持つものとなる。発音や文字

---

[11] 言語と言材との関係は，譬えて言えば，料理（する行為）とそのための素材のようなものであろう。もちろん，料理の素材は具体的に目に見える物である点が言材とは異なる。料理された結果として存在する料理から見ると，素材が明確なものもあるし，元々の素材がどのようになっているのかわかりにくいものもある。しかし，当然のことながら料理（する行為）と素材自体とは異なるものであり，しかも，料理の本質は，結果として存在する料理や素材にあるというより，その素材を用いて料理するという行為自体にある，という点でも言語（という行為）と似ている。さらに言えば，料理することは表現行為であり，その表現行為の結果成立した料理を食する行為を理解行為と捉えることもできる。比喩によって言語と言材の関係を記述することにあまり意味はないが，言語以外の様々な表現行為，そのために用いられる素材，結果として成立したもの，その結果を受け止める理解行為，という関係には，コミュニケーション行為としての共通性が見出せるのではないかと思う。

の巧拙ということだけではなく，明瞭さ，正確さなどの点は，表現行為における待遇意識とも関連し，待遇理解としてそれをどう受け止め，評価するかということにつながるわけである。

　なお，音声，文字といった媒材には至らないが，自らの心の中で表現する行為，思考する行為も，「内言」の問題として考えるべきものであろう。それは，媒材化に至らず言材段階に止まっている表現行為の問題として捉えることもできる。そうした点についても，「場面」の認識，「意識」の問題，「内容」との関連において，検討していく必要があると考えている。

3．文話――文章・談話

　「文話」という術語は，文章と談話の総称[12]として提示するものである。「文話」は，音声コミュニケーション形態と文字コミュニケーション形態の総称として捉えることもできるだろう。待遇コミュニケーションは，コミュニケーション主体の認識する「場面」，「意識」，「内容」，「形式」が連動するところに成立するわけだが，「文話」（文章・談話）は，それが具体的に成立した結果としての表現上の一まとまりであるといえる。

　「文話」は，コミュニケーション主体が意図を叶えるための一まとまりの表現としても捉えられるわけだが，表現上の単位として客観的に位置づけることは難しい場合がある。例えば，依頼という意図を叶えるための表現のまとまりをどのように捉えるかということについて考えると，そのまとまりとしての開始を「あのー」という切り出しからとするのか，「実は，…」という事情説明からとするのか，終結を「ありがとうございました」というお礼までとするのか，「それでは，失礼します」という辞去の挨拶までとするのか，客観的に決定することは極めて困難な課題なのである。

　ただし，待遇コミュニケーション研究においては，客観的に認定できる一つの単位として「文話」を明確に位置づけること自体は，あまり重要な課題にならないと考えている。待遇コミュニケーションにおいては，そもそも，その人物に依頼をするかどうかを決めるところからが課題になってくるため，コミュニケーション全体を考える上では，「形式」としての「文話」だけを明確な単位として規定し，それだけを研究対象とするわけではないからである。

　いずれにしても，待遇コミュニケーションは，いわゆる「語」や「文」の単

---

[12] 例えば，シナリオや座談会の記録，インターネット上の表現等は，文章とも談話とも決め難いものであるが，「文話」という術語があれば，それらも「文話」として扱える。このような中間領域といえるようなものも含む術語として提唱したい。

位だけで捉えることはできない。もちろん，一語文や一つの文によって「文話」が成り立つ場合はそれを対象とするが，語や文を超えた，より大きな表現上のまとまりの中で考察していくことが重要だといえるだろう。

なお，言材がどのように「文話」を構成していくのか，ということは，待遇コミュニケーション研究においても重要な点ではあるが，それは文法論，談話論，文章論などで中心的に扱われる課題となるため，本書で詳細に論じることはしない。

また，待遇コミュニケーションにおいて「形式（かたち）」として捉えられるものには，動作，態度，表情や，服装，装飾品，そして物品をやりとりすることなども含めた，非言語行動に関わるものも挙げられる。それらが言語としてのコミュニケーション行為とどう関連するのか，それらが待遇意識との関係でどういう意味を持つのかを明らかにすることも，待遇コミュニケーション研究の重要な課題になると考えている。

第7節　考察の前提となる考え方

本節では，待遇コミュニケーションを考察する際，その前提となる待遇コミュニケーションに関する考え方について述べておくことにする。これらは，待遇コミュニケーションを考察するための，そして待遇コミュニケーション自体の根本的な姿勢に関わる前提という意味で重要なものになると考えている。

1として「「意識（きもち）」「内容（なかみ）」「形式（かたち）」の連動」，2として「相互尊重に基づく自己表現と他者理解」，3として「よりよいコミュニケーション」について述べていくことにしたい。

1.「意識（きもち）」「内容（なかみ）」「形式（かたち）」の連動

待遇コミュニケーションを考察するための枠組みとして，コミュニケーション行為を分析的に捉えると，コミュニケーション主体が認識する「人間関係」——「自分」「相手」「話題の人物」相互の関係，「場」，コミュニケーション主体の「意図」「意識」，コミュニケーションの「題材」「内容」，コミュニケーションを成立させる形式としての「言材」「媒材」（音声・文字）「文話」（文章・談話）などが，コミュニケーションを成立させる条件や要素として挙げられるわけだが，それらをある「場面」における，「意識（きもち）」「内容（なかみ）」「形式（かたち）」と大きく捉え直し[13]，同時に，それらが待遇コミュニケーションとしてどのように連動しているのか，ということが重要な課題に

なってくるわけである。

　先にも述べたように，「意識（きもち）」「内容（なかみ）」「形式（かたち）」が客観的に明確に区分されるわけではなく，それらは，コミュニケーション主体の認識において相互に関連し合い，全体として表現行為，理解行為を成立させている。それを「連動」という術語で示しているわけである。しかも，これらの連動は，ある「場面」における連動なのであり，その「場面」と離れて成立するものではない。すべてがコミュニケーション主体のコミュニケーション行為として成立することなのである。

　待遇コミュニケーション研究においては，待遇に関わる「意識（きもち）」，待遇に関わる「内容（なかみ）」，待遇に関わる「形式（かたち）」について，それぞれを分析的に，かつ，総合的に考察していくことが求められる。それによって，待遇コミュニケーションの本質，実態が明らかになっていくのだといえるのである。

2．相互尊重に基づく自己表現と他者理解

　待遇コミュニケーションという捉え方は，本来ニュートラルなものである。その意味では，待遇コミュニケーション自体は，良いものでも，悪いものでもない。待遇コミュニケーションを敬語コミュニケーションに特化して捉え，待遇コミュニケーションとは，丁寧なコミュニケーションのことである，正しいコミュニケーションを目指すものである，などとする見解は，待遇コミュニケーションという捉え方に関する誤解あるいは曲解に基づくものである。丁寧なコミュニケーションだといえるのは，待遇コミュニケーションの一部であり，待遇コミュニケーションは正しいコミュニケーションを目指すものだ，などという位置づけもしていない。

　待遇コミュニケーション自体は，良いものでも悪いものでもない。ただし，相手を傷つけるような表現や貶めるような表現，誹謗中傷ともいえる表現が目指すべき表現であるはずもなく，また，相手の表現について悪意をもって理解することや曲解することが好ましい理解のしかたであるはずもない。そして，相手を高く評価し，敬意を持って表現することや，相手の表現の不足を補って意図を汲み取るような理解をすることが，一般的には，目指すべき良い待遇コミュニケーションだといえることも明らかである。

---

13)　（　）内は読み方を示すものではなく，「意識」「内容」「形式」，「きもち」「なかみ」「かたち」それぞれを併せて表示しようとしたものである。

つまり，待遇コミュニケーション自体はニュートラルなものだが，良い待遇コミュニケーションや悪い待遇コミュニケーションと呼べるものがあることはたしかであり，そこにおいて，「敬語コミュニケーション」は，相手を尊重しようとする待遇コミュニケーションにつながるものだということなのである。

ただし，第4章で検討するように，敬語コミュニケーションを敬語が用いられているコミュニケーションだと規定すると，それは直ちに尊重の意識や敬意を表すものではなく，場面によっては冗談や皮肉で使われることもあり得る。したがって，敬語が使われているか否かにかかわらず，他者に対する敬意や尊重の待遇意識を表す表現のことを「敬意表現」と呼ぶならば，そうした敬意表現の「やりとり」としての「敬意コミュニケーション」は他者を（そして，他者だけなく自己をも）尊重しようとする待遇コミュニケーションになるといえるわけである。

一方，待遇コミュニケーションを研究対象として考察する場合，それが良い待遇コミュニケーションであっても，悪い待遇コミュニケーションであっても，そのような観点から捉えるのではなく，そのコミュニケーションが，どのような「場面」で，どのような「意識（きもち）」「内容（なかみ）」「形式（かたち）」の連動によって成立しているかを客観的に追究すべきであることはいうまでもない。

しかしそうした研究の姿勢とは別に，コミュニケーション主体は，一体何を目指してコミュニケーションをしようとするのか，しているのかという観点から，待遇コミュニケーションを検討する必要もある。一般的には，コミュニケーション主体は，その時々の人間関係や場に応じて，その場面にふさわしい，その場面において適切な待遇コミュニケーションをしようとするわけである。それは，相手を尊重しようとするとともに，自分が伝えたい意図や表現したい内容を，自分らしく表現し，相手に伝えようとすること，そして，相手が伝えたい意図や表現したい内容を相手の立場に立って理解しようとすることにつながると考えられるのである。そして，自分が相手を尊重するように，相手からも自分を尊重してほしいと思うのではないだろうか。相手を尊重し，相手からも尊重される，そのような人間関係を築くことが，良い待遇コミュニケーションとなる基礎となっていると考えられるのである。

第1章において，人と人とがコミュニケーションすることで社会を創ると述べたが，だれもが，人と人との関係や社会のあり方を悪い方向に進めるためにコミュニケーションするわけではなく，上に示したような人間関係を創ること，そしてそのような社会を創ることを目指しているといえるだろう。「相互尊重に基づく自己表現と他者理解」[14]というのは，このような，コミュニケーショ

ンにおける根源的な方向性を捉えたものである。

「相互尊重に基づく自己表現と他者理解」というと，現実のコミュニケーションとは離れた理想的なコミュニケーションのあり方を夢想するような印象を与えるかもしれない。しかし，これは単なる理想論などではなく，コミュニケーションによって，人が人と関係を創り，社会を創る際に根源的に志向することなのではないかと思うのである。

何度も述べているように，待遇コミュニケーション自体はニュートラルなものであり，待遇コミュニケーション研究自体も，良い悪いといった価値観を入れず，対象そのものをニュートラルな視点から考察していくものである。しかし，その前提として，人は待遇コミュニケーションにおいて，相互に尊重し合いながら，しかも自分らしく表現し，理解していくことを目指すものだというコミュニケーションの本質的なあり方を踏まえておく必要があると考えられる。特に，待遇コミュニケーション教育へとつながる待遇コミュニケーション研究を目指すときには，そうした観点を持ちつつ考察することが重要なのではないかと考えている。「相互尊重に基づく自己表現と他者理解」が待遇コミュニケーションを考察する前提となる考え方だとするのは，そのような趣旨に基づくものである。

3．よりよいコミュニケーション

待遇コミュニケーション自体はニュートラルなものであり，しかも，個々のコミュニケーション主体によるコミュニケーション行為として成立するものであるため，絶対的に，これが正しい待遇コミュニケーションだ，これが良い待遇コミュニケーションだ，などということは決められない。待遇コミュニケーションについていえることは，その場面においてふさわしい，適切な表現行為や理解行為がある，ということだけである。あくまでも，それは相対的，限定的な正しさであり，良いコミュニケーションということである。

繰り返し述べているように，待遇コミュニケーションは個々のコミュニケーション主体の認識によって決まる。個々のコミュニケーション主体の持つ認識や価値観によって，それが良い待遇コミュニケーションになるかどうかも決ま

---

14) 国語審議会答申「現代社会における敬意表現」では，「相互尊重の精神」「自己表現として選択するもの」という記述があり，文化審議会答申「敬語の指針」では，「相互尊重」を基盤とする敬語使用」「「自己表現」としての敬語使用」と記述されている。本書で述べる「相互尊重に基づく自己表現」も，これらで用いられている「相互尊重」「自己表現」に通底するものであるが，さらに「他者理解」という観点を加えている。

ってくるわけである。そこでは，絶対的に良いコミュニケーションがあるということは考えられない。

　しかし，根源的に，人は常に良い方向に進むことを目指していると考えられる。相互尊重に基づく自己表現という考え方も，絶対的に正しい，良い表現があるということを前提にしているわけではなく，そうした方向に進むことを目指しながら，コミュニケーションを行うということである。

　このように考えると，待遇コミュニケーションにおいても，コミュニケーション主体はどこかで決められた絶対的に良いコミュニケーションを求めるということではなく，常に相対的に良いコミュニケーション，すなわち「よりよいコミュニケーション」というものを目指しているといえるのではないだろうか。

　先にも述べたように，人がより良く生きるための知恵と，その知恵から生み出されるものを「文化」だと規定すれば，まさにより良いコミュニケーションを目指すときの待遇コミュニケーションは文化と呼べるものになる。人はより良い社会を創り，より良い文化を生み出すために，より良いコミュニケーションを目指す。そして，そのコミュニケーションがより良い社会を生み出し，より良い文化を創るという循環が生じるのではないだろうか。その場面に応じた適切さ，ふさわしさを求め，常に「よりよいコミュニケーション」を目指すということの本質的な意味が，ここにあるのではないかと思えるのである。

　こうした考え方は，待遇コミュニケーションの実態を明らかにするときに，特定の価値観に基づきながら考察するというようなことではない。そもそもコミュニケーション主体はそうした本質的な「意識」（ここでは，自覚的な意図というよりも，自覚的かどうかに関わらない意識のこと）を持ってコミュニケーションを行っているのではないか，という仮説を基に，待遇コミュニケーションを考察していくということである。

　待遇コミュニケーション研究では，客観的，絶対的な正しさや良さを求めるのではなく，個々のコミュニケーション主体が認識する，相対的な適切さや「よりよいコミュニケーション」という観点から，待遇コミュニケーションの本質を追究していくことが求められるのではないかと考えている。

第8節　考察のための方法に関する考え方

　待遇コミュニケーションを考察するということは，コミュニケーション主体が「場面」をどのようなものとして認識し，それによってどのような「意識（きもち）」「内容（なかみ）」「形式（かたち）」を連動させつつコミュニケーションを行っているのかを明らかにすることである。それを客観的に行うために

は，まずは，「結果としての表現」から考察するしかない。しかし，コミュニケーション行為そのものを明らかにするためには，結果としての表現を分析，考察するだけでは不十分であり，これまで挙げてきたすべての枠組みについて考察することで，コミュニケーション行為の全貌も明らかになるわけである。そのための方法はどのようなものになるのか，本節では，それに関する考え方を述べていきたいと思う。

本節の1として，「個別性と一般性」，2として「考察に用いる資料に関する考え方」，3として「「意識」の段階と「形式」の段階」について述べていくことにする。最後に，4として「本研究で用いる術語とその略語」を記しておく。

1．個別性と一般性

待遇コミュニケーションをコミュニケーション主体のコミュニケーション行為と捉えたとき，すべてはコミュニケーション主体の認識に基づくものとなると述べてきた。コミュニケーション行為は，個々のコミュニケーション主体によって行われるものであり，そのコミュニケーション主体が人間関係や場をどのようなものとして捉え，それに基づき，どのように表現し，理解するかが考察課題となるわけである。

しかし，待遇コミュニケーションの研究は，個別のコミュニケーションの個別の認識を追究し，それを明らかにすることが目的ではない。コミュニケーション行為としての言語に関する研究においても，個別のコミュニケーション行為に含まれる共通性，一般性，そして普遍性を追究することが求められるのである。

こうした言語研究における個別性と一般性との問題は，ただ単に個別から一般を導き出すということに止まらず，その一般性が個々のコミュニケーション行為においてどう生きているのかを明らかにしていくことが重要だといえるだろう。個々のコミュニケーション主体の意識には，その主体の個別の意識とともに，その個における一般性，さらにはその個に取り込まれている他者との共通性や一般性があると考えられるからである。

例えば，筆者は，一人のコミュニケーション主体として，「読まれる」と「お読みになる」という，いわゆる尊敬語（本書では，直接尊重語）の中での使い分けを「相手レベル」の違いに基づいて行っている。「相手レベル・＋1」の中でも，「相手レベル・0」に近い人には「読まれる」を，「相手レベル・＋1」だと明確に認識する人には「お読みになる」を使っている（と自覚している）のであるが，これは，まずは筆者自身の「個別の意識」として位置づける

ことができる。

　そして，それが筆者のコミュニケーションの実態においても，100％（近く）の使い分けとして行われていれば，筆者の「個における一般性」が極めて高いということができる。それは意識と実態とが一致していることも意味する。逆に，意識はしていても，実態としてはそれほど明確な使い分けをしていなければ，意識と実態とは一致せず，筆者個人においても，あまり一般性の高い使い分けをしていないということになるわけである。

　次に，筆者と同様の基準で使い分けている他のコミュニケーション主体が存在するときには，「読まれる」と「お読みになる」との使い分けは，筆者だけの個別性であるとは言えず，筆者とそのコミュニケーション主体との「共通性」として捉えることができる。そして，同様の使い分けをするさらに別のコミュニケーション主体がいるとすれば，その共通性の度合いは高くなり一般性に近づく。このような事実を筆者が知ることで，自らの使い分けには「他者との共通性や一般性」があるという認識をもって，個としてのコミュニケーション行為を行うことが可能になるわけである。

　ただし，これだけでは，現代共通語の直接尊重語形式「～（ラ）レル」と「オ／ゴ～ニナル」の一般的な使い分けだといえるかどうかまでは決められない。それを明らかにするためには，大規模な意識調査をすることが必要になる。その結果として，例えば，同様の使い分けをする人が90％いたとすれば，この使い分けに関する意識の一般性が高いことは明らかにできる。しかし，同様な使い分けをしている人もいれば，そのような使い分けはしていない人，むしろ逆の使い分けをしている人，などと分かれた場合には，この使い分けには，すべての人が同様な使い分けをしているという意味での一般性はない，ということになる。

　通常の調査では，複数の選択肢がある場合，その一つの選択肢だけが100％になるということは考えにくいため，かりにこの使い分けをしている人が80％いたときには，ほぼ一般的な傾向として認められるのかもしれない。それが70％だったらどうか，60％だったらどうなるのかという検討自体にあまり意味はないが，少なくともまったくの個人的な使い分けではないこと，そのような傾向があることなどは確認できるだろう。もちろん，これは意識調査の結果であって，実態調査をすると結論が変わってくる場合のあることはいうまでもない。

　常識的には，一般性の高い用法を知ることで，自らのコミュニケーションを修正していくことになるわけだが，最終的な選択は個々のコミュニケーション主体が行うことになる。この種の調査結果によって一般的な傾向が見えたとしても，支持者の多いものが常に適切なものだといえるわけでもない。その用法

が言語の歴史的な変化の必然に基づく場合と、単なる誤用の場合とで大きく異なるが、かりに、誤用を正しいと思い込んでいる人が多いからと言って、多いほうが直ちに正しいといえるわけでもない。調査結果による一般的な傾向があることと正しさや適切さとは必ずしも一致しない。例えば、「ご乗車できません。」というアナウンスに問題がないと思う人が多数を占めたとしても、それが「正しい」使い方になったということではないのである。

ただし、それを再び個としての問題に戻すと、自分の使い分けにはかなり高い程度で一般性があるという事実によって自信をもってコミュニケーションするのか、その使い分けにはあまり一般性がないことを知って考え直し、一般性の高い使い分けに切り替えようとするのか、それでも、信念をもって自分の使い分けをするだけだと思うのか、それは、個々のコミュニケーション主体の問題であって、どれがよいとか、こうすべきだとかいうことではない。

研究において一般性を追究することは重要であるが、その一般性がどういう意味を持つのかを明確にすることは難しい課題である。個別性といっても、その中には必ず一般性があり、そこには知識・情報を伴う一般性もある。例えば、「ご乗車できる」は直接尊重語の可能形としては不適切だから「ご乗車になれる」にすべきである、といったことである。

一方、調査などで明らかになる一般的な傾向もあるが、それが本当に一般性の高いものだといえるかどうかは明確ではない。調査によっては、一部の集団の中にある共通性を取り出したにすぎないのかもしれないからである。また、それぞれの個が自分の思っていたものとは異なる知識や情報を得ることで自らの考えを変えることもあるため、時を経て調査した結果、得られた一般性も変わっていくというような流動的な一般性もあるわけである。

極論を言えば、そもそも固定的な一般性や普遍性があると考えること自体が幻想であるともいえるわけだが、ここでは、そういうことが述べたいわけではない。個別の中の共通性や一般性があり、それは変容する可能性のあるものだ、ということを確認した上で、それをどのように考察していくのかということが課題となるわけである。

そこで本研究においては、考察のための方法として、あるコミュニケーション主体における、共通性、一般性を探りつつ、それを別のコミュニケーション主体において確認していくという方法を採ることにしたい。これは、時枝の言うところの「主体的立場を前提とした観察的立場」[15]（時枝1941）ということ

---

15) 時枝（1941）では、言語に対する立場として、主体的立場と観察的立場を設け、前者には、理解、表現、鑑賞、価値判断、後者には、観察、分析、記述があるとしている。

にも通じるものである。

　具体的には，筆者自身を一人のコミュニケーション主体として，そこにおける共通性，一般性を探ることから始める。これはいわゆる内省の手法ではあるが，筆者自身の個別性を問題にするのではなく，日本語の母語話者の一人であり，現代共通日本語によるコミュニケーション行為を行っている一人のコミュニケーション主体としての筆者の中にある共通性，一般性を探っていくのである。それは，筆者自身が自らの主体的なコミュニケーション行為や自らが持つ一般性について，観察的な立場で明らかにしていくということである。その意味では，ポライトネス研究における「理想の話者」の設定と近いところもあるが，筆者自身が理想の話者であるはずもないので，あくまでも，筆者自身の個別性を踏まえた上で，筆者が認識する共通性，一般性を引き出し，記述していくことになる。それは，一人のコミュニケーション主体としての考えとともに，筆者が，様々な知識，情報などに基づき一般性が高いと考えることの融合したものとして，記述するということである。もちろん，内省による考察の限界があることはいうまでもない。そのため，筆者以外のコミュニケーション主体による考察，そのコミュニケーション主体が捉える一般性に関する意識，それが含まれる記述なども参照しつつ，総合的に考察することによって論を進めることになるわけである。

2．考察に用いる資料に関する考え方

　以上のような考えに基づいた上で，考察のために用いる参考資料としては，実例のほかに，テレビドラマのシナリオ，スピーチ・手紙・文書などの文例集，文化庁による「国語に関する世論調査」の結果，先行研究における例などを採り上げることにした。

　ドラマのシナリオであるが，具体的には，脚本家山田太一，倉本聰（その脚本の表現主体としてのコミュニケーション主体）がテレビドラマの脚本として書き下ろしたものを用いることにする。

　脚本の記述は，その脚本家の個別性に基づくものではあるが，その脚本によるドラマの内容や表現は，ドラマとしてという限定つきではありながら，多くの視聴者（理解主体としてのコミュニケーション主体）に受け入れられるものでなくてはならない。また，例外はあるとしても，脚本家は，より多くの人に受け入れられることを目指して表現しようとするであろう。しかも，そこには，脚本家自身の個別の認識や考えだけではなく，取材等を通じて得られた，多くの他者の考えや知識，情報なども反映されているわけで，その意味では，個別

的でありながら，そこにはかなりの一般性があるといえるのである。

　こうしたシナリオ（およびそのドラマの DVD を参照）を考察資料に加えることで，筆者自身の内省による考察の偏りを補正することが可能になるといえるだろう。

　言語研究には実例こそが重要である，ということは了解しているが，待遇コミュニケーション関係の，特に談話の実例というのは，相当に個別性が高いものであって，そのコミュニケーション主体の認識までを明らかにすることは，個人情報の問題，研究倫理からしても，事実上記述できないことが多い。かりに記述できたとしても，結局はそのコミュニケーション主体の，極めて個別性の高い場面における認識にすぎない，そこには一般性がないと反論されるものになってしまうのである。

　しかし，適当な実例があまり得られないことが理由で，実例に準じるデータを得るためにシナリオを使うのではない。テレビドラマのシナリオを資料として用いる最大の理由は，待遇コミュニケーションにおけるコミュニケーション主体の意識や認識の一般性について，理論や理屈としてではなく，脚本家や演出家の目を通して，具体的に造形された人物や状況を通して描かれたものから引き出すことが可能になるという点にある。もちろん，それがどのようなシナリオやドラマなのかにもよるため，現代共通日本語における待遇コミュニケーションを考察するために意味のある資料になり得るもの，という点に留意する必要があることはいうまでもない。

　以上のことを踏まえ，参照した具体的な資料は，下記のとおりである。

　　①山田太一（1988）『ふぞろいの林檎たち』山田太一作品集16　大和書房
　　　TBS「ふぞろいの林檎たち」DVD　アミューズソフトエンターテインメント
　　　放送：1983年5月・7月　全10話
　　②山田太一（1988）『ふぞろいの林檎たちⅡ』山田太一作品集17　大和書房
　　　TBS「ふぞろいの林檎たち」DVD　アミューズソフトエンターテインメント
　　　放送：1985年3月〜6月　全13話
　　③倉本聰（2006）『拝啓，父上様』理論社
　　　フジテレビ映像企画部「拝啓，父上様」DVD　ポニーキャニオン
　　　放送：2007年1月〜3月　全11話

次に，スピーチ，手紙，文書などの文例集について述べておきたい。これらも，その編著者（複数の場合が多い）の個別的な認識に基づくものではあるが，その編集者（表現主体としてのコミュニケーション主体）の目を通して一般性が高いと判断された情報が提示されているという点には，極めて重要な意味があると思われるのである。それは，シナリオと同様に，文例集が実例に準じた資料として意味があるというのではなく，こうした表現が一般性の高いものだという編著者の認識が提示されていることにある。

待遇コミュニケーション研究においては，実例としての手紙やスピーチであれば価値が高いわけではなく，そのデータは個別性が高くなりすぎることは，他の実例とも同様の問題点になる。

具体的には，下記の資料を用いる。

①主婦の友社編（2008）『手紙・はがき・文書・メール文例大事典』
②主婦の友社編（2011）『短いスピーチ・あいさつ実例大事典』

最後に，文化庁の「国語に関する世論調査」について触れておく。これは，日本語母語話者に対する全国的な意識調査である。

調査の目的は，「現代の社会状況の変化に伴う，日本人の国語意識の現状について調査し，国語施策の立案に資する。」とあり，調査対象は，「16歳以上の男女個人，標本数3000人」である。有効回収率は，各年度おおよそ73％（2190人）前後である。筆者には調査が困難である貴重な資料として援用する価値があるといえる。

この世論調査は，個々の調査対象者の個別性を調査することが目的となっているものであるが，全国規模での大量の調査結果であり，その結果をどう読み解くかを含めて，筆者の考える一般性や，シナリオ，文例などから見出せる一般性と照らし合わせることにより明らかになるものがあると考える。

具体的には下記の資料を基に，それまでの各年度の調査結果を参考にした。

文化庁文化部国語課（2005）『文化庁「国語に関する世論調査」にみる敬語意識』敬語関係参考資料集

その他，適宜，実例や関連する先行研究からのデータや例文なども参照しつつ論を進めていきたいと思う。

以上のデータから読み取れる一般性は，最終的にはすべてが筆者の解釈に基づくものとして記述することにはなるのだが，コミュニケーションに関するす

べての研究は，完全に客観的なもの，真に一般的なものはあり得ないため，結局は研究主体の目を通して語るしかないのだと考えている。そして，重要なことは，その点を自覚しつつ，考察し，記述することにあるといえるのではないだろうか。

3.「意識」の段階と「形式」の段階

　ここでは，これまでも述べてきたことであるが，研究上，「意識」の段階と「形式」の段階とを分けて考察することの意味を述べておきたいと思う。
　第4節2の「待遇意識」のところでも述べたように，敬意の有無と敬語の性質と敬語を選択することには違いがあり，そこを混在させることで，一体何を検討しているのかが見えなくなってしまうことは，避けなければならない。
　コミュニケーション行為は，そのすべてがコミュニケーション主体の認識や意識によって決まってくるわけであり，「意識（きもち）」「内容（なかみ）」「形式（かたち）」のすべてが連動して成立すると捉えるのだが，それを前提とした上で，「意識」の段階と「形式」の段階との違いは明確にしておく必要があるということなのである。そして，さらに言えば，「意識」の中での段階と，「形式」の中での段階があることにも留意しなくてはならない。
　例えば，人間関係や場——場面についても，まずは，実際に存在する人間と実際の場所がまずあり（事態としての段階），それをコミュニケーション主体がどのように捉えようとするのかという意識の段階があり，そこでそのコミュニケーション主体としての人間関係と場の認識ができると考えられる。そして，例えば，この人は自分の上司である（自分は部下である），と認識する段階から，この人を上位者として敬意を持って接しようとする意識の段階につながっていくわけだが，それぞれの段階も質的に異なるものとなる。上司であると認識することと，上位者として待遇することとは，必ずしも必然的な連動にはならないからである。これが「意識の中での段階性」ということである。
　そして，コミュニケーション主体はそうした待遇意識をもちつつ，敬語を用いて表現しようとするのだが，そのときにも，敬語を用いて表現する前提となる「言材としての敬語」の段階と，その「言材としての敬語」を用いて「文話」として表現する段階とに分かれることになる。いずれも形式の段階なのであるが，形式の中でも，言材の性質を認識する段階，適切な言材を選択する段階，その言材によって文話を形作る段階，そして，最後に媒材化する段階，というように，いくつかの段階に分かれ，それが連動しているというように考えられるのである。

先にも述べたように，言材には，概念や表象の面と，音概念・文字概念の面とがあり，それが回路になっていると考えるのだが，前者の概念や表象は「内容」とつながり，後者の音概念・文字概念は，音声・文字という「媒材」へとつながっていくといえる。それを図式的に示せば，

「内容」…概念―音概念…「音声」
　　　（言材）

あるいは，

「内容」…概念―文字概念…「文字」
　　　（言材）

というようなつながりになる。そこにおいて，「内容」と「形式」（音声・文字）が連動するということになるわけである。
　待遇コミュニケーションを考察する際にも，このような連動のしかたの段階性について留意する必要があると考える。

4．本研究で用いる術語とその略語

　以上，待遇コミュニケーションを考察するために必要となる理論的な枠組み，考察のための方法に関する考え方について述べてきた。その際，様々な術語を用いてきたが，本研究で用いる術語について，繰り返し現れるものについては，第3章以降は，適宜略語で示すことにしたいと思う。それらを一覧できるよう示すと，次のようになる。

コミュニケーション主体…［CS］
コミュニケーション主体x, y, z…［CSx］［CSy］［CSz］
（一般的なコミュニケーション主体となるX, Y, Zの場合）

自分…［J］
相手…［A］
話題の人物…［W］
相手側の話題の人物…［WA］
自分側の話題の人物…［WJ］

「相手レベル」…3段階の場合
　　［Aレベル・＋1］
　　［Aレベル・0］
　　［Aレベル・－1］

「話題の人物レベル」（［Wレベル］）もこれに準じる。

「場レベル」…3段階の場合
　　［Bレベル・＋1］
　　［Bレベル・0］
　　［Bレベル・－1］

第2章のまとめ

【第1節】「〈言語＝行為〉観」
(1)本研究の基盤となる言語観は，「〈言語＝行為〉観」である。それは，言語というものを個々のコミュニケーション主体（表現主体・理解主体）の個々のコミュニケーション行為（表現行為・理解行為）として成立するものだと見做す言語観である。
(2)「〈言語＝行為〉観」は，言語過程説における言語本質観によって導かれたものであるが，言語過程説の考え方をそのまま踏襲するものではない。
(3)「〈言語＝行為〉観」においては，行為としての言語と，それを成立させるコトバとしての「言材」とを区別するが，それらはいずれも個々のコミュニケーション主体において成立するものとして捉える。
(4)言語観の適否や優劣を論じることにはあまり意味がない。その言語観に基づくとどのような研究に展開するのか，という点を明らかにすることこそが重要である。

【第2節】コミュニケーション行為とコミュニケーション主体
(1)コミュニケーション行為というのは，基本的には，表現行為，理解行為の総称として位置づけられるものであるが，表現行為それ自体もコミュニケーション行為であり，理解行為それ自体もコミュニケーション行為である。そして，表現行為——理解行為の「やりとり」もコミュニケーション行為であり，表現行為——理解行為，表現行為——理解行為，……という「くりかえし」もコミュニケーション行為として捉えられるものである。
(2)コミュニケーション行為の主体がコミュニケーション主体である。コミュニケーション主体の認識によって，コミュニケーション行為のすべてが決まってくる。待遇コミュニケーションにおいても，コミュニケーション主体の認識によって，待遇コミュニケーションのすべてが決まってくる。
(3)待遇コミュニケーションにおける，待遇表現と待遇理解の関係も，そのようなコミュニケーション主体のコミュニケーション行為——

表現主体の表現行為，理解主体の理解行為として位置づけられるものである。

【第3節】人間関係と場——場面
(1)「人間関係」とは，コミュニケーション主体自身が自己と他者との関係をどう認識するのか，どのようなものとして位置づけようとしているのか，という観点である。
(2)「自分」，「相手」，「話題の人物」という人間関係の捉え方は，客観的に，固定的に規定されるものではなく，個々のコミュニケーション主体がそれをどう認識し，位置づけるかということに基づく，相対的，動態的なものである。
(3)それぞれのコミュニケーション主体は，「自分」，「相手」，「話題の人物」の関係を，「上・下・親・疎」の関係，それぞれの「立場や役割」，「恩恵を与える者・受ける者」などといった関係として捉え，そこには好き嫌いといった感情なども含めた複雑な認識が絡んでくる。
(4)「場」とは，コミュニケーション主体が認識する，コミュニケーション主体がコミュニケーション行為を行う時間的（文脈・経緯）および空間的（状況・雰囲気）な位置のことである。
(5)「場」は，コミュニケーションの制約となるものであると同時に，固定的なものではなく，コミュニケーション主体が作っていく動態的なものだといえる。
(6)「場面」は，「人間関係」に関する認識と「場」に関する認識が融合したものであり，コミュニケーション主体が認識する「いつ・どこで・どのような状況で，だれが・だれに・だれのことを」という枠組みである。
(7)待遇コミュニケーションにおいて，「場面」は最重要の枠組みであり，他のすべての枠組みに大きな影響や制約を与えつつ，状況に応じて変容していく動態性の高いものだといえる。

【第4節】意図と待遇意識——「意識（きもち）」
(1)「意図」とは，「コミュニケーション主体がそのコミュニケーション行為によって何かを実現しようとする，その自覚的な意識」のことである。

(2) 〈Xが表現主体のときに持つ表現意図〉と，〈理解主体であるYが理解行為において推測したXの表現意図〉とを区別して考える必要がある。表現主体の持つ表現意図は「表現主体〈表現意図〉」，理解主体が推測する表現意図は「理解主体〈表現意図〉」とする。

(3)「待遇意識」というのは，人間関係の位置づけをした上で，それをコミュニケーション主体自身がどう捉え，どのように待遇コミュニケーションにつなげようとするかという意識である。コミュニケーション主体が自己と他者との関係をどう位置づけるのかという認識（「人間関係」）と，他者をどう待遇しようとするかという意識（「待遇意識」）とは異なるものとして考える。

(4)「待遇意識」は，待遇コミュニケーションの行為全体を覆う意識として，そのコミュニケーション主体がそもそも持っている待遇に関する知識や情報，コミュニケーションの前提となる考え方や思想などにより生み出されるものだといえる。

【第5節】題材と内容——「内容（なかみ）」

(1)「題材」というのは，コミュニケーションにおいて扱われる「何（について）」ということである。

(2) 待遇コミュニケーションにおいて「題材」を枠組みとして取り上げる意味は，「場面」や「意識」との関係で，なぜその題材を選択するのか，しないのかという点が問題になるからである。

(3)「題材」に関連する「内容」というのは，「何を」表現しようとしているのか，「何を」理解するのかということである。題材と内容とは異なりつつ，重なるものであるため，それらを区別して扱う場合と，総合的に捉える場合とがある。

(4)「内容」は，意図と混同されることも多いが，意図は「意識」に属するものであり，題材や内容は，表現しようとする（あるいは，表現される）事柄に関するものである。

(5) 待遇コミュニケーションにおいては，常に「場面」「意識（きもち）」「内容（なかみ）」を連動させて考える必要がある。

【第6節】言材，媒材，文話——「形式（かたち）」

(1)「言材」とは，「個々のコミュニケーション主体において成立する，音概念・文字概念と，概念（あるいは表象）との回路のこと」であ

る。
(2) 「言材」は，個々のコミュニケーション主体において成立する。固定的なものではなく，どのような言材として成立しているのかにも様々な段階がある。
(3) 言語をコミュニケーション行為として捉え，その行為を成立させるための「言材」のあり方を探ることで，言語と言語以外のコミュニケーション行為との共通点，類似点などが明らかにされ，社会生活の中での言語の持つ意味も見えてくる。
(4) 「媒材」というのは，言材の持つ音概念と結びつく具体的な音声，文字概念と結びつく具体的な文字であり，その総称としての術語である。
(5) コミュニケーションの形態として，媒材を基準とした音声コミュニケーション，文字コミュニケーションという捉え方をすることにより，それぞれが，談話，文章という「形式」とつながっていく。
(6) 「文話」とは，文章と談話の総称である。「文話」は，音声コミュニケーション形態と文字コミュニケーション形態の総称として捉えることもできる。
(7) 待遇コミュニケーションは，コミュニケーション主体の認識する「場面」，「意識」，「内容」，「形式」が連動するところに成立するが，「文話」は，それが具体的に成立した結果としての表現上の一まとまりである。
(8) 待遇コミュニケーションにおいて「形式（かたち）」として捉えられるものには，動作，態度なども含めた，非言語行動に関わるものもある。それらが言語としてのコミュニケーション行為とどう関連するのか，待遇意識との関係でどういう意味を持つのかを明らかにすることも，待遇コミュニケーションを考える際の重要な課題になる。

【第7節】 考察の前提となる考え方

(1) 待遇コミュニケーションを考察するための枠組みとして，コミュニケーション行為を分析的にみると，ある「場面」における，「意識（きもち）」「内容（なかみ）」「形式（かたち）」の連動として捉えることができる。それらは，コミュニケーション主体の認識において相互に関連し合い，全体として表現行為，理解行為を成立させてい

(2) 待遇コミュニケーションを考察する際の前提となる考え方として、「相互尊重に基づく自己表現と他者理解」、「よりよいコミュニケーション」がある。
(3) 待遇コミュニケーション自体はニュートラルなものである。そして、個々のコミュニケーション主体によるコミュニケーション行為として成立するものであるため、絶対的、一般的に、正しい待遇コミュニケーション、良い待遇コミュニケーションであるなどと決めることはできない。
(4) 「相互尊重に基づく自己表現と他者理解」というのは、自己と他者とが尊重し合いつつ、自己を表現し他者を理解するという、コミュニケーションにおける根源的な方向性を捉えたものである。
(5) 「相互尊重に基づく自己表現と他者理解」は、単なる理想論などではなく、コミュニケーションによって、人が人と関係を創り、社会を創る際に根源的に志向することだと考えられる。
(6) 待遇コミュニケーションにおいても、コミュニケーション主体は、常に相対的に良いコミュニケーション、すなわち「よりよいコミュニケーション」というものを目指しているといえるのではないだろうか。
(7) 待遇コミュニケーション研究では、客観的、絶対的な正しさや良さを求めるのではなく、個々のコミュニケーション主体が認識する、相対的な適切さや「よりよいコミュニケーション」という観点から、待遇コミュニケーションの本質を追究していくことが求められるのではないだろうか。

【第8節】考察のための方法に関する考え方
(1) 待遇コミュニケーションを考察するということは、コミュニケーション主体が「場面」をどのようなものとして認識し、それによってどのような「意識（きもち）」「内容（なかみ）」「形式（かたち）」を連動させつつコミュニケーションを行っているのかを明らかにすることである。
(2) 待遇コミュニケーションの研究は、個別のコミュニケーションの個別の認識を追究し、それを明らかにすることが目的ではない。コミュニケーション行為としての言語に関する研究においても、個別の

コミュニケーション行為に含まれる共通性，一般性，そして普遍性を追究することが求められる。

(3) 待遇コミュニケーションにおいても，個別の中の共通性や一般性があり，それは変容する可能性のあるものだ，ということを確認した上で，それをどのように考察していくのかということが課題となる。本研究においては，考察のための方法として，あるコミュニケーション主体（筆者，およびその他の［CS］）における，共通性，一般性を探りつつ，それを別のコミュニケーション主体において確認していくという方法を採る。

(4) テレビドラマのシナリオや，スピーチ，手紙，文書などの文例集を資料として用いる最大の理由は，待遇コミュニケーションにおけるコミュニケーション主体の意識や認識の一般性について，理論や理屈としてではなく，脚本家や演出家によって具体的に造形された人物や状況が描かれたドラマ，そして，その編集者の目を通して一般性が高いと判断された情報が提示されている文例などから引き出すことが可能になる，という点にある。

(5) コミュニケーション行為における，コミュニケーション主体の「意識」の段階と「形式」の段階との違いは明確にしておく必要がある。そして，「意識」の中での段階と，「形式」の中での段階があることにも留意しなくてはならない。

第 3 章

待遇コミュニケーションにおける敬語

　本章では，待遇コミュニケーションにおける「敬語」について考察していく。敬語というのは，「敬語的性質」――大きくは，〈高くする，高くしない，改まり，丁寧にする，きれいにする〉などといった概念――を持つ言葉のことであり，その敬語的性質によって，それがどのような敬語であるのかが決まってくると考えられる。その結果として，様々な敬語が体系的に整理，分類されることになる。

　本研究においては，敬語論に関する研究を踏まえつつ，それらを乗り越えていくために，敬語について，「言材としての敬語」と「敬語表現における敬語」を区別し，その敬語的性質と機能について考察していく。

　まず，第 1 節において敬語論に関する研究史を踏まえつつ，第 2 節では，前提としてなぜそのような区分が必要になるのかについて論じる。その上で，第 3 節において，「言材としての敬語」の観点からの体系的な整理を試みる。そして，第 4 節において，「敬語表現における敬語」という観点から，待遇コミュニケーションにおける敬語の性質や機能に関する考察を進めたいと思う。

第 1 節　敬語論に関する研究

　待遇コミュニケーションにおける敬語を論じる前提として，これまでの敬語論に関する研究について概観しておくことにする。

1. 敬語論のあり方

　敬語に関する研究のあり方は，敬語をどのように捉えるかによって決まってくる。

　例えば，「敬語とは，最も一般的には，話し手（書き手）が聞き手（読み手）または話題の人物に対する敬意に基づいて用いる特定の言語形式をいう」，「敬語は，敬語でない語に対する別の言語形式であるところにその基本的な性格がある」（『国語学大辞典』）という規定は，現在も支持される考え方ではあるが，「敬意」とは何か，敬語でない語に対する別の言語形式がなぜ必要になるのか，敬語の持つ基本的な性質や機能はどのようなものであるのかということに関する根本的な議論は，今なお敬語論の課題になっているといえよう。

　また，「敬語は，まず語彙的事実としてあり，それが実際の文，文章として用いられるにあたっては文法的事実，さらに文体的事実としての特性を持つと言うことができよう」（『国語学大辞典』）という点も，敬語が語彙論，文法論，表現論において扱われてきたという敬語論の研究史につながるものであるが，待遇表現としての敬語を論じていくことの重要性，語用論，ポライトネスなどの観点から敬語を考えていくことの意味が改めて問われている。

　これからの敬語論は，言葉としての敬語が持つ性質と，人間関係や場の認識に基づく敬語の使い方や働きとを区別しつつ，同時にその関連において敬語を論じていくこと，コミュニケーションにおいて敬語をどのように位置付けていくのかという本質的な課題に応えるものとなることが期待されているわけである。

2. 敬語の分類論

　敬語論の一つの重要な課題として，敬語をどう分類するかということがある。敬語の分類として，最も普及してきたものは，尊敬語，謙譲語，丁寧語の3分類である。敬語の分類については諸説あるが，本質論として敬語を2分類するという考え方がある。これは，時枝誠記による「詞の敬語と辞の敬語」をはじめ，辻村敏樹の「素材敬語と対者敬語」，「話題の人物に対する敬語と聞き手に対する敬語」などといった捉え方に共通するものであり，尊敬語，謙譲語と，丁寧語との間には，概念を表す敬語と文体に関する敬語という大きな性質上の違いがあるという考え方に基づく。ここから，3分類の丁寧語の中に混在する「お天気・ご飯」（詞の敬語）と「です・ます」（辞の敬語）とを区分し，前者を美化語として別に立てるという考え方が示された。尊敬・謙譲・美化・丁寧に4分類にすることで，2分類の趣旨も生かされることになると言える。

それまでの分類に関する研究を踏まえ，「敬語の指針」（文化審議会答申）では，敬語を尊敬語，謙譲語Ⅰ，謙譲語Ⅱ（丁重語），丁寧語，美化語の5種類に区分することを提唱している。謙譲語をⅠとⅡの2種に区分するのは，「自分側から相手側または第三者に向かう行為・ものごとなどについて，その向う先の人物を立てて述べるもの」（謙譲語Ⅰ，伺う・申し上げる），「自分側の行為・ものごとなどを，話や文章の相手に対して丁重に述べるもの」（謙譲語Ⅱ，参る・申す）という違いを重視したためである。これは，従来の敬語研究でも，宮地裕の「謙譲語と丁重語」，菊地康人の「謙譲語Ａと謙譲語Ｂ」などと区分されていたものであり，細部については諸説あるものの，研究者間では普及していたものである。

　尊敬語については，諸説に大きな異同はないが，「お／ご～になる」と「お／ご～くださる」とでは，後者が「～」の動作主体を高めるとともに恩恵を表す点で違いがあること，「御社」「玉稿」など相手専用の尊敬語があることなどの相違点が指摘されている。

　謙譲語については，「伺う」（謙譲語Ⅰ）「まいる」（謙譲語Ⅱ）「ご説明いたす」（謙譲語Ⅰ＋Ⅱ）という違い以外にも，「私が参りました」と「暑くなって参りました」との違いがあること，「弊社」「拙稿」など自分専用の謙譲語があること，など，謙譲語Ⅱの下位区分が指摘されている。

　また，丁寧語の中でも，「です・ます」と「でございます」とには，文体上の丁寧さの違いがあること（「でございます」は「最上丁寧体」などとされること），「でございます」には，「ござる」の持つ丁重の性質が加わっていること，などが指摘されている。

　これらの点を考慮すれば，敬語の分類はさらに細かくなるわけだが，敬語論にとって最も重要なのは，敬語の持つ性質を明確にした上で，それを体系的にどう類型化するかということであろう。そして，何をもって敬語と規定するかによって，何を基準に敬語を分類するのかも異なってくるという点が，言語観に関わる要点になるといえるのである。本研究ではこの点に踏み込んで論じたいと考えている。

第2節　言材としての敬語と敬語表現における敬語

　本研究において，敬語について論じるための前提となる重要な点は，「言材としての敬語」という観点で捉えた敬語と，「敬語表現における敬語」という観点で捉えた敬語とを区別することである。「敬語表現における敬語」というのは，蒲谷他（1998）で述べた〈「語句」としての敬語〉とほぼ同じ趣旨の術

語である[16]。

1. 言材としての敬語と敬語表現における敬語との区別

「敬語表現における敬語」と「言材としての敬語」を区別するというのは，待遇コミュニケーションにおいて，コミュニケーション主体が敬語を用いようとする意識や敬語を選択しようとする意識，および，その結果として成立した表現の中で用いられている敬語と，そうした意識とは別にある「言材としての敬語」が持つ性質とを区分して検討する必要があるということである。それによって，敬語の持つ基本的な性質やコミュニケーションにおける敬語の意味や機能などが明確になってくると考えるからである。ただし，敬語を用いようとする意識と，その敬語が持つ性質とは連動しているため，結果として成立した表現において敬語を見ると，そうした意識と性質との両方が含まれていることになる。

敬語に関する説明や記述のしかたは様々であるが，従来の敬語についての捉え方は，おおよそ次のようなものになっているといえよう。

例えば，「おっしゃる」という敬語は，「言う」の尊敬語で，相手や話題の人物に対する敬意を表す敬語であり，「ます」という敬語は，丁寧語で，相手に対する敬意を表す敬語である，というようなものである。

菊地（1994）では，敬語の規定は次のようになっている。

> 敬語とは，同じ事柄を述べるのに，述べ方を変えることによって敬意あるいは丁寧さをあらわす，そのための専用の表現である。（下線は傍線。p72）

ここでの「表現」は「表現形式」を指しているといえる。敬語の種類については，〈話題の敬語〉と〈対話の敬語〉を重視し，「より正確には〈"話題の世界"の敬語〉〈"対話の世界"の敬語〉である。」（p81）としている。そして，「敬語の仕組みの捉え方」として，「〈語形〉〈機能〉〈適用〉の三つの観点」を提示している。

一般的には，こうした説明や記述で特に大きな問題が生じるとは思わない。

---

[16] 蒲谷他（1998）では，「言材としての敬語」について「いわば「抽象的な言葉」として考えられる段階での「敬語」のこと」であり，「具体的な「人間関係」や「場」の条件などを伴っていない，すなわち「敬語表現」とは一応切り離して捉えることのできる「敬語」であると言える」と述べ（p47），〈語句〉としての敬語」については，「例えば，「オッシャル」や「…マス」という」言材としての敬語が，「「社長がそうおっしゃいました。」という「敬語表現」において，「おっしゃい—」「まし—」という姿で用いられている「敬語」のこと」であるとしている（p60）。本書においても，基本的な趣旨は受け継ぐものである。
　なお，先に用いた料理の比喩でいうと，「言材としての敬語」は，料理以前の素材としての段階であり，「敬語表現における敬語」は，すでに料理されたものとしての素材，という違いだといえよう。

しかし，敬語そのものの性質を説明する記述の中に，相手や話題の人物といった「人間関係」や，敬意といった「意識」の問題を取り込んでしまうことで，その敬語の持つ基本的な「敬語的性質」が見えにくくなってしまい，その結果，敬語を整理，分類するときの基準もわかりにくいものになり，混乱が生じてしまうと考えられるのである。「人間関係」，「意識」，「敬語的性質」は，それぞれが連動してはいるが，それぞれに異なる段階のものであり，その違いを明確にすることが，待遇コミュニケーションにおける敬語研究としては，極めて重要な点になるといえる。

この点については，言語観の違いに基づく相違点だとみることができる。

敬語（の構造・体系）＝言語，だと規定すると，言語としての敬語についての記述の中に，話し手や聞き手といった人間関係や，話し手の意識なども取り込まざるを得なくなるのである。これまでの敬語分類では，敬語の分類基準の中に「敬意」や人間関係までを含めるものが多いのも，その意味では止むを得ない措置だったといえる[17]。

これに対して，「〈言語＝行為〉観」における敬語の扱いは，まずは，敬語＝言材と捉え，その「言材としての敬語」を使って表現することが言語だと規定することになり，「言材としての敬語」の記述と，敬語を使って表現する行為である言語としての記述とを段階的に行うことが可能になる。それによって，待遇コミュニケーションにおける敬語や敬語表現の本質を明らかにできるということが，本研究での提言なのである。

2．敬語に関する4つの段階

本研究における敬語に対する基本的な捉え方についてより具体的に説明すると，次のようになる。

例えば，あるコミュニケーション主体［CS］が，まず，自分［J］＝学生，相手［A］＝教師の田中，話題の人物［W］＝教師の山田，という人間関係を認識し，待遇意識としては，相手レベルを［Aレベル・＋1］，話題の人物レベルを［Wレベル・＋1］と位置づける。これは，田中，山田には敬語を使って待遇しようとする意識があるということを意味する。「場」［B］については，例えば，田中の研究室内でのコミュニケーションであれば，［Bレベル・＋1］

---

[17]「敬語の指針」でも，尊敬語や謙譲語Ⅰの説明において，「立てる」という本来は「意識」に関わる用語を使っているが，これは「…「敬う・へりくだる」などの心情や姿勢を，敬語の働きや意味合いに直接結びつけて説明するのではなく，言葉としての敬語の働きを，端的に表す用語を選んで説明しようとする立場に立つため」（p4）であった。

と捉えることになる。これは，田中に対して改まって表現しようとする意識があるということである。

　表現したい内容は，〔山田がそう言った〕ということであるなら，それを，敬語を用いて表現することになる。「山田」については，山田が教師であることから，一般的な考えに従い「～センセイ」という〈「～」の人物を高くする〉性質を持つ「言材としての敬語」を用いて「山田先生」と敬語化し，「言った」については，「言う」は「オッシャル」という〈「言う」という動作の主体を高くする〉性質を持つ「言材としての敬語」を選び，さらに相手［A］である田中にはその内容を丁寧に伝えるため「マス」という〈「文話」全体を丁寧にする〉性質を持つ「言材としての敬語」を使って「おっしゃいました」とし，全体として「山田先生がそうおっしゃいました。」と表現するわけである。

　結果として成立した表現である「山田先生がそうおっしゃいました。」においては，「山田先生」「おっしゃい―」という敬語（「直接尊重語」）によって話題の人物［W］である山田を高め，「まし―」という敬語（「丁寧文体語」）によって相手［A］である田中に対して丁寧に伝えているということになる。

　記述はやや煩雑にはなるが，［CS］の「人間関係」の認識，待遇表現としての意識，「言材としての敬語」の持つ敬語的性質，そうした敬語を用いて［A］や［W］に対する表現をすること，などの基本的な関係やあり方は，以上のように示すことができる。

　このような問題意識を踏まえ，①「言材としての敬語」の基本的な性質，②コミュニケーション主体がその待遇コミュニケーションにおいて「言材としての敬語」を用いようとする意識，③適切な敬語を選択しようとする意識，④その待遇コミュニケーションによって成立した表現において用いられた敬語が持つ意味や機能，という段階を区別しつつ，それぞれの関連を考えていきたいと思う。

　まず，〈①「言材としての敬語」の基本的な性質〉とは，例えば，「オッシャル」という「言材としての敬語」は，「言う」という概念に，〈その言う動作の主体を高くする〉という「敬語的性質」が加わったもの，というように捉え，記述されるものである。ここでの敬語の基本的な性質というのは，あくまでも言材としてのものであり，実際の人物間の関係（例えば，教師と学生）や，［CS］が捉える「人間関係」（［J］は学生であり，［A］は［Aレベル・＋1］の教師だと捉えるような関係）の認識は含まれない。「言材としての敬語」を記述する際には，「相手や話題の人物を高くする」という記述にはならず，また，「相手や話題の人物に対する敬意を表す」といった［CS］の「意識」に関わる記述もしない，ということである。要するに，「言材としての敬語」の基

本的な性質とは，その言材自体が持つ敬語としての概念だけを取り出したものなのである。

〈②コミュニケーション主体がその待遇コミュニケーションにおいて「言材としての敬語」を用いようとする意識〉とは，［CS］が実際の表現行為で，その「オッシャル」という敬語を用いようとする段階であるが，例えば，ある［CS］が，自分が学生で相手が教師という「人間関係」において，その相手である教師を上位者として待遇する意識を持って表現しようとして，「先生がおっしゃったように…」と話す場合で考えてみる。この場合，その［CS］は，このような「人間関係」（自分が学生で相手が教師）のときには敬語を用いるという意識があり，敬語を用いて表現しようとする意思を持って表現したということである。

〈③適切な敬語を選択しようとする意識〉というのは，この［CS］である学生は，「オッシャル」という敬語が，「言う」という動作を行う主体を高くする性質があることを知っていて，その上で，「言う」という動作の主体であり，相手である，その教師を高めるという待遇意識をもって，「オッシャル」という敬語を選択したということである。さらに言えば，そこでは，「〜レル」という「言材としての敬語」を用いた「言われた」よりも「おっしゃった」のほうが，その動作主体であり，相手である教師をより高めることができるといった，適切な敬語を選択する意識が含まれるということである。

〈④その待遇コミュニケーションによって成立した表現において用いられた敬語が持つ意味や機能〉というのは，「先生がおっしゃったように…」という表現において用いられた「オッシャル」が，「おっしゃっ—」という活用形で表される敬語として，「言う」という概念を表すとともに，「先生」（相手である教師）を高める機能を果たしているということである。

上に示した，①が「言材としての敬語」，④が，②③に基づく「敬語表現における敬語」の段階ということになる。

従来の敬語研究では，以上の４つの段階が混在した形での整理や分類が進められていたため，敬語の体系を追究する上で問題が生じていたのだと考えられる[18]。

例えば，先にも述べたように，敬意と敬語とを直接関係づけて語られることは多いが，それは，①の段階ではしないほうがよいことだと考える。①の「言材としての敬語」の性質の中に「CS」の敬意を含めて語るのは，言材の持つ

[18) 滝浦（2005）では，基本的には同趣旨の内容を「Ⅰ敬語の思想史—〈敬意〉と〈関係認識〉の相克」において詳細に論じている。

性質と［CS］の持つ意識とを混在させることなのである。敬意の問題が生じるのは，②の段階からである。ただし，そこに敬意があるかどうかは，個々の［CS］によって異なる。敬語を用いようとする意識と敬意とは連動する場合もあり，連動しない場合もあるからである。③では，どの敬語を用いるか，どのレベルの敬語を用いるか，という選択の意識が働く。ここでもそうした待遇意識と敬意とが関連する場合もあり，関連しない場合もある。④の段階になって，その（行為の結果としての）表現に用いられている敬語と［CS］の敬意とを関連づけて扱うことが可能になる。要するに，敬意というのは敬語そのものの持つ性質ではなく，［CS］が持つ待遇意識であるという点を明確にする必要があるということである。

また，例えば，母親が子供に「早くおっしゃい。」と言ったとき，親が子に尊敬語を用いるのは変だ，この「おっしゃい」を尊敬語と名づけるのは問題がある，というような見解が示される場合がある。これは，「おっしゃる」は尊敬の気持ちを表す尊敬語なので，親が子供に尊敬語を使うのは変だ，というような考え方に基づくものだといえる。

これについても，①の，「言材としての敬語」「オッシャル」の問題ではないことは明らかである。①での記述には，具体的な人間関係やそれに関する待遇意識は含まれないからである。したがって，「オッシャル」を「尊敬語」と名づけたとしても，それと「尊敬」という意識とは関係がないことは，上の敬語と敬意の関係と同様である。

この例の場合，②，③の段階での敬語を用いる意識が先の教師と学生の例とは異なるため，誤解を招きやすいのだといえよう。親は子供に対して，「早く言え。」と表現することもできるのだが，「言ウ」という言材を用いて，それを直接的な命令形にして表現するのではなく，「オッシャル」という「言材としての敬語」を選ぶことにより，その表現を和らげ，自らの品位を保とうという意識が働いたと考えられるわけである。

④の段階では，敬語が用いられていても，表現全体としては，立場的な上位者から下位者に対する命令という意図を持つ表現として成立していることになる。その点で，「オッシャル」という言材の持つ敬語的性質と矛盾するようにも見えるのだが，敬語の持つ機能と，命令という意図とは矛盾するものではなく，敬語を用いることで，命令を和らげる，丁寧に命令をする，という働きをしているということになるわけである。

したがって，母親が子供に「早くおっしゃい。」というのは，丁寧に命令している表現であり，そこに敬語を用いているのは，もちろん尊敬の意識とは関係なく（かりに子供を尊敬していたとしても，そのこととは関係なく），自己

の品格保持につながる意識が働いた結果であるといえるわけである。もちろん，ここでは，[CS]であるその母親が実際にこのようなことを考え，意識しながら表現していた，ということが述べたいわけではない。

なお，この例のような問題は，例えば，「自分の子に小遣い／花に水／犬に餌をあげる」というのは，「子供／花／犬」を高めるようで変だ，というような見解にもつながるものだといえるだろう。

3．時枝の敬語論との違い

さらに，敬語論にとってより本質的な問題につながるものとして，時枝誠記の敬語論における問題点を検討しておきたい。時枝（1941）で示された考え方に従うと，例えば，「おっしゃいます」という表現であれば，「おっしゃる」は詞の敬語，「ます」は辞の敬語であり，前者は概念を表す客体的な敬語，後者は相手に対する敬意を表す主体的な敬語という区分になる。これは，文法論における詞辞の問題にもつながっていくものであるが，ここでは敬語の問題に焦点を絞って検討していきたい。

それは，「おっしゃる」が詞の敬語，「ます」が辞の敬語という区分自体に問題があるというのではなく，「ます」だけが相手に敬意を表す主体的な敬語だと規定する点には，検討すべき課題があるということである。

この場合，①の段階である，「マス」という「言材としての敬語」の基本的な性質を問題にしているのであれば，上にも述べたように，相手に敬意を表す，という記述はできないはずである。逆に，②③の段階である，表現において敬語を用いる意識の問題として述べているのであれば，[CS]が相手に対する敬意を主体的に表すという意識は，「ます」だけにいえることではない。「オッシャル」という敬語を選ぶ際にも，相手に敬意を表すという意識は働いており，「オッシャル」もそれを表すために用いられた敬語だということができるのである。

もちろん，本研究の立場では，結果としての表現における「おっしゃる」や「ます」についても相手に敬意を表す敬語だという説明をするわけではないが，[CS]が「オッシャル」という敬語を選ぶこと，「マス」という敬語を選ぶことそのものに，[CS]の主体的な意識があるとすれば，その敬語を選択するということにおいては，いずれもが[CS]の主体的なものになるといえるのである。これは，②，③の段階の，[CS]が敬語を用いる意識，選択する意識の段階での問題なのである。

繰り返し述べてきたように，ある[CS]がある意識を持ってある敬語を選

ぶことと，その敬語自体がどのような敬語としての性質を持っているのかということとは，関連しつつ，別の次元のことである点を見失ってはならない。また，その人物に対する敬意を持つことと，その人物に敬語を用いることとは多くの場合関連するが，関連しない場合もあり，ある表現に敬語が用いられていることと，その表現に関わる人物に対して敬意を持っていることとは，関連する場合もあるし，ない場合もあるということである。

しかし，本書では，以上のような問題点を指摘することだけが目的ではない。本書で目指すことは，敬語について論じる際，上に述べたような①と，②③④の違いがあることを前提とし，それぞれの段階で敬語の整理を進め，最終的には，敬語が待遇コミュニケーションにおいて持つ意味を考えることにあるのである。

ここまで，「言材としての敬語」と「敬語表現における敬語」を区分することの理由を述べてきたが，それを踏まえて，それぞれの敬語について考察を進めていきたい。

第3節　言材としての敬語の体系

本節では，「言材としての敬語」について体系的な整理をしていくことにする。

その前提にあるのは，次のことである。

- 言材というのは，個々のコミュニケーション主体［CS］において成立している音概念・文字概念と概念・表象との回路である。したがって，言材は固定的，絶対的なものではなく，個々の［CS］によって異なり，表現行為，理解行為を通じて，変容する可能性がある。
- ここに述べるのは，研究主体である筆者が，一人の現代共通日本語の［CS］としての経験，知識，他者との待遇コミュニケーション行為，そしてこれまでの研究成果などから抽象して得られた「言材としての敬語」である。したがって，研究主体としての筆者の目を通して得られた，共通性，一般性のある「言材としての敬語」の基本的な性質として記述しようとするものである。
- 「言材としての敬語」というのは，「敬語表現としての敬語」が具体的なものとして成立することと対応させれば，抽象的な敬語だといえる。例えば，「オッシャル」という「言材としての敬語」は，ある［CS］の待遇コミュニケーションとして成立した「先生がおっしゃった。」という

表現において「おっしゃっ―」という形で具体的な「敬語」となるわけだが，ここでは，具体的な「人間関係」が反映された「おっしゃっ―」を扱うのではなく，あくまでも抽象的な「オッシャル」を対象にすることになる。

　以上を前提とした上で，「言材としての敬語」について論じていきたい。
　言材には，単独で敬語となるもの（例えば，「オッシャル」）と，他の言材とともに敬語を作る敬語形式としての言材（例えば，「オ～ニナル」で，「カク」とともに「オ書キニナル」という敬語となる）とがある。ともに，〈何らかの概念＋敬語的性質〉ということで敬語となるわけだが，前者は，その概念（「言う」）が言材（「オッシャル」）自体に含まれており，後者は，その概念は他の言材（「書く」）で表し，敬語形式としての言材（「オ～ニナル」）は敬語的性質のみを表すことになる。
　また，「デス」，「マス」，「～（デ）ゴザイマス」[19]といった敬語のように，敬語的性質のみを表す言材もある。それらは，他の言材によって概念を表すというのではなく，その表現全体に関わる敬語である。
　〈何らかの概念＋敬語的性質〉で成り立つ敬語は，時枝の言うところの「詞の敬語」，辻村敏樹の「素材敬語」に当たり，敬語的性質のみで表現全体に関わる敬語は，時枝の「辞の敬語」，辻村の「対者敬語」[20]に当たる。名称はともかく，また細部に異同はあっても，現在の敬語分類は，まずはこのように敬語を大きく二分類するという考え方に基づくものだといえよう。本研究においても，結果としてはそれに倣うことにはなるが，前者を「概念敬語」，後者を「文体敬語」と名づけている。その根底にある考え方は，「詞の敬語・辞の敬語」「素材敬語・対者敬語」とはやや異なるものである。
　本研究において目指すものは，当然のことながら，敬語を分類することではない。敬語分類というのは，あくまでも「言材としての敬語」の持つ敬語的性質に従って体系的に整理した結果にすぎないと考える。「言材としての敬語」を扱う際に最も重要なことは，「人間関係」や「意識」とは切り離した「敬語的性質」を明確にし，それを基準に体系化することなのである。

---

19)　「～（デ）ゴザイマス」とするのは，「～」に形容詞が入るときには，「デ」が不要になるからである。本書では，「ゴザル」（「ゴザイ（マス）」の形で用いられる）は丁重語，「～（デ）ゴザイマス」は丁重文体語として区別している。
20)　辻村（1988）によれば，素材敬語は，「表現素材の把握の仕方についての敬語」であり，対者敬語は，「表現受容者に対し直接敬意（謹みの気持）を表わす語」とある。また，それらと並んで，素材対者敬語（＝丁重語）を立て，「表現素材の把握の仕方を通して表現受容者への敬意を示す敬語」としている。

以下，1として「敬語的性質」，2として「敬語的性質に基づく敬語分類」について述べていくことにする。

1. 敬語的性質

「言材としての敬語」のすべてを挙げることはできないため，代表的な敬語例を示しつつ，最終的に「言材としての敬語」の体系的な類型化につながるよう，それらの敬語的性質を記述していくことにしたい。

(1) オ／ゴ〜

最初に，極めて抽象的なレベルでのことになるが，「オ〜」「ゴ〜」という敬語を作る基本的な敬語形式としての言材が持つ，「言材としての敬語」の性質を示しておきたい。それは，「オ〜」は〈きれいにする〉，「ゴ〜」は〈立派にする〉というような性質だと考えられる。典型的には，後で述べるいわゆる美化語としての「オ花」や「ゴ褒美」などに，その性質が現れるといえる。

ただし，ここで述べたいのは，「オ〜」が「花」をきれいにする，「ゴ〜」が「褒美」を立派にする，というような意味ではない。「オ〜」や「ゴ〜」という言材が他の言材とともに敬語を作る，その基本的な性質を表すものとして，〈きれいにする〉〈立派にする〉というように記述して示すということなのである。

「オ／ゴ〜」は，多くの敬語や他の敬語形式を作る基となる「言材としての敬語」であるため，まず，両者の敬語的性質を確認したのだが，それはあくまでも極めて抽象的なレベルでの捉え方であり，「オ／ゴ〜スル」や「オ／ゴ〜ニナル」などの敬語形式になった段階にまで〈きれいにする〉や〈立派にする〉を適用するということではない。

「オ／ゴ〜」の「〜」には，様々な言材が入り，結果としていくつかの異なる性質を持った敬語となる。一般的には，「オ〜」には和語系の言材が，「ゴ〜」には漢語・字音語系の言材が入るが，「オ〜」に漢語・字音語系が入るものとしては「お料理」「お電話」，「ゴ〜」に和語系が入るものとしては「ごゆっくり」などが挙げられる。基本的な「オ／ゴ＋和語系／漢語・字音語系」の敬語には，和語系の持つ「やわらかさ」，漢語・字音語系の持つ「かたさ」が反映していると考えられる。これは表現全体に関わるものではあるが，敬語的性質とは異なるものである。

「オ／ゴ〜」の「〜」に名詞が入る場合，その名詞に関わる「所有」の主体がいる場合には，その人物を高くする敬語となる。例えば，（ある人物の）「オ

帽子」「ゴ著書」という敬語であれば，「帽子」「著書」の「所有」の主体となるその「人物」を高めることになる。

特に所有者がいない場合には，美化する敬語となる。例えば，同じ「オ帽子」でも，帽子屋に並んでいる帽子について（帽子屋に関係する人がいない状況で）「すてきなお帽子」などと表現した場合には，その「オ帽子」は，（表現上は言葉遣いをきれいにする，品格保持などということになるが，言材としては）「～」に入る「帽子」を美化するものとして捉える敬語になると考えられる。

「～」にいわゆる動作性名詞となる言材が入ると，その動作の主体を高める場合と，その動作に関係する人物を高める場合とがある。例えば，「ゴ説明」は，（あなたや彼の）「ゴ説明」であれば動作の主体を高める敬語となり，（私の，あなたや彼に対する）「ゴ説明」であれば，動作に関係する人物を高める敬語になるということである。

「～」に形容詞が入る場合，その「状態」の主体がいるときには，その人物を高める敬語となる。例えば，（ある人物が）「オ美シイ」という敬語であれば，美しいという状態の主体であるその人物を高めることになる。

「～」にいわゆる形容動詞が入る場合も，その「状態」の主体がいるときには，その人物を高める敬語となる。例えば，（ある人物が）「オ綺麗ダ」という敬語であれば，その人物を高めることになるわけである。

(2)オッシャル

これまでにも述べてきたように，「オッシャル」は，「言う」という概念に，〈言うという動作を行う主体を高くする〉という敬語的性質が加わったものだと捉える。

要するに，

「オッシャル」＝「言う」＋〈動作の主体を高くする〉

ということである。

「オッシャル」と同様，単独で敬語となり，〈動作の主体を高くする〉という敬語的性質を持つ「言材としての敬語」は，ほかに「ナサル」「メシアガル」などがある。

(3)イラッシャル・～テイラッシャル・～デイラッシャル

「イラッシャル」は，「いる・行く・来る」という概念に，〈「いる」という状態の主体，「行く・来る」という動作の主体を高くする〉という敬語的性質が加わったものである。

「〜テイラッシャル」は,「ている」という概念に,〈「〜」に入る状態・動作の主体を高くする〉という敬語的性質が加わったものである。例えば,「〜」に「ハナス」という言材が入り,「話シテイラッシャル」という敬語を作ることになる。「ヨム」が入れば,「読ンデイラッシャル」になる。ここでの「(読ン)デイラッシャル」は,次の「〜デイラッシャル」とは異なる(いわゆる補助動詞として用いるものは,「〜テ」と示す。そこには「〜デ」も含まれる。以下,同様)。また,「〜」に形容詞が入り,例えば「大キクテイラッシャル」などと,その状態の主体を高くする敬語となる。

「〜デイラッシャル」は,「〜」の人物が存在するという概念に,〈「〜」に入る人物を高くする〉という敬語的性質が加わったものである。「〜」に「田中センセイ」が入ると,「田中先生デイラッシャル」となり,「田中先生」を高くするという性質を持つ。

　要するに,
　　「イラッシャル」＝「いる・行く・来る」＋〈状態・動作の主体を高くする〉
　　「〜テイラッシャル」＝「ている」＋〈状態・動作の主体を高くする〉
　　「〜デイラッシャル」＝〈「〜」の人物を高くする〉
という敬語だということである。

(4) オ／ゴ〜ニナル・オ／ゴ〜ナサル

「オ／ゴ〜ニナル」「オ／ゴ〜ナサル」は,〈「〜」に入る動作の主体を高くする〉という敬語的性質を持つ形式である。

「オ／ゴ〜ニナル」「オ／ゴ〜ナサル」も,「〜」に,例えば「ハナス」「セツメイスル」が入ると,「オ話シニナル／ゴ説明ニナル」「オ話シナサル／ゴ説明ナサル」となり,その動作主体となる人物を高める敬語となる。

基本的には,「オ／ゴ〜ニナル」・「オ／ゴ〜ナサル」は「〜ニナル」「〜ナサル」の違いがあり,前者は状態性,後者は動作性が現れているといえる。そもそも,「オ／ゴ〜ニナル」という敬語形式は,「〜」に入る動詞をそのまま動作として示すのではなく,状態として表すことで敬語化するものであるため,状態性と敬語であることとの関係は深いと考えられる。「ナサル」は,単独で「スル」の敬語形となることから,元々の動作性が残る敬語であり,「〜ナサル」「オ／ゴ〜ナサル」で「〜」に漢語・字音語系の動詞が入って敬語になる際も,その性質が残っているといえる。

(5) 〜(ラ)レル

「〜(ラ)レル」は,〈「〜」に入る状態・動作の主体を高くする〉という敬

語的性質を持つ形式である。「〜」に「ヨム」「キル」「セツメイスル」が入れば，「読マレル」「着ラレル」「説明サレル」という敬語になる。

(6) レイ（令）〜

「レイ（令）〜」は，〈「〜」に入る人物（とその人物に関係する人物）を高くする〉という敬語的性質を持つ形式である。「〜」に「兄」「夫人」が入れば，「令兄（レイケイ）」「令夫人」という敬語になる。

(7) 〜サマ（様）

「〜サマ」は，〈「〜」に入る人物を高くする〉という敬語的性質を持つ形式である。「〜」の中に「山田」が入れば「山田サマ」という敬語になる。また，「オ〜」「キャク」が加わり，「オ客サマ」という敬語になる。ほかにも，「オ父サマ」，「皆サマ」などがある。

同種の敬語としては，「〜ドノ（殿）」「〜サン」がある。

(8) ウカガウ（伺ウ）

「ウカガウ」は，「尋ねる・訪ねる」という概念に，〈「尋ねる・訪ねる」という動作の主体を高くしない＋その動作に関係する人物を高くする〉という敬語的性質が加わったものである。

「動作の主体を高くしない」というのは，積極的に「低くする」わけではなく，あくまでも「高くしない」ということを意味する。

「動作に関係する人物」というのは，「尋ねる」という概念に必然的に含まれる，「尋ねる→だれに」の「だれ」に当たる人物のことである。同様に，「訪ねる」という概念に含まれる，「訪ねる→だれ（かがいるところ）を」の「だれ」に当たる人物のことである。その人物を高くする，ということである。

(9) モウシアゲル・オ／ゴ〜モウシアゲル

「モウシアゲル」は，「言う」という概念に，〈「言う」という動作の主体を高くしない＋その動作に関係する人物を高くする〉という敬語的性質が加わったものである。「動作に関係する人物」というのは，「言う→だれに」，の「だれ」に当たる人物のことである。

「オ／ゴ〜モウシアゲル」は，〈「〜」の動作の主体を高くしない＋「〜」の動作に関係する人物を高くする〉という敬語的性質を持つ形式である。「〜」に「ハナス」「セツメイスル」という言材が入り，「オ話シモウシアゲル」「ゴ説明モウシアゲル」という敬語になる。基本的な性質は，「オ／ゴ〜スル」と

同様である。「オ/ゴ～スル」よりも，動作に関係する人物を高くする程度が大きいといえる。

⑽ オ/ゴ～スル

「オ/ゴ～スル」は，〈「～」の動作の主体を高くしない＋「～」の動作に関係する人物を高くする〉という敬語的性質を持つ形式である。

〈「～」の動作に関係する人物を高くする〉ということは，言い換えれば，「～」の動作には，それに関係する人物の存在が想定されるということであり，そのことが「オ/ゴ～スル」という敬語形式が成立する条件となる。これは表現上の問題にもつながるのだが，例えば，「～」に「会ウ」が入って，「オ会イスル」になるのは，「会う」という概念に「だれがだれに（と）会う」，という人物の関係が含まれているからである。「説明スル」が入って，「ゴ説明スル」という敬語になる場合も同様である。

「ゴ説明モウシアゲル」と敬語的性質は同じだが，動作に関係する人物を高くする程度が小さいといえる。

⑾ クダサル・～テクダサル・オ/ゴ～クダサル

「クダサル」は，「くれる」という概念に，〈「くれる」という動作の主体を高くする＋その動作の主体が恩恵を与える〉という敬語的性質が加わったものである。

「～テクダサル」は，「てくれる」という概念に，〈「～」に入る状態・動作の主体を高くする＋その状態・動作の主体が恩恵を与える〉という敬語的性質が加わったものである。例えば，「～」に「テツダウ」「シドウスル」が入って，「手伝ッテクダサル」「指導シテクダサル」という敬語になる。

「オ/ゴ～クダサル」は，〈「～」に入る動作の主体を高くする＋その動作の主体が恩恵を与える〉という敬語的性質を持つ形式である。例えば，「～」に「テツダウ」「シドウスル」が入ると，「オ手伝イクダサル」「ゴ指導クダサル」という敬語になる。

なお，「オ手伝イニナッテクダサル」「ゴ指導ニナッテクダサル」は，「オ/ゴ～ニナル」と「～テクダサル」が重なって用いられているものであり，「オ手伝イクダサル」「ゴ指導クダサル」は，それらの省略形ではなく，あくまでも「オ/ゴ～クダサル」という敬語形式によって作られた，それ自体が独立した敬語である。この点については，後で詳述したいと思う。

⑿イタダク・〜テイタダク・オ／ゴ〜イタダク

「イタダク」は，「もらう」という概念に，〈「もらう」という動作の主体を高くしない＋その動作に関係する人物を高くする＋その人物から恩恵を受ける〉という敬語的性質が加わったものである。

「〜テイタダク」は，〈「〜」に入る状態・動作の主体を高くする＋その動作に関係する人物を高くしない＋その状態・動作の主体から恩恵を受ける〉という敬語的性質が加わったものである。例えば，「〜」に「テツダウ」「シドウスル」が入って，「手伝ッテイタダク」「指導シテイタダク」という敬語になる。しかし，「手伝ッテイタダク」「指導シテイタダク」という敬語になった場合，「〜テイタダク」とは敬語的性質が異なり，〈「手伝ってもらう」「指導してもらう」という動作の主体を高くしない＋その動作に関係する人物を高くする＋その人物から恩恵を受ける〉となる。

「イタダク系」の敬語がわかりにくく，実際に誤用が生じやすくなるのは，このように「〜」に他の言材が入ると，全体としての敬語的性質が変ってくるという点にもあるのだと考えられる。

「〜テイタダク」と「〜テクダサル」との違いは，「状態・動作に関係する人物」の有無であるが，「〜」に入る動作の主体を高くするという性質は同じである。

「オ／ゴ〜イタダク」は，〈「〜」に入る動作の主体を高くする＋その動作に関係する人物を高くしない＋その動作の主体から恩恵を受ける〉という敬語的性質を持つ形式である。例えば，「〜」に「テツダウ」「シドウスル」が入ると，「オ手伝イイタダク」「ゴ指導イタダク」という敬語になる。

⒀サシアゲル・〜テサシアゲル

「サシアゲル」は，「あげる」という概念に，〈「あげる」という動作の主体を高くしない＋その動作に関係する人物を高くする＋動作の主体が恩恵を与える〉という敬語的性質が加わったものである。

「〜テサシアゲル」は，「てあげる」という概念に，〈「〜」に入る動作の主体を高くしない＋その動作に関係する人物を高くする＋動作の主体が恩恵を与える〉という敬語的性質が加わったものである。例えば，「〜」に「カス」という言材が入ると，「貸シテサシアゲル」という敬語になる。

⒁イタス・オル・ゴザル・マイル・モウス

「イタス」は，「する」という概念，オルは，「いる」という概念，「ゴザル」は「ある」という概念，「マイル」は「行く・来る」という概念，「モウス」は

「言う」という概念に，〈その動作の主体を高くしない＋改まり〉という敬語的性質が加わったものである。

なお，「マイル」には〈その動作に関係する人物を高くする〉という性質があるとする考え方もあるようだが，常に〈その動作に関係する人物を高くする〉わけではなく，高くする必要がない人物が入る場合もある。例えば，実際の表現になったとき，「社長のお宅にまいりました。」「弟の家にまいりました。」の両方がいえるわけである。その動作に関係する人物の中に，高くするべきではない人（例えば，弟）も入る以上，〈その動作に関係する人物を高くする〉という性質があるとは認めにくい。また，本研究では，現代共通日本語における敬語を対象とするのであり，通時的な観点を含めて検討するものではない。

これについては，後に再度触れることにしたい。

⒂ オ／ゴ～イタス

「オ／ゴ～イタス」は，〈「～」に入る動作の主体を高くしない＋「～」の動作に関係する人物を高くする＋改まり〉という敬語的性質を持つ形式である。要するに，「オ／ゴ～スル」と「イタス」の両方の性質を併せ持つ敬語形式ということになる。「～」に「ツタエル」「セツメイスル」が入ると，「オ伝エイタス」「ゴ説明イタス」という敬語になる。

⒃ 拝（ハイ）～イタス

「拝～イタス」は，〈「～」に入る動作の主体を高くしない＋「～」の動作に関係する人物を高くする＋改まり〉という敬語的性質を持つ形式である。要するに，「拝～スル」と「イタス」の両方の性質を併せ持つ敬語形式である。「～」に「見」が入ると「拝見イタス」とう敬語になる。他に，「拝聴イタス」「拝読イタス」などがある。

⒄ キ（貴）～・オン（御）～

「キ（貴）～」「オン（御）～」は，〈「～」に入る（相手に関する）事物を高くする〉という敬語的性質を持つ形式である。

なお，ここで「相手」という記述が入ってくるのは，「～」には「話題の人物」に関する事物は入らず，相手専用であることを明示するためである。「～」に「社（会社の意）」「校（学校の意）」などが入ると，「貴社」「貴校」「御社」「御校」などの敬語となる。

⒅ ヘイ（弊）〜

「ヘイ（弊）〜」は，〈「〜」に入る（自分に関する）事物を低くする〉という敬語的性質を持つ形式である。

なお，ここで「自分」という記述が入ってくるのは，「〜」に「話題の人物」に関する事物は入らず，自分専用であることを明示するためである。

また，「低くする」としたのは，これは「高くしない」ではなく，積極的に低くすると捉えられるからである。「〜」に「社」「行（銀行の意）」などが入ると，「弊社」「弊行」などの敬語となる。

同種のものには，「拙〜」「愚〜」などがある。

⒆ オ〜・ゴ〜

ここでの「オ〜」「ゴ〜」は，人物に関わるものではなく，〈事物を美化する〉という敬語的性質を持つものである。「〜」には，「テンキ」「ホウビ」などが入ると，「オ天気」「ゴ褒美」などの敬語になる。

なお，言葉遣いの美化や品格保持といった性質は，言材の段階の性質ではないと考えられる。

⒇ 〜デス・〜マス

「〜デス」「〜マス」は，〈（「文話」全体を）丁寧にする〉という敬語的性質を持つものである。「〜」に入る言材自体には関わらず，文章・談話全体に関わる敬語となる。

「デス」は，「ダ」の敬語形ということができるため，「ダ」の持つ文法的な性質を内包する敬語である。

なお，「オ／ゴ〜デス」を一つの形式とする考え方もあるが，これは「オ／ゴ〜」と「〜デス」という二つの言材であり，「オ書キデス」「ゴ利用デス」は一つの敬語形ではなく，「オ書キ」「デス」，「ゴ利用」「デス」に分けて考える。「オ／ゴ〜」は，それに関わる人物や事物に対する待遇のしかたを表すものであり，「デス」は「文話」全体に関わるものというように性質が異なるからである。それは，「オ書キニナリマス」を一つの敬語形とは考えないことと同じ趣旨である。

㉑ 〜デアリマス・〜（デ）ゴザイマス

「〜デアリマス」「〜（デ）ゴザイマス」は，〈（「文話」全体を）丁重にする〉という敬語的性質を持つものである。「〜（デ）ゴザイマス」は，形の上では，「〜デアリマス」の「アリ」が「ゴザル」になったものであるが，単に敬語の

程度の違いというのではなく,「〜デアリマス」「〜(デ) ゴザイマス」それぞれが,特色のある文体を作る性質を持つ敬語だと考えられる。

2. 敬語的性質に基づく敬語分類

以上挙げてきた「言材としての敬語」をその性質に従って整理し,その性質を表す名称をつけると下記のようになる。なお,(1)オ/ゴ〜,については,「〜」に入る言材によって,下記の直接尊重,間接尊重,美化になりうるものであり,また様々な敬語形式を作るものであるため,ここでの整理には加えていない。

直接尊重(状態・動作・所有の主体を高くするもの)
　(2)オッシャル
　(3)イラッシャル・〜テイラッシャル・〜デイラッシャル
　(4)オ/ゴ〜ニナル・オ/ゴ〜ナサル
　(5)〜(ラ)レル
　(6)レイ(令)〜
　(7)〜サマ(様)

間接尊重(動作に関係する人物を高くするもの)
　(8)ウカガウ(伺ウ)
　(9)モウシアゲル・オ/ゴ〜モウシアゲル
　(10)オ/ゴ〜スル

恩恵直接尊重(直接尊重に恩恵が加わるもの)
　(11)クダサル・〜テクダサル・オ/ゴ〜クダサル

恩恵間接尊重(間接尊重に恩恵が加わるもの)
　(12)イタダク・〜テイタダク・オ/ゴ〜イタダク
　(13)サシアゲル・〜テサシアゲル

丁重(「改まり」があるもの)
　(14)イタス・オル・ゴザル・マイル・モウス

尊重丁重(尊重と丁重と両方の性質を持つもの)
　(15)オ/ゴ〜イタス
　(16)拝(ハイ)〜イタス

相手尊重(「相手」に関する事物を高くするもの)
　(17)キ(貴)〜・オン(御)〜

自己卑下(「自分」に関する事物を低くするもの)

言材としての敬語分類

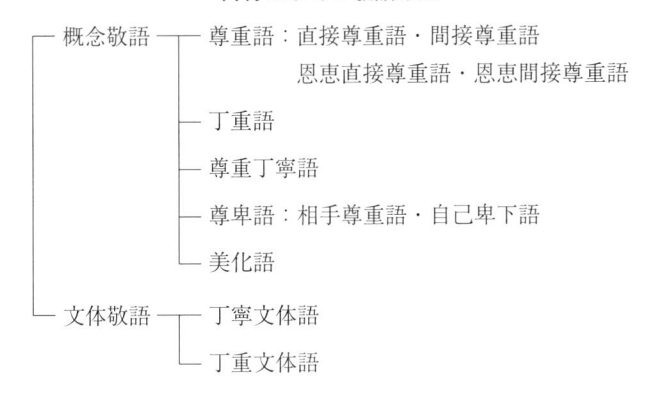

```
              ┌─ 尊重語：直接尊重語・間接尊重語
              │        恩恵直接尊重語・恩恵間接尊重語
    ┌─ 概念敬語 ─┼─ 丁重語
    │         ├─ 尊重丁寧語
─┤         ├─ 尊卑語：相手尊重語・自己卑下語
    │         └─ 美化語
    │
    └─ 文体敬語 ─┬─ 丁寧文体語
              └─ 丁重文体語
```

　⒅ヘイ（弊）〜

美化（事物を美化するもの）
　⒆オ〜・ゴ〜

丁寧文体（「文話」を丁寧にするもの）
　⒇〜デス・〜マス

丁重文体（「文話」を丁重にするもの）
　(21)〜デアリマス・〜（デ）ゴザイマス

　それぞれの性質を持った敬語については，「直接尊重語」「間接尊重語」「恩恵直接尊重語」「恩恵間接尊重語」「丁重語」「尊重丁寧語」「相手尊重語」「自己卑下語」「美化語」「丁寧文体語」「丁重文体語」と呼ぶ（例えば，「オ〜ニナル」に「カク」が入った，「オ書キニナル」は「直接尊重語」となる）。

　以上のように，敬語的性質に従って整理すると，結果として11種類の敬語に分かれることになる。

　ただし，直接尊重語，間接尊重語，恩恵直接尊重語，恩恵間接尊重語，丁重語，尊重丁寧語，相手尊重語，自己卑下語，美化語と名づけた「言材としての敬語」は，それぞれ何らかの概念を持ちつつ，それに敬語的性質が加わることで敬語となるものであり，丁寧文体語，丁重文体語は，敬語的性質だけを持つ敬語となるもので，「文話」全体に関わるものである。その意味で，前者を「概念敬語」，後者を「文体敬語」とすると，基本は2分類になるといえる。

　さらに言えば，概念敬語である，直接尊重語，間接尊重語，恩恵直接尊重語，恩恵間接尊重語は，「尊重」（高くするという敬語的性質）を軸に「尊重語」としてまとめることができ，相手尊重語，自己卑下語は，「尊卑語」として，ま

とめることができる。したがって、概念敬語は、尊重語、丁重語、尊重丁重語、尊卑語、美化語というように5種になり、それに文体敬語を加えた6種に分けて整理することもできる。
　一方、敬語的性質から整理すると、

　〈高くする〉という敬語的性質を持つもの：
　　　直接尊重，間接尊重，恩恵直接尊重，恩恵間接尊重，尊重丁重，
　　　相手尊重
　〈高くしない〉という敬語的性質を持つもの：
　　　間接尊重，恩恵間接尊重，丁重，尊重丁重
　〈改まり〉という敬語的性質を持つもの：
　　　丁重，尊重丁重，丁重文体
　〈低くする〉という敬語的性質を持つもの：自己卑下
　〈美化する〉という敬語的性質を持つもの：美化
　〈丁寧にする〉という敬語的性質を持つもの：丁寧文体

というように分類することもできる。ただし、複数の敬語的性質を持つものは、複数の性質に属することになる。
　なお、これは敬語的性質に従った整理であって、「意識」による整理とは異なる。つまり、コミュニケーション主体が実際の表現において持つ「改まり」や「丁寧にする」という意識によって敬語を整理したものではないということである。[CS]の意識によって整理すると、例えば、「改まり」の意識が丁重語になる、ということになりそうだが、改まりの意識を持って用いる敬語は丁重語だけではない。直接尊重語も間接尊重語も、改まった意識で使われる可能性はあるのである。しかし、敬語としての直接尊重語や間接尊重語には、「改まり」という敬語的性質はない。この点は混在させてはならないといえる。
　以上のように、現代共通日本語の「言材としての敬語」を整理していくと、分類という点でいえば、2分類としては、

　　　概念敬語，文体敬語

になり、細かく11分類とすれば、

　　　直接尊重語，間接尊重語，恩恵直接尊重語，恩恵間接尊重語，丁重語，尊重丁重語，相手尊重語，自己卑下語，美化語，丁寧文体語，丁重文体語

になる。そして，それを再整理すると，

　　尊重語，丁重語，尊重丁重語，尊卑語，美化語，文体敬語

の6分類になるといえる。
　もちろん，分類すること自体が目的ではなく，あくまでも，「言材としての敬語」が持つ敬語的性質に従って整理することが重要なのは，先にも述べたとおりである。その趣旨からすれば，〈高くする〉〈高くしない〉〈低くする〉〈改まり〉〈美化する〉〈丁寧にする〉といった6種類の敬語的性質によってまとめることも可能なのである。
　以上，「言材としての敬語」について，体系的に整理することを試みた。基準となるのは，その言材が持つ敬語的性質であり，そこには，コミュニケーション主体が認識する，実際の人間関係の位置づけ，敬意や謙遜といった「意識」は入らない。当然のことながら，敬語にそのような認識や意識の面が関係しないということを主張するものではなく，「言材としての敬語」の段階でそれを入れると，「言材としての敬語」の持つ基本的な性質が見えなくなってしまうという点を示そうとしたわけである。抽象的な敬語的性質を押さえた上で，実際の待遇コミュニケーションにおいて，その敬語がどのような意味を持ち，どのような機能を果たすのか，そこが重要になることは言うまでもなく，むしろ本研究で主張したいのはそのような点である。
　ただし，あえて「言材としての敬語」を対象とし，抽象的な敬語的性質を示すのは，そこを基本として敬語研究を進めることで，従来の敬語分類の問題点を乗り越え，敬語が持つ性質と，待遇コミュニケーションにおけるコミュニケーション主体の意識，コミュニケーションにおける敬語の働きとの関係性が明らかになってくると考えるからにほかならない。
　敬語の分類については，これまで，2分類（素材敬語，対者敬語など），3分類（尊敬語，謙譲語，丁寧語），4分類（尊敬語，謙譲語，美化語，丁寧語），5分類（尊敬語，謙譲語，丁重語，美化語，丁寧語など）など，様々なものが提唱されてきた。
　本研究で提唱する敬語分類案も，結果としては，これまでの研究成果と大きく異なるものではないのだが，若干の異同は生じることになる。しかし，3分類がよいのか，5分類のほうがよいのか，6分類のほうが優れているのか，ということを議論しても，それ自体はあまり意味がない。現代共通語の敬語が持つ敬語的性質として，少なくとも11種類の性質の違いはあることを踏まえた上で，その特徴や相違点に従い，どのように区分していくのかということであっ

て、例えば「敬語の指針」で5類（厳密に言えば、ここでいう尊重丁重語を含むと6類）の案を示したのも、従来の3分類を否定しようとするものではなく、3分類では見えない点（美化語と丁寧語の違い、謙譲語と丁重語の違い）を明示すれば5分類になるということなのである。同様に、5分類では明らかにしにくいところ（例えば、恩恵の性質を持つ尊敬語や謙譲語、謙譲語と丁重語の性質を併せ持つ敬語、相手専用の尊敬語・自分専用の謙譲語、丁重の性質を持つ丁寧語など）を示せば、11分類になるということである[21]。

そのような趣旨を踏まえた上で、これまでの主流であった3分類、5分類と、本研究における11分類の敬語についての関係を一覧すると、次の敬語分類表のようになる。

第4節　敬語表現における敬語

本節では、第2節で整理してきた「言材としての敬語」が待遇コミュニケーションにおいてどのような意識で用いられ、そして、そこでどのような意味を持ち、どのような働きをするのか、という観点から検討していきたいと思う。

先に述べたように、①「言材としての敬語」の基本的な性質、②コミュニケーション主体がその待遇コミュニケーションにおいて「言材としての敬語」を用いようとする意識、③適切な敬語を選択しようとする意識、④その待遇コミュニケーションによって成立した表現において用いられた敬語が持つ意味や機能、という段階を区別しつつ、それぞれの関連を考えていく。

ただし、本章においては、あくまでも待遇コミュニケーションにおける「敬語」に焦点を絞るため、敬語に関する記述が中心となる。待遇コミュニケーションにおける「敬語コミュニケーション」としての問題については、第4章において論じる。

「②コミュニケーション主体がその待遇コミュニケーションにおいて「言材としての敬語」を用いようとする意識」、「③適切な敬語を選択しようとする意識」について、まず、［CS］が「言材としての敬語」をどう捉え、どう選択しようとするのかに関わる要点や問題となる点について述べていくことにしたい。

1として「各敬語における論点」、2として「敬語表現における敬語化」について述べていく。

21）蒲谷（2008）を参照。なぜ3分類では不十分なのかについて、論じている。

敬語分類表

敬語例	11分類　敬語的性質	5分類	3分類
オッシャル・イラッシャル・オ帽子・オ美シイ・オ書キニナル	**直接尊重** 動作・状態・所有の主体を高くする	尊敬語	尊敬語
クダサル・教エテクダサル・ゴ説明クダサル	**恩恵直接尊重** 動作の主体を高くする＋恩恵		
御社・玉稿	**相手尊重** 相手に関する事物を高くする		
伺ウ・オ会イスル	**間接尊重** 動作の主体を高くしない ＋動作に関係する人物を高くする	謙譲語Ⅰ	謙譲語
イタダク・ゴ説明イタダク・サシアゲル	**恩恵間接尊重** 動作の主体を高くしない ＋動作に関係する人物を高くする ＋恩恵		
イタス・マイル	**丁重** 動作の主体を高くしない＋改まり	謙譲語Ⅱ （丁重語）	
弊社・拙稿	**自己卑下** 自分に関する事物を低くする		
ゴ説明イタス・拝見イタス	**尊重丁重** 動作の主体を高くしない ＋動作に関係する人物を高くする ＋改まり	謙譲語Ⅰ＋謙譲語Ⅱ（丁重語）	
オ花　ゴ褒美	**美化** 事物を美化する	美化語	丁寧語
デス・マス	**丁寧文体** 文章・談話全体を丁寧にする	丁寧語	
デアリマス・デゴザイマス	**丁重文体** 文章・談話全体を丁重にする		

1. 各敬語における論点

(1)敬語化——「田中先生のお帽子」

　例えば，あるコミュニケーション主体［CS］が，［J］＝学生，［A］＝教師である田中，［B］＝田中の研究室，という「場面」で，その田中の「帽子」について表現するとき，「②［CS］がそのコミュニケーション行為において「言材としての敬語」を用いようとする意識」によって，「③適切な敬語を選択しようとする意識」が働き，田中のことは「～センセイ」を用いて「田中先生」にしよう，帽子については，それが田中の帽子であるという認識に基づき，「ボウシ」に「オ～」をつけて「お帽子」にしようとした結果，「これは，田中先生のお帽子ですか。」といった表現を行った，という段階があるといえる。

　「田中」を「田中先生」，「帽子」を「お帽子」とすることを「敬語化」と呼ぶと，［CS］である学生が「田中先生のお帽子」と表現するまでに，2つの敬語化が行われたと考えることができる。「田中先生の帽子」と表現したときには，1つの敬語化だけが行われたことになるが，その違いは，個々の［CS］の「意識」がどのようなものであったのかによって異なる。敬語化は，［CS］が自覚して意識的に行われる場合もあれば，ほぼ無意識のうちに，自動的に行われる場合もあるだろう。「田中」→「田中先生」という敬語化は，直ちに行われるとしても，「お帽子」については，そもそも敬語化するかどうかの判断に迷う場合もあるかもしれない。そこには，相手が「お帽子」という敬語で待遇するレベルにあるかどうかという判断だけではなく，「お帽子」という敬語は自分が使うのにふさわしい敬語かどうかというような判断も絡んでくるからである。そうしたことも，「敬語表現における敬語」の問題につながる課題となる。

　敬語は常に敬語ではないものとの関係で成り立つと考えれば，敬語表現行為において，敬語ではない言材から敬語である言材に換えること，すなわち敬語化の意味は大きなものとなる。言語研究の上からは，大きく分けて，結果としての表現から敬語化について解明する方法と，表現行為における意識から敬語化を追究する方法とがあるが，それらは対立するものではなく，行為の過程を経た結果として表現が成立するという観点から検討すべきものだと考える。このことについては，本書全体を通して論じることにしたい。

(2)敬語の誤用・敬語による冗談や皮肉——「佐藤がそうおっしゃってたよ。」

　「オッシャル」は，ある［CS］が「山田先生がそうおっしゃいました。」と表現した場合，「おっしゃい―」という形で用いられ，そこでは，〈動作主体を

高くする〉という敬語的性質が働くことにより，山田先生を高めている，ということになる。

　［J］＝学生，［A］＝教師である山田という関係であれば，「おっしゃい―」は，「相手」である「山田」を高くする働きを，そして，［J］＝学生，［W］＝教師である山田という関係であれば，「おっしゃい―」は，「話題の人物」である「山田」を高くする働きを果たしているわけである。

　また例えば，ある［CS］が「佐藤がそうおっしゃってたよ。」と表現した場合にも，「オッシャル」は「おっしゃっ―」という形で用いられ，そこでは，〈動作主体を高くする〉という敬語的性質が働くことにより，佐藤を高めている，ということになる。

　ただし，そのときの人間関係が，［J］＝学生，［A］あるいは［W］＝後輩である佐藤という関係であれば，「おっしゃっ―」は，「相手」あるいは「話題の人物」を高くする働きをするため，本来は高める必要がないと考えられる後輩の佐藤を高めてしまうことになる。それは，いわゆる敬語の誤用と見做すことができる場合と，そのときの［CS］の「意識」によっては，誤用ではなく冗談や皮肉による用法になる場合とが考えられるわけである。

　これは個々の「場面」によって決まるものであり，当然のことながら，「オッシャル」自体の性質に〈冗談〉や〈皮肉〉が含まれるということではない。敬語は，冗談や皮肉の意図によって用いられることもあるが，それは敬語自体の持つ性質を利用した，［CS］のコミュニケーション上の「意識」に基づくものであって，敬語そのものの問題ではない。

　待遇コミュニケーションに関する研究においても，誤用による敬語化や，冗談や皮肉としての敬語化を扱う意味があるが，それらも，表現主体の認識や意図と理解主体がそれをどう受け止めるかという観点から検討していく必要があるだろう。

⑶高くする対象——「田中先生のお宅でいらっしゃいますか。」

　「イラッシャル」は，「いる・行く・来る」という概念に，〈「いる」という状態の主体，「行く・来る」という動作の主体を高くする〉という敬語的性質が加わったものである。「状態」の主体もあるという点で，他の敬語動詞の持つ概念との違いはあるが，基本的には「オッシャル」との違いはない。「田中先生もいらっしゃいます。」という表現では，［A］あるいは［W］の「田中先生」を高めることになる。

　「〜デイラッシャル」は，例えば，「〜」に「タナカ（センセイ）」が入り，例えば，「こちらは，田中先生でいらっしゃいます。」という表現において，

[W]である「田中(先生)」を高めることになる。「〜」に入るのは，基本的には「人物」になるため，電話などでの「田中先生のお宅でいらっしゃいますか。」という表現の適否が問題となる。

いわゆる誤用については，原則的な問題と現実的な事例としての問題とが混在し，しかもそれに関する個々の[CS]の認識が異なるため，どのように記述するかは難しい課題であるが，ここでは原則としての考え方について述べた上で，その拡張や例外となる点に触れておくことにする。この例で言えば，「〜」には「人物」が入るという原則を確認した上で，「お宅」を「事物としての家」であると認識した表現，例えば，実際の建物を見ながら，「この家は，田中先生のお宅でいらっしゃいますか。」などと表現した場合は誤用となり，「田中先生が所有する，あるいは，田中先生がそこに含まれる家」であると認識した表現，例えば，電話の冒頭で「田中先生のお宅でしょうか。」などと表現することは許容されるのではないか，というように記述することになる。

「田中先生のお宅でしょうか。」も誤用だ，と判断する人もいるだろうが，個々の[CS]の認識の適否について扱うのではなく，その認識の基になっている考え方について論じていけばよいのだと考える。

高めるべき人物に関わる事物そのものを結果として高めてしまうことは，いわゆる敬語の誤用として見られる一つの現象である。これまでにも多く指摘されているように，「そちらでは雨が降っていらっしゃいますか。」「シャツにしみがおつきになっています。」「お車が到着なさいました。」といった類の誤用は，表現主体としては，常にその人物を高めようとする意識が働き，その結果として，事物を高める敬語化をしてしまうのだといえよう。「敬語表現における敬語」を扱う際には，何を高めようとしているのかという[CS]の意識，何を高めているのかという結果としての敬語の機能を区別しつつ，その連動を見ていかなければならない。

(4) 「直接尊重語」と「恩恵直接尊重語」
　　——「田中先生がご説明なさる。」と「田中先生がご説明くださる。」

敬語表現としての観点では，「オ／ゴ〜ニナル」「オ／ゴ〜ナサル」と「オ／ゴ〜クダサル」を用いた表現との違いが重要になる。例えば，[CS][J]=学生，[W]=教師である田中，の場合，

　　ア「田中先生がご説明なさいました。」
　　イ「田中先生がご説明くださいました。」

という例で考えてみると，アは，「田中先生」を高めてはいるが，客観的，中立的な表現になっており，いわゆる「ひとごと」としての表現になっているのに対し，イは，「田中先生」を高めるとともに，その説明が自分にとって恩恵を与えていることも表すと認識し，それを表明している点でいわゆる「わがこと」としての表現になっている，という違いが見られる。

いずれの敬語も，従来の3分類でいえば「尊敬語」として括られることになるわけだが，「言材としての敬語」の持つ敬語的性質の違いは，実際の表現として成立した際に，さらに明確に現れてくるといえるだろう。

事態を客観的に捉えて表現するか，自分との関わりとして，しかもそれを「恩恵」として受け止め表現するか，という観点は，「敬語表現における敬語」を考える上で非常に重要なものとなる。これは，「直接尊重語」と「恩恵直接尊重語」の問題だけではなく，「恩恵間接尊重語」とも絡んでくる課題である。

(5)「直接尊重語」の用法上の制約
　　　——「私のレポートをお読みになりましたか。」

ここでは，動詞および動作性名詞に関わる直接尊重語の用法上の制約について述べておきたいと思う。

従来の3分類，5分類における「尊敬語」の規定においては，具体的な記述のしかたはそれぞれに異なるものの，基本的には，〈状態や動作の主体を高くする〉〈相手や話題の人物を高める〉という趣旨の性質のみが挙げられている。本研究においても，「直接尊重語」の基本的な性質としては，〈状態や動作の主体を高くする〉のみを示している。

ただし，実際の表現における直接尊重語の働きとしては，そうした敬語的性質だけですべてが成り立っているわけではない。例えば，「先生は私のレポートをお読みになりましたか。」の中での「お読みになる」の使い方には問題があると感じられるのではないだろうか。しかし，いわゆる尊敬語，ここでの直接尊重語の基本的な性質に照らし合わせれば，「読む」という動作の主体になる相手（ここでは，先生）を高めるという点において問題はないはずなのである。

その他の例を考えてみると，「昨日，私に電話をおかけになりました（か）。」「その書類は，私のところにお届けになります（か）。」など，自分に向けられた動作について，その動詞を直接尊重語化する場合に不自然な表現になることに気づく。

つまり，実際の「人間関係」として，その動作が自分に関わるものや自分に向けられたものであるとき，直接尊重語は動作の主体を高める性質を持つ敬語

であるからといって，その動作を直接尊重語に変えると，敬語表現上の問題が生じてしまうわけである。言い換えれば，いわゆる尊敬語，ここでの直接尊重語は，「動作に関係する人物が自分の場合」に用いるときは不適切になる場合がある，ということである。

　直接尊重語の敬語的性質は，動作に限って言えば，〈動作の主体を高くする〉だけだった（つまり，〈動作に関係する人物〉がいたとしても，その人物を高くすることや高くしないことには関わらない敬語だった）のだが，「敬語表現における敬語」においては，〈その動作に関係する人物が自分（側の人物）の場合には用いない〉あるいは，〈その動作に関係する人物に自分（側の人物）は入らない〉といった注釈を加える必要があると考えられるのである。

　これは，(4)において述べたこととも関連しており，直接尊重語による表現は，客観的・中立的な表現であるため，そこに「自分」が関係してくると，「わがこと」になるにもかかわらず，それを「ひとごと」として表す点にずれが生じるのだといえよう。

　間接尊重語において，動作に関係する人物を高くするという性質は，動作の主体を高くしないという性質との相対的な関係として位置づけられる。例えば，「私があなたにお伝えする」という表現であれば，「あなたを高くする」ことと「私を高くしない」こととは相対的に両立する関係にあるといえるわけである。それに対して，直接尊重語においては，動作の主体を高くするという性質は，それだけで成り立つものであり，そこに自分が関わることで，その表現のしかたそのものにずれが生じてしまうと考えられるわけである。例えば，「あなたが彼にお伝えになる」という表現は，それで客観的な表現として成り立つが，「あなたが私にお伝えになる」は，自分との関わりを客観的に表現しようとする点で無理があるものになってしまうということである。

　そうした関係を示すための例文を，間接尊重語と直接尊重語の対応で示すと次のようになる。

　　　○私はあなたとお会いする。
　　　?あなたは私とお会いになる。
　　　○私はあなたにこれをお届けする。
　　　?あなたは私にこれをお届けになる。
　　　○私はあなたに電話をおかけする。
　　　?あなたは私に電話をおかけになる。
　　　○私はあなたにメールをお送りする。
　　　?あなたは私にメールをお送りになる。

第3章　待遇コミュニケーションにおける敬語

　この問題を解決する方法は，直接尊重語ではなく，恩恵直接尊重語（クダサル系の敬語）を用いることである。恩恵直接尊重語の性質にある「恩恵」を活かすことで，自分が恩恵を受ける立場にある者だと位置づけられるため，「わがこと」として表現することが可能になる。

　　○私はあなたとお会いする。
　　○あなたは私とお会いくださる。（あるいは，会ってくださる。）
　　○私はあなたにこれをお届けする。
　　○あなたは私にこれをお届けくださる。（あるいは，届けてくださる。）
　　○私はあなたに電話をおかけする。
　　○あなたは私に電話をおかけくださる。（あるいは，かけてくださる。）
　　○私はあなたにメールをお送りする。
　　○あなたは私にメールをお送りくださる。（あるいは，送ってくださる。）

　同様に，冒頭の例も，「私のレポートをお読みくださいましたか。」にすることで解決できる。
　ただし，この解決の仕方は，「オ〜クダサル」を適用することであり，「オ〜ニナッ・テクダサル」を用いることではない。「オ〜ニナッ・テクダサル」だと，「オ〜ニナッ」の部分が直接尊重語であり，いったん「ひとごと」として表現し，その上で恩恵直接尊重語としての「〜テクダサル」を用いることになるため，かえって矛盾した表現のしかたになってしまうからである。その意味でも，「オ／ゴ〜クダサル」と「オ／ゴ〜ニナッ・テクダサル」は異なる性質を持つ敬語形式であるといえる。その点にも留意する必要があるだろう。

　　?あなたは私とお会いになってくださる。
　　?あなたは私にこれをお届けになってくださる。
　　?あなたは私に電話をおかけになってくださる。
　　?あなたは私にメールをお送りになってくださる。

　もちろん，この表現でも問題はない，気にならないと判断する人はいるかもしれないが，第2章でも述べたように，個々のコミュニケーション主体における認識の違いは，待遇コミュニケーションに関するすべての点に絡む点なので，ここではそうした個別性については問題にしない。

(6) 「直接尊重語」内の選択——「読まれる」か「お読みになる」か

　「〜（ラ）レル」は、〈「〜」に入る状態・動作の主体を高くする〉という敬語的性質を持つ形式であるが、待遇コミュニケーションにおいては、他の直接尊重語との選択段階での問題がある。それは、「読まれる」にするか「お読みになる」にするか、「説明される」を選ぶか「説明なさる」「ご説明なさる」を選ぶか、といった問題である。

　待遇の程度の違いという基準で選択することはあるが、それ以外、「〜（ラ）レル」が受け身と紛らわしい場合（「言われる」よりも「おっしゃる」を選ぶ場合など）、「〜」に入る言材が「オ／ゴ〜」に続かない場合（「運転スル」は「ゴ運転ナサル」にはならないなど）など、他の条件も複雑に絡んでいる。

　なお、「〜（ラ）レル」と「オ／ゴ〜ニナル」には地域差などの点も関係するが、本書ではその点は検討課題にはしない。

(7) 敬称の選択——「山田様」と「山田殿」

　「〜サマ」も、「〜ドノ」も、〈「〜」に入る人物を高くする〉という敬語的性質を持つ形式であり、例えば「山田様」「山田殿」となって、その人物を高める直接尊重語として機能することになる点では共通するものである。ただし、「山田様」が手紙・文書の宛名や呼称において一般性の高い用法を持つのに対し、「山田殿」には、公的な文書、賞状などに用いられる、改まりの「意識」で用いられる、形式的で堅苦しい印象を与えるものだといえる。「山田さん」と「山田様」、「山田様」と「山田先生」、「山田さん」と「山田君」等々の使い分けの基準がどのようなものか、それぞれが用いられる意識は、それぞれが用いられた時の理解主体の意識はどのようなものか、といったことが待遇コミュニケーションでは大切な課題になってくる。

(8) 「間接尊重語」と「丁重語」——「伺ウ」と「参ル」

　間接尊重語の「伺ウ」と、丁重語「参ル」との違いについては、「敬語の指針」では、謙譲語Ⅰと謙譲語Ⅱ（丁重語）の違いとして説明している。例えば、「先生のお宅に伺いました。」と「先生のお宅に参りました。」では、「伺う」と「参る」との違いはあまりないように見えるが、「先生のお宅」ではなく「弟の家」であれば、「弟の家に伺いました。」が誤用であるのに対し、「弟の家に参りました。」は問題のない用法になることで、その違いが明確になる。先に、「マイル」のところでも述べたように、「先生のお宅に参りました。」のときには先生を高める働きをして、「弟の家に参りました。」のときには弟を高める働きはない、というのでは、敬語の性質が表現内容によって変わること

になり，論理的な整合性がなくなってしまう。

現代共通語においては，「参ル」は，「改まり」の性質を持つ敬語として，相手に対して丁重に伝えるときに用いられ，そうした機能を果たすと考えられる。それは，例えば，「先生のお宅に伺っちゃったんだけどね。」とは言えても，「先生のお宅に参っちゃったんだけどね。」とは言えないこと，「先生のお宅に伺ったんだよ。」とは言えても，「先生のお宅に参ったんだよ。」とは言えないことなどにより，明らかになるといえよう。

以上を整理すると次のようになる。

「伺ウ」
　　○「先生のお宅に伺いました。」
　　×「弟の家に伺いました。」
　　○「先生のお宅に伺っちゃったんだけどね。」
　　○「先生のお宅に伺ったんだよ。」
「参ル」
　　○「先生のお宅に参りました。」
　　○「弟の家に参りました。」
　　×「先生のお宅に参っちゃったんだけどね。」
　　×「先生のお宅に参ったんだよ。」

(9)「間接尊重語」への敬語化
　　——「お会いする」「ご説明申し上げる」「お持ちする」

「間接尊重語」への敬語化の要点として，〈動作に関係する人物〉をどのように捉えるかという問題がある。

例えば，「オ／ゴ～スル」「オ／ゴ～モウシアゲル」は，〈「～」の動作の主体を高くしない＋「～」の動作に関係する人物を高くする〉という敬語的性質を持つ形式であり，「～」に「会ウ」を入れて，「私が田中さんにお会いする。」「私が田中さんにお会い申し上げる。」と表現したときに，「私」を高めずに，「田中さん」を高める，という機能を果たすことになる。

これを逆に見ると，例えば，[J]＝「私」が，[W]＝「田中という人物」に，「会う」，と表現しようとしたとき，その田中という人物を高く待遇したいのであれば（[Wレベル・＋1]）「オ～スル」を選び，より高く待遇したいのであれば（[Wレベル・＋2]）「オ～モウシアゲル」を選び，その「～」に「会ウ」を入れて，「私は田中さんにお会いする。」あるいは「私は田中社長にお会

い申し上げる。」などと表現することになる。

　要するに,「間接尊重語」を用いた表現は,自分（側）の人物の動作,その動作が関係する人物（[A] の場合も,[W] の場合もあり得る），そしてその動作を表す動詞の性質の三者が相俟って成立する。「私が会う」「田中に（会う)」「〜が〜に会う」という前提の下に,動作主体である [J]＝「私」を高めない,動作に関係する人物である [W]＝「田中」を高める,という意識があるとき,「私は田中さんにお会いする。」などの表現になる,ということである。

　動詞そのものの概念の中に,動作に関係する人物を含むもの,例えば,「訊ク」「尋ネル」「訪ネル」「届ケル」「借リル」なども同様に考えることができる。

　なお,格関係を表す助詞として,「〜に」「〜と」「〜から」などがある。例えば,「会ウ」は「〜に／〜と」を取るため,「お会いする」も「〜に／〜とお会いする」になるが,「間接尊重」の程度が高くなると,「〜にお会い申し上げる」「〜にお目にかかる」のように「〜に」のみを取る。これは,「〜と」が対等な関係を表すのに対し,「〜に」は下位者が上位者に向かう方向性を示すという点とも関わっているのである。表現においては,敬語だけが待遇性を担うわけではないといえるだろう。

　「間接尊重語」は,基本的には以上のような性質を持つのだが,そうした基準とは異なる例もある。例えば,「持ツ」という動詞は,その概念には「持つという動作に関係する人物」を含まないものの,「間接尊重語」としての「オ持チスル」が成り立つ。

　蒲谷（1992a）で検討したように[22],「お荷物,お持ちしましょうか。」といった表現において用いられる「お持ちする」には,「あなたのために」「あなたの代わりに」といった意識が込められており,その点において,「持つという動作に関係する人物」が登場してくると考えられるのである。

　例えば,「磨ク」「焼ク」などは,基本的には,「オ〜スル」を用いて敬語化することはできないタイプの動詞なのだが,「あなたのために」「あなたに代わって」といえるような状況があるときには,「靴をお磨きしておきます。」（例えば,ホテルのサービスなどで),「次は何をお焼きしましょうか。」（例えば,炉端焼きの店などで）なども可能になる（こうした表現を認めない人もいるだろうが,ここでは可能性について述べている)。

　ただし,例えば「使う」「読み上げる」「発表する」などは,「あなたのために」という状況や意識があっても,「オ／ゴ〜スル」によって「間接尊重語」

---

[22] 蒲谷（1992a）では,「お会いする」のような,動詞そのものの概念の中に,動作に関係する人物を含むものをⅠ類,「お持ちする」のようなタイプをⅡ類として区分した。

を作ることができない。

このように「オ／ゴ〜スル」タイプによって「間接尊重語」にする敬語化の方法は，すべての動詞には及ばない。そのことも，「〜（サ）セテイタダク」による謙譲語化が多用される一つの原因になっていると考えられる。

しかし，例えば「着ク」など，「あなたのために」という状況や意識があっても，「オ〜スル」によって「間接尊重語」も作れず，「〜（サ）セテイタダク」によっても敬語化することができないものもある。

×「（ご要望に応じて，）必ず3時までにはお着きします。」
?「（ご要望に応じて，）必ず3時までには着かせていただきます。」

何とかして自分の動作を通じた敬語化をしたいという意識の強さから「〜（サ）セテイタダク」などが多用されているのだと推測できるが，「直接尊重語」などにより他者の動作を敬語化するのに比べ，制約が多いといえるだろう（「着く」の場合であれば，例えば，「着くようにいたします。」あるいは，「着く」の意味を活かして，「3時までにはまいります。」などとすることになるだろう）。

⑽「恩恵直接尊重語」と「恩恵間接尊重語」
——「クダサル系」と「イタダク系」

「クダサル」と「イタダク」は，「あなたが私にくださる」が「直接尊重」の性質，「私があなたに（から）いただく」が「間接尊重」の性質を持つという決定的な違いはあるが，言材としての敬語形式「〜テクダサル」「〜テイタダク」，「オ／ゴ〜クダサル」「オ／ゴ〜イタダク」になると，〈「〜」の（状態・）動作の主体を高くする〉という共通の性質（直接尊重の性質）が現れる。ただし，それも，例えば「書いてくださる」と「書いていただく」，「オ書キクダサル」と「オ書キイタダク」になると，再び，クダサル系は「直接尊重」としての，イタダク系は「間接尊重」としての性質を持つようになるのである。

元々の事態としてある，「あなた」→何か→「私」という関係は一つであり，それを「あなたが私に何かを与えること」と「私があなたから何かを受けること」という異なる視点で捉え，表現したものだといえるため，クダサル系とイタダク系に事態・内容としての違いはない。その一方で，それぞれの認識の違いは重要な点であり，そのことが表現にも反映してくるといえるだろう。

クダサル系は，どのような形式となっても，「直接尊重」の性質を変えることはないという点で理解しやすい敬語である。それに対して，イタダク系は，上にも述べたように，基本的には「間接尊重語」でありながら，敬語形式になると，動作の主体という点での二重性が生じ，「直接尊重」の性質も含むもの

となるため，その点で理解しにくい敬語になるといえよう。このことは，例えば，「本日は，田中先生が，大変お忙しいところ，ご出席いただきました。」というように，格関係がずれてしまう表現を多く耳にすることなどにも，つながる問題である。

「恩恵」も，クダサル系，イタダク系を考える上で，大変重要な性質である。待遇コミュニケーション上，だれが恩恵を与えた，だれに（から）恩恵を受けた，という点を表現し，伝えることが大切になってくるわけだが，恩恵の授受というのも，事実としての問題と，認識としての問題とがあり，かりに事実としては恩恵の授受がなくとも，それを認識として表すことに意味がある場合もある。こうした点については，第4章，第5章で採り上げていきたいと思う。

⑾ 「～テサシアゲル」の持つ「恩着せがましさ」
　　──「取ってさしあげましょうか。」

例えば，「取ッテテサシアゲル」という「恩恵間接尊重語」は，「てあげる」という概念に，〈「取る」という動作の主体を高くしない＋その動作に関係する人物を高くする＋動作の主体から恩恵を与える〉という敬語的性質が加わったものである。

ここで問題になるのが，例えば，「取ってさしあげましょうか。」というような表現（「申し出表現」）の場合，「取る」という動作をする人物（この例では「自分」）から恩恵を与える，という性質が明示的に出ることになり，そこに「恩着せがましさ」を感じさせてしまうという点である。

これは，「～テサシアゲル」という言材としての敬語形式の段階の問題ではなく，自分から相手に申し出をするという意識で，「取ッテサシアゲル」という敬語を選ぶ，ということから生じる問題である。［Aレベル・＋1］の相手が困っているという「場面」で，自らが申し出の意図を持ち，相手に配慮しようとする待遇意識があるのなら，事実としては恩恵を与えるとしても，それを明示しない敬語として「オ取リスル」という形の「間接尊重語」を選択し，「お取りしましょうか。」という表現にする，ということにつながっていくわけである。なお，実際の表現としては，さらに「お手伝いいたしましょうか。」「お手伝いさせていただけますか。」「お手伝いします。」などもあり得るが，それについては敬語コミュニケーションの問題として扱うことにする。

「恩着せがましさ」については，「場面」により，また個々のコミュニケーション主体により，その受け止め方が異なることはいうまでもないが，「取ッテサシアゲル」という敬語自体に，恩恵を動作主体が与える，という性質があることは否定できない。それがどのような働きをするかは，実際の待遇コミュニ

ケーションにおいて決まってくると考えるわけである[23]。

(12)「丁重語」と「改まり」

「丁重」と「改まり」という術語は，ほぼ同様の意味を表すものであるが，それは，「丁寧」に「形式性」が加わったものだと考えられる。そして，「人間関係」にだけではなく，その「場」に対する意識として，形式的な丁寧さを示すものであるといえる。したがって，典型的には，大きな式典や会議での「ご挨拶」などにおいて，「丁重」「改まり」の意識や性質が現れるわけである。丁重の意識は，当然「形式」にも現れ，それを直接的に担う敬語が，丁重・改まりを性質に持つ「丁重語」ということになる（ただし，先にも触れたように，丁重の「意識」をもって使われる敬語は，丁重語だけではない）。

先行研究でも指摘があるように，丁重語は，相手や場に対する改まりの意識で用いられること，実質的な概念を表すというより改まった文体を作ること，文末では常に「マス」を伴って使われることなどから，例えば，「暖かくなってまいりました。」「妙な音がいたしますね。」などで用いられる「〜テマイル」や「イタス」は概念敬語ではなく，文体敬語であるとも考えられる[24]。ただし，これらの例でも，「来る」「する」という概念がまったくないわけではないことから，概念敬語として位置づけておく。また，かりに文体敬語だと認めたとしても，「デス・マス」「デアリマス・デゴザイマス」とは性質が異なるため，「丁重語」として一類をなすことには変わりない。

なお，丁重・改まりに関連するものとして，「昨日（サクジツ）・本日（ホンジツ）・明日（ミョウニチ）」「コチラ・ソチラ・アチラ・ドチラ」などといった，丁重語の周辺にある言材群がある。これらは敬語に準じるものであり，他の敬語とともに表現全体の丁重さや改まりに関わる重要な機能を果たしている[25]。

待遇コミュニケーションにおいては，敬語だけではなく，敬語に準じる様々な語句や表現によって，「人間関係」や「場」に基づく表現行為，理解行為が成り立っているわけで，そうした観点からも考えていく必要があるといえるだろう。

---

23) 任（2012）を参照。
24) 宮地（1971），辻村（1988）などを参照。
25) 辻村（1988）では，「いかが・本日・今席」などは，素材美化対者上位語（美化丁重語）と名づけられている。待遇という観点から敬語の範囲を広げようとする試みだといえる。

⒀「間接尊重語」・「丁重語」・「尊重丁重語」の表現上の相違点

　ここでは，「ご説明スル」(間接尊重語)，「説明イタス」(丁重語)，「ご説明イタス」(尊重丁重語)を例として，それぞれの表現上の相違点について考えていきたい。
　ある[CS]が，〔自分がだれかに何かを説明する〕ということを内容として，[Aレベル・＋1]に対して表現するとき，自分の動作である「説明する」を敬語化する必要を感じ，どのような敬語を選ぶか，という前提で検討すると次のようになる。
　まず，〈自分を高くしない〉という性質を持つ敬語を選び(これが謙譲語としての共通点になるともいえる)，その上で，「だれに説明する」の「だれ」(動作に関係する人物，ここでは[W]とする)との関係を考え，〈動作に関係する人物を高くする〉のかどうかを判断する，ということになる。
　例えば，同じ会社内の関係として，[CS]自分[J]＝課長，相手[A]＝部長[Aレベル・＋1]，話題の人物[W]＝社長(高くする必要がある動作に関係する人物)，場[B]＝会議[Bレベル・＋1]の場合，

　　ア「社長にご説明しました。」
　　イ「社長に説明いたしました。」
　　ウ「社長にご説明いたしました。」

のどれも可能となる。ただし，それぞれの表現には，

　　ア「社長にご説明しました。」
　　　　→[W]の社長を高くする。[A]の部長には丁寧に伝える。
　　イ「社長に説明いたしました。」
　　　　→[A]の部長に対して丁重に伝える。
　　ウ「社長にご説明いたしました。」
　　　　→[W]の社長を高くし，[A]の部長に対して丁重に伝える。

といった違いがある。
　[CS]の意識として，あるいはその結果として，アでは，[W]の社長に対する配慮が，イでは[A]の部長に対する改まりの意識が，ウでは，[W]の社長に配慮し，[A]の部長にも改まりの意識が示されているということである。
　次に，「話題の人物」を[W]＝部下の社員に換えると，「高くする必要のな

い動作に関係する人物」ということになるため，〈動作に関係する人物を高くする〉という敬語的性質を持つ敬語「ゴ説明スル」「ゴ説明イタス」は用いることができないが，「説明イタス」は用いることができる。

　　エ「部下にご説明しました。」×
　　オ「部下に説明いたしました。」○
　　カ「部下にご説明いたしました。」×

　つまり，オの「部下に説明いたしました。」は，［W］＝部下に対する配慮ではなく，［A］＝部長に対して改まって伝えている表現だということである。
　先にも述べたように，イの「社長に説明いたしました。」でも，［W］＝社長を高めることはできないと考えられる（もちろん，この表現をする際に，［CS］が社長を高める「意識」を持っているかどうかは別の問題である）。いくら社長を尊敬する気持ちを持ちながら「社長に説明しました。」と表現しても，それでは［W］＝社長を高めることができないのと，同じことである。もしその意識を形式に表したいのであれば，イではなく，ア，ウを選べばよいのであって，イを選んで，その形式により社長を高めているのだと主張しても無理がある。
　さらに，関連する敬語を挙げると，

　　キ「社長にご説明申し上げました。」（間接尊重語）

という表現は，「ご説明しました」よりもさらに［W］＝社長を高めることになる。
　また，

　　ク「社長にご説明させていただきました。」（間接尊重語＋恩恵間接尊重語）

になると，自分が説明することを，許可を得てさせてもらい，そのことが自分にとって恩恵を受けることになる，という認識（事実であってもなくても）を表すことになる。なお，「〜（サ）セテイタダク」については，第4章第2節で詳述する。

⑭「尊卑語」——「御社」と「弊社」

「言材としての敬語」のところで述べたように，「御社」は，「相手」に関する会社を高くするという性質を持っており，相手側であっても話題の人物［WA］に関して高くすることはできない——例えば，「あなたのお父さまがお勤めの御社はどちらでしょうか。」などとは言えない——点で，［A］も［WA］も高くすることのできる直接尊重語の性質とは異なる。同様に，「弊社」は，「自分」に関する会社を低くするという性質を持っており，自分側であっても話題の人物［WJ］に関して低くすることはできない——例えば，「こちらは，私の父が勤めております弊社です。」などとは言えない——点で，［J］も［WJ］も高くしないことができる間接尊重語や丁重語の性質とは異なる。

待遇コミュニケーションにおいては，改まりの意識と連動し，丁重な手紙や面接などの場面で用いられることが多い。漢語であるため，やや硬く，形式的な印象を与えるため，それに適した場面で使われることになる。

⑮「美化語」は敬語か——「お天気」・「ご褒美」

「お天気」や「ご褒美」といった美化語は，その敬語的性質が「人間関係」の上下親疎には直接関わらないものだと考えると，「人間関係」や「場」の認識に基づく「敬語」というよりも，言葉遣いをきれいにするために，また品格保持のために用いられる言葉だともいえる。

しかし，［CS］が言葉遣いをきれいにしようとする意識や，自らの品格を保持しようとする意識を持つことが，何らかの「場面」的な認識に基づくものだとすれば，その意味で，美化語も敬語であるといえるだろう。

通常は，「弁当」と言っている人が，例えば，相手が目上の人だから，大勢の人がいる席だから，などの認識によって，「お弁当」という美化語を使って表現したとすれば，それも場面による言葉の使い分けということになる。一方，普段から「弁当」とは言わず「お弁当」としか言わない人にとっては，「お弁当」は美化語ではなく通常語になっているといえるのだが，その［CS］においても，「弁当」と「オ弁当」という対立関係についての認識があれば，「オ弁当」という「言材としての敬語」の持つ性質は理解していることになると考えられる。「腹（ハラ）」に対する「オ腹（オナカ）」，「飯（メシ）」に対する「ゴ飯（ゴハン）」などは，むしろ「オ腹（オナカ）」や「ゴ飯（ゴハン）」が通常語であり，「腹」や「飯」がややぞんざいな軽卑語であると認識している人も多いのではないかと思われるが，それらについても，［CS］がその関係を認識しているかどうかで美化語であるかどうかが決まってくるといえるだろう。

いずれにしても，「敬語表現における敬語」としては，［CS］がどういう相

手に対して，どういう場のときに美化語を用いるのかということが大切な観点になってくる。

⒃ **文体敬語**——「山田です」と「山田でございます」

　文体敬語は，「文話」全体に関わる敬語であるため，［CS］がそもそも文体敬語を使うかどうか，使うとしたらどの文体敬語を選択するかによって，その他の表現にも大きな影響や制約を与えるといえる。

　基本的には，［Aレベル・0］と認識すれば「デス・マス」を用いることになるが，そう認識しながら「デス・マス」を使わない場合もある。その際には，使わないことの意味が強く出ることになる。例えば，いわゆる社会人同士が初対面の場面で「デス・マス」をまったく用いないで表現したとすると，初対面でありながら，結果として［Aレベル・-1］の認識を表すことになる。それがどのような意味を持ち，どのような反応を引き起こすのかは，個々の［CS］によって異なるが，一般的には，例えば，同じ年齢同士であって，本来の関係が［Aレベル・-1］同士であれば，失礼さよりも親しみを表すことになり，例えば，本来の関係が［Aレベル・0］同士，あるいは，［Aレベル・+1］に当たる相手であれば，親しみよりも失礼な印象を与えることになる。実際の待遇コミュニケーションにおいては，「デス・マス」の使用が100％か0％か，ということではなく，様々な幅があり，「ダ・デアル」と混在しつつ，本来の関係に落ち着いていくことになるといえる[26]。

　例えば，自己紹介で「山田です。」「山田と言います。」と言うか，「山田でございます。」「山田と申します。」と言うかによって，その後の表現全体，その表現の中で用いる他の言材などにも影響を与える。改まりの高い敬語を使えば，表現全体，コミュニケーションの仕方そのものも丁重なものとなるといえる。なお，「～（デ）ゴザイマス」の場合，「～」に人物が入る場合は，少なくとも「高める」ことはない。どちらかと言えば，自分や自分側の人物が入り，相手や相手側の人物に用いても（「山田先生でございますか。」など），その人物を高くする性質はなく，あくまでも丁重な「文話」にする性質が表れるのだと考えられる。

2．敬語表現における敬語化

　以上，敬語表現における各敬語の論点について述べてきたが，ここでは，蒲

26）福島（2007），福島（2008）などでは，「混合体」として検討している。

谷他（2008）で示した「敬語化」の問題について、検討していきたい。

2.1 考察のための方法

ここでは、考察のために、実際の「待遇コミュニケーション」の結果として成立した「文話」（ここでは「文章」）である【資料1〜資料3】および、手紙文例【資料4】について、

　①どのような敬語がどこに用いられているのかを明示する。
　②それについて、敬語を用いない形に書き換える。
　③研究主体が、表現主体の立場になって、再び敬語化する。
　④敬語化するときの表現行為において気づいた点を挙げる。

という方法を採った。

そして、【資料5】として、【資料1〜資料4】までに用いられている「言材としての敬語」の一覧を掲げる。

まず、【資料1①】として、そこに用いられている敬語について、例えば**お詫び**のように囲んで示す。

【資料1①】地下鉄構内の掲示

PASMOの発売について（**お詫び**）

東京メトロを**ご利用いただき** **まし**てありがとう**ございます**。本日3月18日から発売を開始したPASMOにつき**まし**ては、当初**ご用意いたし** **まし**たカードの在庫が僅少となって**おり** **ます**。このため加盟各事業者において4月12日（木）始発から8月頃まで（予定）「PASMO定期券のみの発売」とさせて**いただき** **ます**。**お客様**には大変**ご不便**、**ご迷惑**を**おかけいたし** **ます**ことを深く**お詫び申し上げ** **ます**。なお、すでにPASMOまたはSuicaを**お持ち**の**お客様**は、引き続き、「鉄道・バスの**ご乗車**や、駅などでのチャージ、電子マネー加盟店での**お買い物**」に**ご利用いただけ** **ます**。その他**ご不明**な点につき**まし**ては、駅社員まで**お尋ねください**。

平成19年4月
株式会社パスモ
東京地下鉄株式会社

次に、①で用いられている敬語を通常語の形にする。当然のことながら、公的なお詫びの文章を普通体で書くことはあり得ないため、その中には、実際に

はその形では用いない語や表現も含まれる。ここで示しているのは実際の通常表現ということではなく，あくまでも敬語化に関する考察のための一過程としての表現である。

【資料１②】 地下鉄構内の掲示（敬語を用いない形）

PASMOの発売について（詫び）

東京メトロを 利用してもらっ まし てありがとう ございます 。本日３月18日から発売を開始したPASMOについ まし ては，当初 用意し まし たカードの在庫が僅少となっ ている ます 。このため加盟各事業者において４月12日（木）始発から８月頃まで（予定）「PASMO定期券のみの発売」とさせ てもらう ます 。 客 には大変 不便 ， 迷惑 を かける ます ことを深く 詫びる ます 。なお，すでにPASMOまたはSuicaを 持っている の 客 は，引き続き，「鉄道・バスの 乗車 や，駅などでのチャージ，電子マネー加盟店での 買い物 」に 利用してもらえる／利用できる ます 。その他 不明 な点につい まし ては，駅社員まで 尋ねてくれ 。

平成19年４月
株式会社パスモ
東京地下鉄株式会社

　「お詫び」→「詫び」，「ご利用いただきまして，ありがとうございます。」→「利用してもらって，ありがとう」，「お詫び申し上げます」→「詫びる」，「お持ちのお客様」→「持っている客」，「ご利用いただけます」→「利用してもらえる／利用できる」，「お尋ねください」→「尋ねてくれ」など，敬語で表現されていたものを，通常語に戻してみると，これまで敬語に関する問題点として指摘されていた課題が浮かび上がってくる。

　例えば，「ご利用いただきまして，ありがとうございます。」は，現実としては多く用いられている（現に【資料１】は実例である）が，その表現を，敬語を使わない形に戻した「利用してもらって，ありがとう」とは言わないため，不適切な敬語表現だ，という指摘がなされることがある。もちろん，その指摘には一理あるとは思うものの，敬語表現を通常表現に直したものが実際に使われる表現になる，逆に言えば，実際に使われている通常表現を敬語化したものだけが適切な敬語表現である，ということではない。たしかに「ご利用くださいまして，ありがとうございます。」という敬語表現であれば，「利用してくれて，ありがとう。」という通常表現と対応するため，

「ご利用くださいまして，ありがとうございます。」
　　　→「利用してくれて，ありがとう。」
「利用してくれて，ありがとう。」
　　　→「ご利用くださいまして，ありがとうございます。」

という関係が成り立つ。しかし，敬語表現は，常にそうした関係だけでないことは，例えば，

「お詫び」→「詫び」

などは，実際に表題として「詫び」で使うことはほとんどないと考えられるため，「お詫び」の通常表現が「詫び」だとは言えないのである。ほかにも，「駅社員にお尋ねください。」→「駅社員に尋ねてくれ。」とはなるものの，実際には「駅社員に尋ねてくれ。」は，主に男性の［CS］が［Aレベル・-1］の相手に用いるという制限のある表現であり，一般性の高い通常表現だとは言えないなど，敬語表現と通常表現との対応は必ずしも一対一の関係として成り立っているわけではないことには，注目する必要がある。

【資料1】の最後として，②から再度敬語化を行う。実際にはほとんどが①のように戻ることにはなるが，例えば，「ご利用いただき」とするか「ご利用いただきまして」とするか，また，「ご迷惑をおかけし」を採るか「ご迷惑をおかけいたし」にするか，といった選択の余地があるため，当然敬語化にも個人差が出る。しかし，公共性の高い場面における，一般的な表現については，ほとんどの選択に大きな個人差は出にくいといえるだろう。「利用できます」を「ご利用になれます」とするか，「ご利用いただけます」に換えていくかも，判断は分かれるが，この場面，この表現においては，「ご利用いただけます」を選ぶ可能性が高いということになる。こうした点は，その表現の，場面，意図と連動してくることはいうまでもない。

【資料1③】地下鉄構内の掲示（再び敬語化）

　　　　　　　PASMOの発売について（お詫び）

東京メトロを ご利用いただき，／ご利用いただきまし てありがとうございます。本日3月18日から発売を開始したPASMOにつき まし ては，当初 ご用意いたし まし たカードの在庫が僅少となっ ており ます。このため加盟各事業者において4月12日（木）始発から8月頃まで（予定）「PASMO定期券のみの発売」とさせ ていただき ます。皆様には大変ご不便， ご迷惑 を おかけし／おかけいたし ますことを深く お詫び申し上げ ます。なお，すでにPASMOまたはSuicaを 持っていらっしゃる／お持ち

第3章 待遇コミュニケーションにおける敬語　109

の|お客様|は、引き続き、「鉄道・バスの|ご乗車|や、駅などでのチャージ、電子マネー加盟店での|お買い物|」に|ご利用いただけ／ご利用になれ|　|ます|。その他|ご不明|な点につき|まし|ては、駅社員まで|お尋ねください|。

平成19年4月
株式会社パスモ
東京地下鉄株式会社

　以下、【資料1】と同様の展開で、【資料2～資料4】を示していく。

【資料2①】株式会社Pのホームページから

|お詫び|と|お願い|

　|弊社|が昭和55年から平成元年にかけ|製造いたし|　|まし|た屋内設置型湯沸器（該当器種はこちら）の一部において事故が発生し|まし|た。
　|亡くなられた|方々|と|ご遺族|の|皆さま|に対し|まし|て衷心より深く|お詫び申し上げ|　|ます|。
　|弊社|と|いたし|　|まし|ては今後このような事故が起こらぬよう、該当製品の無償点検及び回収を実施|いたし|　|ており|　|ます|。
　つき|まし|ては、誠に恐縮では|ござい|　|ます|が、該当製品を|お持ち|の|お客様|は、専用フリーダイヤル（フリーダイヤルはこちら）または最寄りの|弊社|営業所まで|ご連絡ください|　|ます|よう謹んで　|お願い申し上げ|　|ます|。
　また、点検が完了するまで|ご使用|を中止し|ていただき|　|ます|よう|お願い申し上げます|。
　なお、該当製品は製造終了後すでに17年以上経過し|ており|　|ます|もので、|お客様|が希望さ|れる|場合には、無償にて新型の製品と交換させ|ていただき|　|ます|。
　|弊社|製品を永年|ご愛用頂い|　|ており|　|ます|　|お客様|には、|ご迷惑|、|ご心配|を|おかけし|　|ており|　|ます|ことを深く|お詫び申し上げ|　|ます|とともに、何卒|ご理解|と|ご協力|を|賜り|　|ます|ようよろしく|お願い申し上げ|　|ます|。

平成18年7月
P工業株式会社
株式会社P

【資料2②】株式会社Pのホームページから（敬語を用いない形）

詫び と 願い

　我々の会社が昭和55年から平成元年にかけ製造しました屋内設置型湯沸器（該当器種はこちら）の一部において事故が発生しました。
　亡くなった人々と遺族の皆に対しまして衷心より深く詫びます。
　我々の会社としましては今後このような事故が起こらぬよう，該当製品の無償点検及び回収を実施しています。
　つきましては，誠に恐縮ではありますが，該当製品を持っているの客は，専用フリーダイヤル（フリーダイヤルはこちら）または最寄りの我々の会社営業所まで連絡してくれるますよう謹んで願います。
　また，点検が完了するまで使用を中止してもらうますよう願う。
　なお，該当製品は製造終了後すでに17年以上経過しているますもので，客が希望するれる場合には，無償にて新型の製品と交換させてもらうます。
　我々の会社製品を永年愛用してもらっているます客には，迷惑，心配をかけているますことを深く詫びるますとともに，何卒理解と協力をもらうますようよろしく願うます。

平成18年7月
P工業株式会社
株式会社P

【資料2③】株式会社Pのホームページから（再び敬語化）

お詫び と お願い

　弊社が昭和55年から平成元年にかけ製造いたしました屋内設置型湯沸器（該当器種はこちら）の一部において事故が発生し／いたしました。
　お亡くなりになっ／お亡くなりになりました方々とご遺族の皆様方に対しまして衷心より深くお詫び申し上げます。
　弊社といたしましては今後このような事故が起こらぬよう，該当製品の無償点検及び回収を実施いたし／しております。
　つきましては，誠に恐縮ではございますが，該当製品を持っていらっしゃる／お持ちのお客様は，専用フリーダイヤル（フリーダイヤルはこちら）または最寄りの弊社営業所までご連絡くださいますよう謹んでお願い申し上げます。

また，点検が完了するまで ご使用 を中止し ていただき ます よう お願い いたします 。
　なお，該当製品は製造終了後すでに17年以上経過し ており／てい ます ものので， お客様 が希望さ れる／ご希望なさる 場合には，無償にて新型の製品と交換させ ていただき ます 。
　 弊社 製品を永年 ご愛用いただい ており ます お客様 には， ご迷惑 ， ご心配 を おかけし ており ます ことを深く お詫び申し上げ ます とともに，何卒 ご理解 と ご協力 を 賜り ます ようよろしく お願い申し上げ ます 。

平成18年７月
Ｐ工業株式会社
株式会社Ｐ

【資料３①】お客様相談室への問い合わせに対する個人宛の返信メール

この度は［社名］ホームページを ご利用いただき ，誠にありがとう ございます 。
［社名］ お客様 相談室の［担当者名］と 申し ます 。
日ごろの 弊社 への ご愛顧 に心より感謝 申し上げ ます 。
この度は， 弊社 製品［製品番号］に関心を お寄せいただき まし て，ありがとう ございます 。
大学での授業の課題との事 でございます が，資料と いたし まし て，一般的な［社名］の会社案内，会社概況を送ら せていただく ことは可能 でございます 。
しかしながら，上記以外の ご質問 などへの回答につき まし ては他の お客様 の場合でも， ご容赦させていただい ており ます 。
せっかく お問合せ を いただき ， ご期待 に沿える回答では ござい ませ んが， 弊社 担当者の ご紹介 ができ ませ んこと， ご理解・ご了承賜り たく 存じ ます 。
どうぞ宜しく お願い申し上げ ます 。
なお， ご不明 な点など ござい まし た場合は，大変 お手数 では ございます が，以下の連絡先より ご連絡 を いただけ ます よう， お願い申し上げ ます 。

【メールでの お問合せ 】
弊社 Webサイトの「 お問合せ 」入力画面を再度 ご利用 のうえ，受付番号［xxxx］を 記載いただき ， お知らせいただけ ます よう お願い申し上げ

ます。
お問合せ URL ［https://xxxx］
【電話での お問合せ 】［ 社名 ］ お客様 相談室
フリーダイアル：［ 0120-xxxxxx ］
オープン時間：9:00-12:00　13:00-17:00
この度は お問合せいただき ，誠にありがとう ございまし た。
今後とも［ 社名 ］を宜しく お願いいたし ます 。

【資料3②】お客様相談室への問い合わせに対する個人宛の返信メール
（敬語を用いない形）

この度は［ 社名 ］ホームページを 利用してもらい ，誠にありがとう ございます 。
［ 社名 ］ 客 相談室の［ 担当者名 ］という ます 。
日ごろの 我々の会社 への 愛顧 に心より感謝 する ます 。
この度は， 我々の会社 製品［ 製品番号 ］に関心を 寄せてもらっ まし て，ありがとう ございます 。
大学での授業の課題との事 だ が，資料と し まし て，一般的な［ 社名 ］の会社案内，会社概況を送ら せてもらう ことは可能 である 。
しかしながら，上記以外の 質問 などへの回答につい まし ては他の 客 の場合でも， 容赦させてもらっ ている ます 。
せっかく 問合せ を もらい ， 期待 に沿える回答では ない ませ が，我々の 会社 担当者の 紹介 ができ ない こと， 理解・了承してもらい たく 思う ます 。
どうぞ宜しく 願う ます 。
なお， 不明 な点など あっ まし た場合は，大変 手数 では ある ます が，以下の連絡先より 連絡 を もらえる ます よう， 願う ます 。
【メールでの 問合せ 】
我々の会社 Web サイトの「 問合せ 」入力画面を再度 利用 のうえ，受付番号［ xxxx ］を 記載してもらい ， 知らせてもらえる ます よう 願う ます 。
問合せ URL ［https://xxxx］
【電話での 問合せ 】［ 社名 ］ 客 相談室
フリーダイアル：［ 0120-xxxxxx ］
オープン時間：9:00-12:00　13:00-17:00
この度は 問合せてもらい ，誠にありがとう ございまし た。
今後とも［ 社名 ］を宜しく 願う ます 。

【資料3③】お客様相談室への問い合わせに対する個人宛の返信メール
（再び敬語化）

この度は［社名］ホームページを ご利用いただき，誠にありがとう ございます 。
［社名］ お客様 相談室の［担当者名］と 申し ます 。
日ごろの 弊社 への ご愛顧 に心より感謝 いたし ます 。
この度は， 弊社 製品［製品番号］に関心を お寄せいただき まし て，ありがとう ございます 。
大学での授業の課題との事 です が，資料と いたし まし て，一般的な［社名］の会社案内，会社概況を送ら せていただく／お送りする ことは可能 でございます 。
しかしながら，上記以外の ご質問 などへの回答につき まし ては他の お客様 の場合でも， ご容赦いただい ており ます 。
せっかく お問い合わせ を いただき／お問い合わせいただき ， ご期待 に沿える回答では ござい ませ ん が， 弊社 担当者の ご紹介 ができ ませ ん こと，ご理解，ご了承いただき たく 存じ ます 。
どうぞ宜しく お願い申し上げ ます 。
なお， ご不明 な点など おありの まし た場合は，大変 お手数 では ござい ます が，以下の連絡先より ご連絡 を いただけ ます よう， お願い申し上げ ます 。
【メールでの お問合せ 】
弊社 Webサイトの「 お問合せ 」入力画面を再度 ご利用 のうえ，受付番号［xxxx］を 記載していただき， お知らせいただけ ます よう お願い申し上げ ます 。
お問合せ URL ［https://xxxx］
【電話での お問合せ 】［社名］ お客様 相談室
フリーダイアル：［0120 xxxxxx］
オープン時間：9:00-12:00　13:00-17:00
この度は お問合せいただき／お問合せ ，誠にありがとう ございまし た。
今後とも［社名］を宜しく お願い申し上げ ます 。

【資料4①】依頼の手紙文例

拝啓
　やっと梅雨が明けたかと思いきや突然の猛暑，皆様　いかが　おすごしでいらっしゃいますか。
　三月にお邪魔したときは楽しくすごさせていただき，まことにありがとうございました。
　さて，先日申し上げたマンション購入の件ですが，頭金もなんとかまとまり，あとは住宅ローンで返済できるあてもつきましたが，ローンには東京在住の保証人が二名必要ということで，いささか慌てております。
　一人はご近所で親しくしているお方にお願いしましたが，急場のことでもあり，あと一人に思いあぐね，事情をご承知の貴兄にお願いの一筆を執りました次第です。
　もちろん金銭上のご迷惑をおかけするようなことはぜったいございませんので，お聞き届けいただければ本当に助かるのでございますが。
　ご承諾いただければ書類を持っておうかがいさせていただきます。
　どうぞよろしくお願いいたします。

敬具

（現代文書研究会編 (1990)『そのまま使える手紙の書き方全書』池田書店 p162-p163）

【資料4②】依頼の手紙文例（敬語を用いない形）

拝啓
　やっと梅雨が明けたかと思いきや突然の猛暑，皆　いかが　すごしているますか。
　三月に邪魔したときは楽しくすごさせてもらい，まことにありがとうございました。
　さて，先日言ったマンション購入の件だが，頭金もなんとかまとまり，あとは住宅ローンで返済できるあてもついましたが，ローンには東京在住の保証人が二名必要ということで，いささか慌てているます。
　一人は近所で親しくしている人に願っましたが，急場のことでもあり，あと一人に思いあぐね，事情を承知のあなたに願いの一筆を執っました次第だ。
　もちろん金銭上の迷惑をかけるといようなことはぜったいないので，

聞き届けてもらえれ ば本当に助かるの である が。
　承諾してもらえれ ば書類を持って 行かせてもらう　ます 。
　どうぞよろしく 願う　ます 。

　　　　　　　　　　　　　　　　　　　　　　　　　　　敬具

【資料4③】依頼の手紙文例（再び敬語化）

拝啓
　やっと梅雨が明けたかと思いきや突然の猛暑, 皆様 　いかが 　お過ごし でいらっしゃい ますか。
　三月に お邪魔し たときは楽しくすごさ せていただき ，まことにありがと う ございまし た。
　さて，先日 申し上げまし たマンション購入の件 です が，頭金もなんとかまとまり，あとは住宅ローンで返済できるあてもつき まし た。が—しかしながら，ローンには東京在住の保証人が二名必要ということで，いささか慌て ており ます 。
　一人は ご近所 で親しくしている 人 に お願いいたし まし たが，急場のことでもあり，あと一人に思いあぐね，事情を ご承知 の 貴兄 に お願い の一筆を執り まし た次第 です 。
　もちろん金銭上の ご迷惑 を おかけする ようなことはぜったい ございま せ んので， お聞き届けいただけれ ば本当に助かるの でございます が。
　ご承諾いただけれ ば書類を持って 伺わせていただき ます 。
　どうぞよろしく お願い申し上げ ます 。

　　　　　　　　　　　　　　　　　　　　　　　　　　　敬具

【資料5】【資料1〜資料4】に用いられている「言材としての敬語」
（デス・マス・デゴザイマス以外は，複合した形で示す。）

直接尊重語…オ買イ物・オ方・オ客様・オ過ゴシ・オ手数・オ問イ合ワセ・オ持チ・ゴ愛顧・ゴ遺族・ゴ期待・ゴ協力・ゴ使用・ゴ承知・ゴ乗車・ゴ質問・ゴ心配・ゴ不便・ゴ不明・ゴ迷惑・ゴ理解・ゴ利用・ゴ連絡／方々・皆サマ／亡クナラレル・希望サレル／オ過ゴシデイラッシャル

恩恵直接尊重語…オ尋ネクダサル・ゴ連絡クダサル／（賜ル・ゴ理解賜ル・ゴ了承賜ル→「恩恵間接尊重語」）

相手尊重語…貴兄

間接尊重語…オ願イ・オ詫ビ・ゴ紹介／オカケスル・オ邪魔スル・オ願イスル・オ願イ申シ上ゲル・オ詫ビ申シ上ゲル／感謝申シ上ゲル
恩恵間接尊重語…イタダク／（サセ）テイタダク／オ問合セイタダク・オ寄セイタダク・ゴ愛用イタダク・ゴ利用イタダク／オ聞キ届ケイタダケル・オ知ラセイタダケル・ゴ承諾イタダケル・ゴ利用イタダケル／賜ル・ゴ理解賜ル・ゴ了承賜ル／記載イタダク
自己卑下語…弊社
丁重語…イタス・製造イタス／慌テテオル・経過シテオル・ゴ愛用イタダイテオル・ゴ容赦サセテイタダイテオル・実施イタシテオル／ゴザル・存ジル・申ス
尊重丁重語…オカケイタス・オ願イイタス・ゴ用意イタス
美化語…ゴ近所
丁寧文体語…〜デス・〜マス
丁重文体語…〜（デ）ゴザイマス

なお、ここでの考察の趣旨は、何かを実証しようとすることではなく、また調査結果から帰納的に一般性を語ることでもない。研究主体が、ある「文話」を基に、「表現主体」としての立場から、あるいは「理解主体」としての立場から、その表現を分析し、敬語表現から通常表現へ、通常表現から敬語表現へと再構築する行為を通じて、今後の敬語研究のための「観点」を提示することにある。したがって、以下に述べる事柄も、それぞれが今後の敬語研究に関係する重要な観点であると考えるものであって、むしろ、それぞれが仮説として提示されるものだといえる。

2.2 「敬語表現における敬語」の捉え方

以上を前提として、「敬語表現における敬語」の捉え方の観点について、「場面」「意識」「内容」「形式」の連動を軸に整理していくことにする。

まず、「場面」と「形式」との関連では、次のようなことがいえる。

(1) 表現主体は、常に、人間関係や場という場面の認識に基づき、そもそも敬語を用いるかどうか、敬語を用いるとしたら、どの敬語を選択し、どのように用いるかを考え、表現している。【「場面」―「形式」（敬語の選択・敬語化）】

(2) 例えば、ある動詞を敬語化するときには、それが、だれの動作なのか、だれに関係する動作なのかに留意しながら行うことになる。これは「人

間関係」の認識と敬語とが常に連動しているからだといえる。【「人間関係」―「形式」】

「表現主体」だけではなく，「理解主体」の観点からも考えていく必要がある。

(3)理解主体は，表現主体以上に誤用に対して敏感になると言えそうである。この場合の理解主体というのは，話し手や書き手に対する，聞き手や読み手というだけではなく，表現主体が自ら理解主体となって推敲を重ねることなども含まれるが，その際に，敬語の誤用を避けようとする意識が強く働く。自己修正能力が強く働くかどうかは，そのコミュニケーション主体が，「言材としての敬語」に関する知識，情報をどの程度持っているかということとも関連する。【「主体」―「形式」(誤用回避)】

次は，「意識」と「形式」との関連である。敬語化に関する重要な観点になる。

(4)その文章の持つ性質によって，敬語の選択がなされる。例えば，公的なお詫びであればそれに合わせた敬語が，また依頼の文章であればそれに合わせた敬語が，というように，それぞれに合わせた敬語を選択することになる。コミュニケーション主体としての「意識」は，常に，その「文話」の性質，「文話」の持つ表現の「意図」に向けられ，それが敬語の選択に反映すると考えられる。【「意識」―「形式」(敬語の選択・敬語化)】

(5)例えば，依頼の文章であれば，依頼という「意図」を実現する「行動展開」の構造である，「行動」は「相手」，「決定権」も「相手」，そして「利益・恩恵」が「自分」にある，ということから，全体的に「イタダク」や「クダサル」といった恩恵系の敬語を用いるなどの意識が働くことになる。例えば，「ご連絡をいただけますよう，お願い申し上げます」「お知らせいただけますようお願い申し上げます」などは，「ご連絡ください」「お知らせください」でも，表現としては可能なのだが，「(私が)連絡をもらえる／知らせてもらえる」と認識し，さらにそれを「自分」からの「お願い」にすることで，自分側が恩恵を受けることを明示していることになる。こうした点は，第4，5章で詳しく検討したい。【「意識」―「形式」(敬語化)】

(6)「改まり」という点については，コミュニケーション主体が「場」に対

する改まりの意識を持つということが,「いたす」や「まいる」などの「丁重語」,「ご説明いたす」などの「尊重丁重語」,「でございます」などの「丁重文体語」に表されることになる。しかし, それだけでなく, 丁重語的な性質を帯びた漢語や「弊社」などの「自己卑下語」などと連動して表されてくることにもなる。例えば,「当初ご用意いたしましたカード」「僅少となっております」「弊社が製造いたしました」「誠に恐縮ではございますが」「ご理解・ご了承賜りたく存じます」などというように「改まり」という「意識」が敬語やその他の改まりの性質を持った言葉にも及びながら, 関係し合いながら用いられることになるわけである。【「意識」―「形式」(敬語化)】

(7)「文話」全体を敬語化するといっても, 敬語を使いすぎないという意識も働く。したがって, 当然のことながら, 敬語化が可能なすべての語が実際に敬語化されるわけではない。どこが敬語化されるのか, されないのかは, コミュニケーション主体の「意識」が複雑に絡んでいる行為だと考えられる。【「意識」―「形式」(敬語化)】

(8)表記の点でも, 全体のバランスを取りながら, 使い分けることになる。例えば,「お」「ご」「御」などを使い分けることがある。また, 漢字の「御(ご)」ではなく, ひらがなの「ご」を選択する際には, 文章全体の雰囲気を柔らかくしようとする意識も働いているといえる。【「意識」―「形式」(表記)】

「形式」としての敬語化, 文章全体における「敬語」のバランス, 定型的な敬語表現なども重要な観点になるだろう。

(9)動詞を敬語化する場合,「お/ご〜」で名詞化するという知識も働かせている。例えば, 直接尊重語では,「(〜を) 持っている客」→「(〜を) お持ちのお客様」などが挙げられる。また, 間接尊重語でも,「ご紹介することが→ご紹介が」などがそれにあたる。このように動詞を名詞化して示すという点は, 実際の「文話」では多く用いられていることであり, 今後の敬語研究においても重要な観点になると考えられる。【「形式」(敬語化)】

(10)文章中のバランスを取りながら, 敬語の選択がなされ, 同じ形式の連続を避けることになる。例えば,「(お願い) いたします」だけが続いたり,「(お願い) 申し上げます」だけが連続したりしないように調整することがある。また,「(さ) せていただく」を使うと丁寧になるからといって,

「お邪魔させていただき，…楽しくすごさせていただきました」のように「（さ）せていただく」を続けて使うことは好ましい表現だとは言えない。こうした工夫をすることで敬語が選択されることも，「敬語表現における敬語」を捉えることと深い関係があるといえるだろう。【「形式」（「文話」）】

(11) 定型的な表現，決まり文句がある場合にはそれを用いるということがある。この場面には決まった表現があるという知識がある場合，その「表現」を生かすことになる。例えば，「愛顧」「引き立て」という言葉がそのまま敬語化されて，「ご愛顧」「お引き立て」になるわけではなく，「日ごろのご愛顧」「平素お引き立てを賜り」などがビジネス文書での決まり文句として使用されているわけである。敬語化を考えるときに，コミュニケーション主体がいつも，通常語からの敬語化をしているわけではなく，定型的な敬語表現，決まり文句を用いているという点は，待遇コミュニケーション教育においても，一つの観点を提供することになると考えられる。【「形式」（定型的表現）】

「意識」や「形式」に「内容」の連動が絡むという観点がある。

(12) 敬語と通常語が対応している場合（例えば，おっしゃる―言う，ご迷惑―迷惑）と，対応していない場合（例えば，ご利用いただく―利用してもらう，お願い―願い）とがある。敬語化するときには，必ずしも，通常語と敬語という対応だけではなく，何らかの〈概念〉から，それを直接敬語化するという対応もあるわけである。例えば，「利用してもらってありがとう」が敬語化されて「ご利用いただきありがとうございます」になるわけではなく，利用してもらったことへの感謝の気持ち全体が「ご利用いただきありがとうございます」という敬語で表されていると考えられる。この問題は，敬語形式を考える上で重要な観点になると思われる。待遇コミュニケーションでは，敬語の形式のバリエーションを形式としてだけの比較によって捉えるのではなく，常に「意識」「内容」との連動で捉えることで，その敬語の意味や機能が明確になるのだと考えられるからである。【「意識」―「内容」―「形式」】

(13) 敬語化できる，あるいは，したほうがよい「内容」と，敬語化できない，しにくい，あるいは，しないほうがよい「内容」がある。例えば，お詫びの文章などの場合でも，事実を報告する部分には，できるだけ敬語を用いないようにするという意識が働くことがある。【「内容」―「形式」

（敬語化）】

　最後に，一見敬語の誤用に見える「形式」であっても，表現主体の意識に戻って考えると，それが用いられる理由があるかもしれないと考えられる例について触れておきたいと思う。

　⒁例えば，【資料３】にある「記載いただく」という敬語は，本来「ご記載いただく」「記載していただく」なのだが，「ご記載いただく」より丁寧さの度合いを若干下げた形式として，あるいは「お／ご」の過剰使用を避けるために生み出された新しい形式だといえるのかもしれないということなどである。もちろん，これを単に誤用だと切り捨てることもできるのだが，最近の文書では多く見かける敬語形であることを考えると，コミュニケーション主体の「意識」に立ち戻って検討してみる必要があると思われる。待遇コミュニケーションとして敬語を扱うことには，そうした一見誤用と見える形や使い方にも眼を向けることにつながる。
　「敬語」は社会の「規範」だから，そこからの逸脱は誤用となる，と多くの日本語話者は感じていると思う。しかし，待遇コミュニケーションという視野でとらえると，一見敬語の誤用と見えるような敬語の使い方であっても，その中には，「言材としての敬語」の性質を利用した，コミュニケーション主体の創造的な敬語表現行為だといえるものもあるだろう。敬語表現は，ともすれば社会的な制約として，主体の意思を押さえつける窮屈なものとして扱われがちだったが，「敬語表現における敬語」として捉えることにより，自己表現としての敬語というダイナミックな視野が広がっていくのではないかと考えている。【「意識」—「形式」（誤用・新形式）】

　以上，「敬語表現における敬語」の捉え方に関する観点について述べてきた。ここに挙げたものがそのすべてではないが，「敬語表現における敬語」は，「言材としての敬語」を基礎として，コミュニケーション主体の表現行為における敬語，および，コミュニケーション主体の理解行為における敬語，「文話」における敬語という観点から，総合的に捉える必要があるということである。
　そして，「場面」（「人間関係」「場」），「意図」を中心とした様々な「意識」「内容」「言材」から「文話」「媒材」に至るまでの複雑な「形式」の連動の中に「敬語」を位置づけ，それらの連動の中で「敬語」を扱っていく必要があるといえるだろう。

第3章のまとめ

【第1節】敬語論に関する研究
(1)敬語は，語彙論，文法論，表現論において扱われてきたという研究史はあるが，待遇表現としての敬語を論じていくことの重要性，語用論，ポライトネスなどの観点から敬語を考えていくことの意味が改めて問われている。
(2)敬語の分類には2分類，3分類，5分類とあるが，敬語論にとって最も重要なのは，敬語の持つ性質を明確にした上で，それを体系的にどう類型化するかということであろう。
　そして，何をもって敬語と規定するかによって，何を基準に敬語を分類するのかも異なってくるという点が，言語観に関わる要点になるといえるのである。
(3)言葉としての敬語に関する共時的，通時的研究だけではなく，他の研究分野との関連，言葉を超えた待遇行動など，敬語論はさらに広がりを見せていくといえよう。

【第2節】言材としての敬語と敬語表現における敬語
(1)待遇コミュニケーションにおける敬語を論じる際，「敬語表現における敬語」と「言材としての敬語」を区別するのは，コミュニケーション主体が敬語を用いようとする意識や敬語を選択しようとする意識，および，その結果として成立した表現の中で用いられている敬語と，そうした意識とは別にある「言材としての敬語」が持つ性質とを区分して検討する必要があるためである。
(2)本研究では，①「言材としての敬語」の基本的な性質，②コミュニケーション主体がその待遇コミュニケーションにおいて「言材としての敬語」を用いようとする意識，③適切な敬語を選択しようとする意識，④その待遇コミュニケーションによって成立した表現において用いられた敬語が持つ意味や機能，という段階を区別して考える。①が，「言材としての敬語」，④が，②③に基づく「敬語表現における敬語」の段階ということになる。
(3)従来の敬語研究では，以上の4つの段階が混在した形での整理や分類が進められていたため，敬語の体系を追究する上で問題が生じて

いたのだと考えられる。
(4)あるコミュニケーション主体がある意識を持ってある敬語を選ぶことと，その敬語自体がどのような敬語としての性質を持っているのかということとは，関連しつつ，別の次元のことである点を見失ってはならない。
(5)本研究で目指すことは，敬語について論じる際，上の①と，②③④の違いがあることを前提とし，それぞれの段階で敬語の整理を進め，敬語が待遇コミュニケーションにおいて持つ意味を考えることにある。

【第3節】言材としての敬語の体系

(1)本研究において目指すのは，敬語を分類することではない。敬語分類というのは，あくまでも「言材としての敬語」の持つ敬語的性質に従って体系的に整理した結果にすぎない。「言材としての敬語」を扱う際に最も重要なことは，「人間関係」や「意識」とは切り離した「敬語的性質」を明確にし，それを基準に体系化することなのである。

(2)「言材としての敬語」について，体系的に整理するための基準となるのは，その言材が持つ敬語的性質であり，そこには，コミュニケーション主体が認識する，実際の人間関係の位置づけ，敬意や謙遜といった「意識」は入らない。ただし，敬語にそのような認識や意識の面が関係しないということを主張するものではなく，「言材としての敬語」の段階でそれを入れると，「言材としての敬語」の持つ基本的な性質が見えなくなってしまうという点を示そうとしたのである。

(3)敬語的性質に従って整理すると次のようになる。
　①直接尊重（状態・動作・所有の主体を直接高くするもの）
　　オッシャル，イラッシャル・〜テイラッシャル・〜デイラッシャル，オ／ゴ〜ニナル・オ／ゴ〜ナサル，〜（ラ）レル，レイ（令）〜，〜サマ
　②間接尊重（動作に関係する人物を高くするもの）
　　ウカガウ（伺ウ），モウシアゲル・オ／ゴ〜モウシアゲル，オ／ゴ〜スル
　③恩恵直接尊重（直接尊重に恩恵が加わるもの）

　　　　クダサル・〜テクダサル・オ／ゴ〜クダサル
　　④恩恵間接尊重（間接尊重に恩恵が加わるもの）
　　　　イタダク・〜テイタダク・オ／ゴ〜イタダク，サシアゲル・〜
　　　　テサシアゲル
　　⑤丁重（「改まり」があるもの）
　　　　イタス・オル・ゴザル・マイル・モウス
　　⑥尊重丁重（尊重と丁重と両方の性質を持つもの）
　　　　オ／ゴ〜イタス，拝（ハイ）〜イタス
　　⑦相手尊重（「相手」に関する事物を高くするもの）
　　　　キ（貴）〜・オン（御）〜
　　⑧自己卑下（「自分」に関する事物を低くするもの）
　　　　ヘイ（弊）〜
　　⑨美化（事物や言葉遣いを美化するもの）
　　　　オ（天気）・ゴ（褒美）
　　⑩丁寧文体（「文話（文章・談話）」を丁寧にするもの）
　　　　〜デス・〜マス
　　⑪丁重文体（「文話（文章・談話）」を丁重にするもの）
　　　　〜デアリマス・〜（デ）ゴザイマス
　　　以上のように，敬語的性質に従って整理すると，結果として11種類の敬語に分かれることになる。
(4)抽象的な敬語的性質を押さえた上で，実際の待遇コミュニケーションにおいて，その敬語がどのような意味を持ち，どのような機能を果たすのか，そこが重要になることは言うまでもなく，むしろ本研究で主張したいのはそのような点である。
(5)敬語の分類として，3分類がよいのか，5分類のほうがよいのか，6分類のほうが優れているのかを議論しても，あまり意味がない。現代共通語の敬語が持つ敬語的性質として，少なくとも11種類の性質の違いはあることを踏まえた上で，その特徴や相違点に従い，どのように区分していくのかを考えることが重要なのである。

【第4節】敬語表現における敬語

(1)敬語は常に敬語ではないものとの関係で成り立つと考えれば，待遇表現行為において，敬語ではない言材から敬語である言材に換えること，すなわち敬語化の意味は大きなものとなる。言語研究の上か

らは，大きく，結果としての表現から敬語化について解明する方法
と，表現行為における意識から敬語化を追究する方法とがあるが，
それらは対立するものではなく，行為の過程による結果として表現
が成立するという観点から検討すべきものだと考える。

(2) 待遇コミュニケーションに関する研究においても，誤用による敬語
化や，冗談や皮肉としての敬語化を扱う意味があるが，それらも，
表現主体の認識や意図と理解主体がそれをどう受け止めるかという
観点から検討していく必要があるだろう。

(3)「敬語表現における敬語」を扱う際には，何を高めようとしている
のかというコミュニケーション主体の意識，何を高めているのかと
いう結果としての敬語の機能を区別しつつ，その連動を見ていかな
ければならない。

(4) 事態を客観的に捉えて表現するか，自分との関わりとして，しかも
それを「恩恵」として受け止め表現するか，という観点は，「敬語
表現における敬語」を考える上で非常に重要なものとなる。これは，
「直接尊重語」と「恩恵直接尊重語」の問題だけではなく，「恩恵間
接尊重語」とも絡んでくる課題である。

(5) 直接尊重語の敬語的性質は，〈動作の主体を高くする〉だけだった
のだが，「敬語表現における敬語」においては，〈その動作に関係す
る人物が「自分（側の人物）」の場合には用いない〉あるいは，〈そ
の動作に関係する人物に「自分（側の人物）」は入らない〉といっ
た注釈を加える必要があると考えられる。

(6)「恩恵」も，クダサル系，イタダク系を考える上で，大変重要な性
質である。待遇コミュニケーション上，だれが恩恵を与えた，だれ
に（から）恩恵を受けた，という点を表現し，伝えることが大切に
なってくるわけだが，恩恵の授受というのも，事実としての問題と，
認識としての問題とがあり，かりに事実としては恩恵の授受がなく
とも，それを認識として表すことに意味がある場合もある。

(7) 待遇コミュニケーションにおいては，敬語だけではなく，敬語に準
じる様々な語句や表現によって，「人間関係」や「場」に基づく表
現行為，理解行為が成り立っているため，そうした観点からも考え
ていく必要がある。

(8)「敬語表現における敬語」は，「言材としての敬語」を基礎として，
コミュニケーション主体の表現行為における敬語，および，コミュ

ニケーション主体の理解行為における敬語,「文話」における敬語という観点から，総合的に捉える必要がある。

　そして,「場面」,「意図」を中心とした様々な「意識」,「内容」,「言材」から「文話」,「媒材」に至るまでの複雑な「形式」の連動の中に「敬語」を位置づけ，それらの連動の中で「敬語」を扱っていく必要がある。

第4章

待遇コミュニケーションとしての敬語コミュニケーション

　第3章では，待遇コミュニケーションにおける「敬語」について，「言材としての敬語」と「敬語表現における敬語」という観点から論じてきた。

　「言材としての敬語」というのは，個々のコミュニケーション主体において成立している，いわば抽象的な敬語のことであり，具体的な敬語表現と関連しつつ成立しているものではあるが，具体的な「場面」とは切り離して論じる必要がある。

　一方，「敬語表現における敬語」というのは，例えば，学生が教師の山田に対する「山田先生もいらっしゃいますか。」という敬語表現において用いられている，「山田先生」「いらっしゃい―」「ます」という敬語のことである。

　敬語表現は，「待遇表現行為」の一種として位置づけられるものであるが，この「山田先生もいらっしゃいますか。」という敬語表現は，表現主体である学生の，相手である教師に対する表現行為，そして，その結果として成立した表現として捉えるだけではなく，同時にもう一方のコミュニケーション主体である教師の山田の理解行為としても捉えることができる。この理解行為は，「待遇理解行為」として位置づけられるものである。

　敬語表現は，そのような待遇表現行為，待遇理解行為の「やりとり」として見ることにより，「敬語コミュニケーション」へと展開していくことになる。それは，「人間関係」だけではなく，そのコミュニケーションが行われる「場」の認識，その表現行為や理解行為を行う「意識」，その表現行為や理解行為の「内容」，そして「形式」が連動することで成立していく行為だといえる。敬語コミュニケーションは，待遇コミュニケーションの一種として位置づけられるものである。

　本章では，そのような待遇コミュニケーションとしての「敬語コミュニケーション」およびそれに関連する「敬意コミュニケーション」とい

うものについて考えていくことにしたい。そこでは，敬語を超えた，コミュニケーションにおける「相互尊重」「丁寧さ」などが中心的な課題になってくると考えている。

　まず，第1節において，敬語コミュニケーションと敬意コミュニケーションの共通点と相違点について検討する。それを踏まえた上で，第2節において，敬語が用いられているコミュニケーションとしての敬語コミュニケーションを考察するための論点，「文話」としての敬語コミュニケーション，そして，第3節において，尊重の意識や敬意が込められたコミュニケーションとしての敬意コミュニケーションについて考察していくことにしたい。

第1節　敬語コミュニケーションと敬意コミュニケーション

　まず，敬語コミュニケーションと敬意コミュニケーションについて，その共通点と相違点について述べておくことにする。

　これらの術語の名称についてだが，「敬語コミュニケーション」は，「敬語」という「形式」から待遇コミュニケーションを捉えた名づけであり，「敬意コミュニケーション」は，尊重の気持ちや敬意という「意識」から待遇コミュニケーションを捉えた名づけになっている。

　敬語について検討した際にも述べたように，敬語と敬意は直接にはつながらない。したがって，敬語コミュニケーションはすべてが敬意を表すものだというような単純な関係にはない。そのことが，敬語が用いられているコミュニケーションとしての敬語コミュニケーションと，尊重の意識や敬意が込められているコミュニケーションとしての敬意コミュニケーションとの関係にもつながってくるわけである。

　敬語コミュニケーションは，敬意を表し，敬意を受け取るためのコミュニケーションだ，という規定はできない一方で，敬語コミュニケーションが敬意を表現し，その敬意を理解するというコミュニケーションが成立している場合もあるため，その関係については，改めて整理をしておく必要がある。

　敬語コミュニケーション，敬意コミュニケーションそれぞれの最も簡潔な規定は，上にも述べたように，「敬語コミュニケーション」とは，「敬語が用いられているコミュニケーションのこと」であり，「敬意コミュニケーション」と

は，「尊重の意識や敬意が込められているコミュニケーションのこと」になる。そして，敬語が用いられているということは，そこに尊重の意識や敬意が込められている，と関連づけられることも多いのだが，敬語コミュニケーションを「意識」という点からみたとき，尊重の意識や敬意に基づくものもあるが，必ずしもそのような意識ではなく，その場面では敬語を使うことが社会的な慣習によって決まっているから，マニュアルで決まっているからそれに従って表現しているだけ，そして理解主体もそのようなものとして受け止めているだけというような意識もあるわけである。

　さらには，敬語コミュニケーションでは，ユーモアや冗談，皮肉や嫌味などの意識で表現され，理解される場合もあって，単純に，敬語コミュニケーションは尊敬，謙譲，丁寧の意識と結びついている，などというように捉えることはできなくなる。敬語コミュニケーションの規定に「ただし，尊重の意識や敬意のないもの，ユーモアや冗談，皮肉や嫌味などの意識に基づくものは除く」などと付け加えればよいだけなのかもしれないが，敬語が用いられている表現の中で，どれがそれに該当するのかを形式面から客観的に見極めることはできない。また，本質的に，表現主体が表現に込めようとした意識と，理解主体の意識や受け止め方が異なる以上，そのように規定したところで問題は残るだろう。

　したがって，敬語コミュニケーションは，その名の通り，敬語が用いられているコミュニケーションだと規定し，その中には，尊重の意識や敬意のあるものも，尊重の意識や敬意のないものも，ユーモアや皮肉，冗談などの意識を持つものも含む，ということになるわけである。

　そうであれば，敬語コミュニケーションの中で，尊重の意識や敬意のあるコミュニケーションのことを敬意コミュニケーションと呼ぶことにすればよいことになる。しかし，それだけを敬意コミュニケーションと名づけると，それとは別に，敬語を用いていなくとも尊重の意識や敬意のあるコミュニケーションもある，という問題が生じる。

　「敬語コミュニケーション＝敬意コミュニケーション」といえる場合もあるのだが，敬意コミュニケーションではない敬語コミュニケーションもあり，敬語コミュニケーションではない敬意コミュニケーションもある。そのため，単純に，「敬語コミュニケーションの中で敬意のあるもの＝敬意コミュニケーション」にはならないということである。

　以上述べてきたことを踏まえて整理すると，次のようになる。

　　敬語コミュニケーション＝敬語が用いられているもの

①尊重の意識や敬意があるもの
　　②尊重の意識や敬意がないもの
　敬意コミュニケーション＝尊重の意識や敬意があるもの
　　①敬語が用いられているもの
　　③敬語が用いられていないもの

　それぞれにおける①が、「敬語コミュニケーション＝敬意コミュニケーション」の場合であり、②は、敬語が用いられていても、社会的慣習に従っただけで、他者に対する尊重の意識や敬意はないもの（さらに言えば、敬語が用いられてはいても、冗談や皮肉が意図となる表現や、「俺様がおっしゃるようにしろ。」など自らに敬語を用いた尊大表現なども含まれる）、③は、他者に対する尊重の意識や敬意はあっても、敬語が用いられていないもの、ということになる。

　③との関連で考えると、敬語が用いられていないという意味での「通常コミュニケーション」（通常語だけが用いられた表現行為・理解行為）については、

　通常コミュニケーション＝敬語が用いられていないもの
　　③尊重の意識や敬意があるもの
　　④尊重の意識や敬意がないもの

というように示すことができる。③が、敬語が用いられていない通常コミュニケーションでありながら敬意コミュニケーションにもなっている（通常コミュニケーション＝敬意コミュニケーション）という関係になる。

　④は、「敬語が用いられていない」という規定に従うと、相当幅広いコミュニケーションが含まれることになる。ただし、「てめえは何をほざきやがる。」などといった軽卑語・卑罵語などが用いられている軽卑表現による「やりとり」などは、軽卑コミュニケーションとして別に考える必要がある。また、②で補足した尊大表現なども、待遇コミュニケーションとしては、敬語コミュニケーションとは別のカテゴリーとして論じるべきものであろう。

　以上、敬語コミュニケーションと敬意コミュニケーションについて、その共通点、相違点について、図式的に述べてきた。本来、「敬語」（「形式」）と「敬意」（「意識」）という同列には論じられないもののあり方について、共通点と相違点を探ること自体には意味がないように見えるかもしれないが、その一方で、敬語表現、敬意表現などはかなり近い概念を持つものとして用いられる場合もあるため、それらの関係を明確にしておく必要はあると思われる。

待遇コミュニケーションで用いる枠組みを用いて規定をすれば，敬語コミュニケーションが敬意コミュニケーションになるものとは，コミュニケーション主体［CS］が，人間関係としては，「相手」［A］や「話題の人物」［W］を「上・疎」と捉えたとき（［Aレベル・0］以上，［Wレベル・＋1］），場としては，改まりの高い「場」と捉えた（［Bレベル・＋1］）「場面」において，尊重の意識や敬意という「意識」をもって，それらに合わせた敬語を用いて表現し，それを理解するコミュニケーションだと規定することもできる。

敬語コミュニケーションが敬意コミュニケーションにならない場合は，そのような「場面」の認識や「意識」がないにもかかわらず敬語だけが用いられているコミュニケーションだということになる。

そして，待遇コミュニケーションの観点としては，「下・親」と捉えた，［Aレベル・－1］，くだけた「場」［Bレベル・－1］であると，敬語コミュニケーションは成立しないが，そこに尊重の意識や敬意の「意識」があれば，敬意コミュニケーションとしては成立するというわけである。

以上，敬語コミュニケーションと敬意コミュニケーションの共通点と相違点を明確にすることに主眼を置いて述べてきたが，実際のコミュニケーションにおいては，敬語コミュニケーションの中でも，どのような敬語がどの程度含まれるのか，それぞれの表現においてその比率にはかなり程度の違いがあること，それによってスピーチレベルのシフトなども含め，待遇コミュニケーション全体としての調整が行われることなどが重要な課題になってくるといえよう。

第2節　敬語コミュニケーションの諸相

これまでに述べてきたことを踏まえつつ，本節では，敬語コミュニケーションの諸相について考察していくことにする。

1として，「敬語コミュニケーションを考察するための論点」，2として，「「文話」における敬語コミュニケーション」について，述べていきたい。

1. 敬語コミュニケーションを考察するための論点

まず，敬語コミュニケーションを考察するための論点を引き出すために，蒲谷（2007b）における記述を基に，具体的な課題について検討していくことにしたい。

蒲谷（2007b）の第7章においては，敬語コミュニケーションに関して「敬語の指針」の第3章と関連させながら考察している。そこでは，敬語コミュニ

ケーションに関する正解を求めるというよりも、それがどのような検討課題を含み、何をどうすることが適切なのかについて考えることに主眼がある。

問いかけに対する解説は、A1が一般的な解説、A2がより詳細な解説という二段階の方式を採っている。

本書では、それらの解説に加えて、A3として、さらに踏み込んだ、待遇コミュニケーションとしての敬語コミュニケーションからの論点を示しておきたいと思う。なお、それに伴い、蒲谷（2007b）からの引用部分についても文体を変え、記述のしかたも改めている。

検討課題1　ある部屋のドアの脇に、「この部屋は、昼休みにはご利用できません。」と掲示してあるのだが、これでよいのだろうか。

この課題を待遇コミュニケーションとしての枠組みに従って記述すると、以下のようになる。実際の場面には様々な可能性があるが、筆者が想定した、一般性が高いと思われる設定を記述しておく（以下、同様）。

「コミュニケーション主体」
　［CSx］…その部屋を管理し、掲示をした人。
　［CSy］…その掲示を読む人。
「場面」
　［CSx］表現主体として
　　　自分［J］…その部屋の管理者としての立場にある者。
　　　相手［A］…掲示を読む、不特定多数の人。全体として相手のレベルは［Aレベル・＋1］の位置づけ。
　［CSy］理解主体として
　　　［J］…その部屋を利用する可能性がある者。不特定多数の中の一人。
　　　［A］…その掲示の文面を作成した、部屋の管理者。
　　　［B］…その部屋の前。掲示が読める位置。場のレベルは［Bレベル・0］といえるが、公的な掲示という、媒体により生じる「改まり」はある。
「意識」…昼休みには利用できないという情報を不特定多数の人に伝えたい。
「内容」…この部屋が昼休みには利用できないということ。
「形式」…「この部屋は、昼休みにはご利用できません。」

検討課題1　A1　（A1は、一般的な解決策としての記述。以下、同様。）

「利用する」のは読み手なので、読み手を高める必要があるときには、「ご利用になれません」とするか、あるいは、それを恩恵的に捉えた「ご利用いただけません」とすればよい。

「ご利用できません」は、「ご利用」が直接尊重語のように見えるが、「形式」としては、「お／ご～できる」（間接尊重語の可能）になってしまうので、不適切である。

検討課題1　A2（A2は、より詳細な解説としての記述。以下、同様。）

この問いには、いろいろな問題が含まれており、現代敬語の中では難しいものの一つだといえる。

まずは、直接尊重語（尊敬語）の可能形と、間接尊重語（謙譲語Ⅰ）の可能形の問題である。整理すると次のようになる。

・直接尊重語（尊敬語）の可能
　（あなたが）利用できる→ご利用になれる
　利用する→ご利用になる（直接尊重語）→ご利用になれる（直接尊重語の可能）

・間接尊重語（謙譲語Ⅰ）の可能
　説明する→（わたしが）説明できる→ご説明できる
　説明する→ご説明する（間接尊重語）→ご説明できる（間接尊重語の可能）

以上のことから、「この部屋は、昼休みにはご利用できません。」では、利用する人を高める敬語にならないので、「この部屋は、昼休みにはご利用になれません。」とするわけである。しかし、ここで次の問題が生じる。

それは、「ご利用になる」「ご利用になれない」という直接尊重語と、「ご利用いただけます」「ご利用いただけません」という恩恵間接尊重語との違いである。

直接尊重語は、その事態を客観的に捉えて表現するものである。それに対して、恩恵系の敬語である恩恵間接尊重語は、その事態を「自分」との関わりにおいて捉え、しかもそれが「自分」に対する恩恵として受け止められることを表すものである。つまり、あなたが利用できない、というのではなく、あなたに利用してもらえない、残念だ、というような気持ちを表す言い方になるわけである。なお、「お／ご～いただける」という敬語形式を用いることに否定的

な人もいるようだが、こうした恩恵系の敬語は、現代敬語の特色ともいえるものである。(文化庁平成7年調査、「無料休憩室をご利用いただけます」が気になる人20.4%、気にならない人76.0%)

ただし、どちらがよいということではなく、その時々の状況に応じて使い分けてこそ、それぞれの敬語の特色が生かせるのだと思う。客観的に述べるときには、「ご利用になれる」、恩恵的に捉えるときには「ご利用いただける」を選択すればよいのだということである。

ところで、誤用といっても、それがかなり広まっている場合、それには何らかの理由があると考えられる。「ご利用できません」も、決して間接尊重語として使おうとしているのではなく、「ご利用」（直接尊重語）＋「できません」というような意識で使っているのだと考えられる。何でも「お／ご」を付けさえすれば敬語になる、という考え方は肯定できないが、「(わたしが)ご利用できる」という間接尊重語としての用法が存在しないこともあって、「御利用できる」が直接尊重語のような意識で使われることにも必然性があるのだろう。(文化庁平成16年調査、「この電車には御乗車できません」が正しく使われていると思う人59.1%、正しくつかわれていないと思う人27.4%)

なお、「ご利用はできません」であれば、誤用とは言えなくなる。

検討課題1　A3（A3は、待遇コミュニケーションとしての敬語コミュニケーションからの論点に関する記述。以下、同様。）

いわゆる敬語の誤用の問題が含まれるため、まずは、何が問題であり、なぜ問題であり、どうすればその問題がなくなるのか、といった形式上の問題が論点となる。

次に問題となるのは、どうすれば適切な表現になるのかということである。ここでは、敬語上の問題を解決するという方向に沿って、「この部屋は、昼休みにはご利用になれません。」、そして「この部屋は、昼休みにはご利用いただけません。」という表現を選択しているが、当然のことながら、このような表現がすべての状況において適切だということではない。「場面」によっては、「昼休みは利用不可」というような掲示が適切な場合もあり、部屋が利用（不）可能な時間帯を示すという方法を採ることもできるだろう。どれを選択するのか、何が最適な表現なのかは、そのコミュニケーション主体の意識や判断による。

一方、この掲示を読む理解主体の立場からも見ておく必要がある。

「この部屋は、昼休みにはご利用できません。」という掲示を見て、敬語の誤用だと気づく人がどの程度いるのかは、「ご乗車できません」が正しく使われ

ていないと思う人が27.4％であることから推定すれば，三分の一にも満たないのではないかと思われる。それをどう捉えるかは別として，誤用だと思わない人にとっては，この表現のままでも特に違和感を覚えないということになる。あるいは，丁寧すぎるので「ご」は不要だなどという反応が出るのかもしれない。いずれにしても，敬語の用法に関する知識の有無によって，理解主体としての受け止め方に違いが生じること，誤用だと知らなければ特に表現に対する違和感はないことが予想されるわけである。また，誤用だと気がついても，表現される「内容」に誤解が生じなければ，大きな問題ではないと思う人もいるだろう。

　しかし，この表現が誤用だと気づき，誤用は正されなければならないと感じる人がいる以上，適切な別の表現に修正するほうがよいことはいうまでもない。その場合，「ご利用いただけません」が最適の表現であるのか，「利用不可」が最適であるのかは，その「場面」によって異なる。そして個々の理解主体がどのように受け止めるのかによって決まるといえるわけである。

　このように，最適の表現であるかどうかをだれが決めるのかという問題は，敬語コミュニケーション上の大きな論点になる。かりに敬語に関する専門家が誤用と正用に関する一般的な記述をしても，それがすべての場面で適用できるものでもない。一方で，個々の表現主体の考えや認識ですべてが決まるわけでもない。そこに，理解主体の考えや認識も相俟って，その表現がその場面において最適であるかどうかが決まってくる，ということがいえるわけである。

　したがって，待遇コミュニケーションとしての敬語コミュニケーションにおいて論じるべきことは，敬語コミュニケーションに関する様々な観点からの考察を行い，その成果となる知識や情報を明らかに示すことであって，どれが正しいかを決めることではない。そして，考察の成果としての知識や情報が個々のコミュニケーション主体において共有されていくことにより，最適な敬語コミュニケーションに関する「ずれ」や「ぶれ」が少なくなっていくと考えられる。このことは，敬語コミュニケーションの教育や学習につながる課題でもある。

検討課題2　プレゼンテーションの後で，「何かお分かりにくい点がありますか。」とみんなに問いかけていたが，この使い方でよいのだろうか。

待遇コミュニケーションとしての枠組み
　「コミュニケーション主体」

[CSx]…プレゼンテーションをした人。
　　[CSy]…そのプレゼンテーションの聴衆（の一人）。
「場面」
　　[CSx] 表現主体として
　　　[J]…プレゼンテーションをする立場にある者。
　　　[A]…聴衆。[Aレベル・＋1]
　　[CSy] 理解主体として
　　　[J]…聴衆の一人。
　　　[A]…プレゼンテーションをしている人。
　　　[B]…プレゼンテーションを行う場。[Bレベル・＋1]
「意識」…プレゼンテーションの内容をすべて理解してほしい。
「内容」…プレゼンテーションの中で何かわかりにくい点があるかどうかと
　　　　いうこと。
「形式」…「何かお分かりにくい点がありますか。」

検討課題2　A1
「分かりにくい」の直接尊重語は、「お分かりになりにくい」であるため、「お分かりにくい」では、敬語の「形式」として不適切である。「何かお分かりになりにくい点がありますでしょうか。」あたりが適切な表現になるだろう。状況によっては、「お分かりになりにくい点がありましたら、御指摘ください。」、あるいは、分かるかどうかを尋ねるのではなく、「よろしいでしょうか。」というだけでもよいかもしれない。

検討課題2　A2
「分かりにくい」に「お」を付ければ敬語になるという考え方は、検討課題1の「ご利用できません」とも重なるものである。とにかく「お／ご」を付けておけばよいという意識である。
　そのことには問題があるにしても、「わかり・にくい」のような複合語を敬語にするのは難しいことのようである。しかし、
　　　分かり・にくい→お分かりになり・にくい
　　　分かり・やすい→お分かりになり・やすい
のように、動詞の部分を敬語化すればよいので、それさえ理解できれば、あまり難しくはない。
　　　見・にくい→ご覧になり・にくい
　　　食べ・やすい→召し上がり・やすい

なども，同様に考えることができる。
　例えば，「前方のスクリーンでは，資料の文字が小さいため，ご覧になりにくいかと思います。お手元のハンドアウトのほうがお読みになりやすいかもしれません。」などと使う。さらに言えば，最初から，分かりやすく，読みやすい資料にしておけば，このような言い方をする必要がなくなる。

検討課題2　Ａ３
　検討課題1と同様，誤用が含まれる敬語表現を理解するとき，それが誤用だということがわかるコミュニケーション主体［CSy］の場合，理解すべき「内容」やプレゼンテーションをしているその主体［CSx］に対する信頼感までもが損なわれるおそれがある。誤用の最大の問題点は，内容の理解に支障が生じることではなく，そうした点にあるといえるのではないだろうか。特に人間関係や場のレベルが高いときには，そこに留意する必要性も強くなる。
　人と人とのコミュニケーションにおいて，言葉遣いに関する問題がまったく生じないことは考えられないが，敬語に関する誤用が致命的にならないよう，表現主体としては，敬語の知識を広げ，意識を高めていく必要があるといえるだろう。一方，理解主体としては，言葉遣いだけに囚われることなく，相手の表現全体を受け止める姿勢が求められる。
　敬語コミュニケーションの理想と現実の両方を押さえつつ，表現主体，理解主体として心がけること，配慮すべきこと，それらを明確にし，それを自覚することによって，コミュニケーションのあり方も大きく変わってくるといえよう。このことも，敬語コミュニケーション教育につながる課題となる。

検討課題3　受付の人が客に対して，「担当者に伺ってください。」と言っていた。この言い方でよいのだろうか。

待遇コミュニケーションとしての枠組み
　「コミュニケーション主体」
　　［CSx］…受付担当の人。
　　［CSy］…客。
　「場面」
　　［CSx］表現主体として
　　　［J］…受付をする立場にある者。
　　　［A］…客。［Aレベル・＋１］

[CSy] 理解主体として
　　　　　[J] …客（の一人）。
　　　　　[A] …受付担当の人。
　　　　　[B] …受付の場。[Bレベル・0]
「意識」…受付である「自分」ではなく，担当者に尋ねてほしい。
「内容」…担当者に尋ねてくれということ。
「形式」…「担当者に伺ってください。」

検討課題3　A1

　「担当者に聞いて／尋ねてください。」の「聞く」「尋ねる」を直接尊重語にすると，「お聞きになってください。」「お尋ねになってください。」となる。より簡潔に言うためには，「お聞きください。」「お尋ねください。」のほうがよいだろう。これでお客様を高めた言い方になる。「伺う」は間接尊重語であるため，お客様を高くせずに，自分側の「担当者」を高めることになってしまうので，不適切である。

検討課題3　A2

　いわゆる謙譲語を尊敬語と勘違いして使ってしまう，という問題である。本書の用語では，間接尊重語と直接尊重語との誤用ということだが，どちらの敬語も，「相手」や「話題の人物」を高くする敬語である，という共通点があるために生じる問題点だといえるだろう。
　結果として「自分側の人物」を高めてしまうことは致命的だが，話している人は間接尊重語を用いているつもりはないのだろう。何が直接尊重語で，何が間接尊重語なのかを理解することで，こうした問題は乗り越えられる。
　なお，ここでは，「担当者にお聞きになってください。」「担当者にお尋ねになってください。」という言い方も可能であるが，「ご不明な点がありましたら，（わたしに）お聞きになってください。」「（わたしに）お尋ねになってください。」という場合には，やや問題がある敬語の使い方になる（第3章第4節(5)を参照）。
　「自分」に向かう行為について，直接尊重語を使って表すと，どこか妙な言い方に聞こえてしまう。それは，その人の行為が「自分」に関わるものだという認識と，「オ／ゴ～ニナル」という直接尊重語が客観的な表現方法である点とが抵触してしまうからだと考えられる。
　したがって，その場合には，「（わたしに）お聞きになってください。」「（わたしに）お尋ねになってください。」ではなく，「（わたしに）お聞きくださ

い。」「(わたしに) お尋ねください。」を用いたほうがよいといえる。

「オ／ゴ〜クダサル」「オ／ゴ〜イタダク」「オ／ゴ〜イタダケル」という、現代敬語を代表する恩恵系の敬語は、「オ／ゴ〜ニナッテクダサル」「オ／ゴ〜ニナッテイタダク」「オ／ゴ〜ニナッテイタダケル」の省略などではなく、これ自体が専用の敬語形式だと考えられる。これらは、他者の行為を「ひとごと」として捉えるのではなく、自分に関係する、しかも恩恵的に関係する敬語形式である。

なお、間接尊重語の使い方をさらに説明すると、例えば、課長が、社員に対して、「その件は、部長に伺ってください。」と指示するような場合には、「伺ってください」という言い方も可能になる。

ある「形式」が間違っているかどうかは、そのときの「人間関係」や状況を抜きにして決めることができない。常に「場面」との関係で考える必要がある。

検討課題3　A3

上に述べたように、直接尊重語と間接尊重語は、相手や話題の人物を高める機能を果たす敬語であるという点で共通している。その共通点があるために、誤用が生じやすくなるわけである。表現主体の立場としては、高めるべき対象は明確に意識しているので、言葉遣い上の些細な誤りとしか感じられないだろうが、理解主体の立場からすると、自分が低められてしまったという不快感を持つことになってしまう。敬語の誤用を論じる際、どちらの立場から見るのかで大きな差が生じる。第三者として判断する際には、敬語の誤用に関する認識の個別性も高まるわけだが、その基盤にあるのは、表現主体、理解主体のどちらの立場から判断するかということだといえよう。

敬語の誤用も、単に形式上の間違いとして受け止められる場合（「おわかりにくい」など）と、ここでの「伺ってください」の例のように、だれをどう位置づけるのかという人間関係に関わる場合とで、異なってくる。たとえ結果的にではあっても、高めるべき対象を誤った場合に生じる問題のほうが大きくなるわけである。

なお、敬語の誤用ではなく、「部長に伺ってください。」のように、そもそも高める対象を相手ではなく話題の人物である「部長」におく場合もないわけではない。相手が部長にとっての部下であれば問題ないが、「客」である場合は、だれを高めるのかという人間関係の認識自体の誤りであり、敬語の誤用以上の問題になるといえるかもしれない。

敬語コミュニケーション上の論点としては、表現主体、理解主体それぞれが「人間関係」をどのように捉え、位置づけているのかという点と、敬語を中心

140

とした形式との連動が適切に行われているかどうかという課題につながるものである。

> **検討課題 4** ある社員が，課長の所有するファイルが机の上に残っていたので，課長がそれを持っていくかどうかを確認するために，「課長，そのファイルも会議室にお持ちしますか。」と尋ねたところ，「ああ，よろしく。」と言われてしまった。何が問題だったのだろうか。

待遇コミュニケーションとしての枠組み
「コミュニケーション主体」
　　[CSx] …社員。
　　[CSy] …課長。
「場面」
　　[CSx] 表現主体として
　　　[J] …社員。
　　　[A] …課長。直属の上司。[A レベル・＋1]
　　[CSy] 理解主体として
　　　[J] …課長。
　　　[A] …社員。直属の部下。
　　　[B] …職場。[B レベル・0]
「意識」…課長がファイルを持っていくかどうかを確認したい。
「内容」…課長がそのファイルも会議室に持っていくかどうかということ。
「形式」… [CSx]「課長，そのファイルも会議室にお持ちしますか。」
　　　　　　([CSy]「ああ，よろしく。」)

検討課題 4　A 1

「お持ちしますか」では，「オ～スル」という間接尊重語の形式を使っているため，持っていくのが「自分」であることを表してしまう。ファイルを持っていくのが課長である場合には，直接尊重語を使う必要があるので，「お持ちになりますか。」と言えばよい。

検討課題 4　A 2

これも，謙譲語Ⅰを尊敬語として用いてしまった問題である。つまり，間接尊重語と直接尊重語とを混同して生じた誤りだといえるが，「お持ちしま

か。」は，自分（側）の動作に使う間接尊重語なので，課長の動作に使うのは不適切である。

しかし，自分がそのファイルを持っていく場合にも，「会議室にお持ちする」というのは，高めるべき人物がいないため「お／ご〜する」を用いるのは不適切となる。その場合には，「持って行ったほうがよろしいでしょうか。」などという表現を使えばよいだろう。

この場合は，「質問」ではなく「申し出」のように受け取られたという問題も絡んでいる。かりに，申し出をしようとしたのであれば，「お持ちしますか。」ではなく，「お持ちしましょうか。」のほうがよいだろう。さらに，状況的に持っていくことがはっきりしているのであれば，「お持ちいたします。」と宣言表現にしてしまったほうがよくなる。あるいは，黙って持っていくほうがさらによいのかもしれない（こうした点については，第5章で検討する）。

検討課題4　A3

この例は，これまで扱ってきた検討課題と同じように，直接尊重語を使うべきところに間接尊重語を使ってしまうという誤用であるが，誤用だとは受け取られず，だれが動作主体であるかの誤解につながる場合であり，実際の行動にも影響を与えるという問題を引き起こすものである。

間接尊重語に関わる誤用は，動作主体（だれが）に関わる問題と，動作に関係する人物（だれに）に関わる問題とを生じさせる。また，動作に関係する人物がいない，想定しにくい敬語の誤用もあり（「ご利用できません」など），その場合には誤解が生じるおそれは少なくなるものの，誤用であるという印象を与えることには変わりない。

「お持ちになりますか。」というべきところを「お持ちしますか。」と言ってしまう例は，だれが動作主体であるかの混乱，「質問」なのか「申し出」なのかという意図に関する混乱（詳細は第5章を参照）を引き起こす。

実際のコミュニケーションでは，上述のように，確認や申し出に関する別の表現を選ぶことで，よりよい敬語コミュニケーションにつながるといえる。

検討課題5　マンション内で配布されたちらしに，「10日（月）に電話の配線工事がありますが，御在宅する必要はありません。」と書いてあった。これでよいのだろうか。

待遇コミュニケーションとしての枠組み

「コミュニケーション主体」
　［CSx］…ちらし（の文面）を書いた人。
　［CSy］…マンションの住人（の一人）。
「場面」
　［CSx］表現主体として
　　［J］…電話の配線工事の際の情報を伝える立場にある人。
　　［A］…マンションの住人。不特定多数。［Aレベル・＋1］
　［CSy］理解主体として
　　［J］…マンションの住人の一人。
　　［A］…ちらしを通じて見えてくる，電話の配線工事の際の情報を伝える
　　　　立場にある人。
　　［B］…ちらしを読む場。［Bレベル・0］ちらしという媒体により生じ
　　　　る「改まり」はある。
「意識」…10日（月）に電話の配線工事があるが，在宅する必要はないとい
　　　　う情報を伝えたい。
「内容」…10日（月）に電話の配線工事があるが，在宅する必要はないとい
　　　　うこと。
「形式」…「10日（月）に電話の配線工事がありますが，御在宅する必要は
　　　　ありません。」

検討課題5　A1

「御在宅する」というのは，形の上では「ご〜する」という間接尊重語が用いられている。そのため，高めるべき読み手の動作に用いるのは不適切である。読み手を高めるためには，直接尊重語を用いる必要がある。「御在宅なさる必要はありません。」あるいは「御在宅の必要はありません。」とすればよいだろう。

検討課題5　A2

これも，「在宅する」に「御」を付ければ敬語（直接尊重語）になるという誤解に基づくものである。「在宅される」に「御」を付けて「御在宅される」とすることなども，同様の敬語意識によるものだと考えられる。（文化庁平成7年調査，「3時に御出発される予定です」が気になる人35.4％，気にならない人60.8％）

現在，日常的に敬語を使い慣れている人だけではなく，普段はほとんど敬語を使ったことのない人までが敬語を使わなくてはならないという広がりを見せている以上，伝統的な規範からは，ややずれた用法が広まっていくことも避け

られないことなのだろう。現在には現在の一般的な使い方があるのだから，元々はこれが正しかったといってもあまり説得力がないのも止むを得ない。「御前」や「貴様」は丁寧な言葉だった，と言ったところで，現在の言語生活においては，何の意味もないわけである。「だったら先生のことを貴様とお呼びしましょうか。」と冗談で言い返されるだけだろう。

　しかし，だからといって，現時点で広まってさえいればそれでよいというわけにもいかない。言葉は変わる，言語は変化するものだ，といっても，言語は自然現象ではない。時枝の指摘するように[27]，言語の変化は，岩石が風化していくこととはまったく異なる現象なのだから，人為的に修正し，よりよいコミュニケーションのために，様々なずれを直していく必要もあるといえるだろう。

　「御在宅する必要はありません。」という敬語の使い方をどう考えるべきなのかについても，人により意見は分かれるかと思うが，現時点では，その形式を認めることでコミュニケーションがよりよくなるとは言えない。もうしばらくは，あえて，「御在宅スル」「御在宅サレル」，という「形式」は認めない立場を採りたいと思う。

検討課題5　A 3

　通時的な変化を含む，敬語形式上の変容をどこまで許容すべきか，許容されるのかということは，個々のコミュニケーションの認識にも影響してくるといえる。「御在宅する必要はない」という敬語表現をどのように受け止めるかということは，個々のコミュニケーション主体によって異なることが前提であるとしても，「ご出発される」などの調査結果から考えると，許容される可能性はかなり高いと思われる。

　しかし，敬語コミュニケーションのあり方としては，個々のコミュニケーション主体が「御在宅する」の持つ形式上の問題点を知った上で，自らの敬語形式の選択について考え，表現し，理解するということであり，敬語形式の是非だけを論じることではない。あくまでもその結果として，「御在宅なさる必要はありません。」「御在宅の必要はありません。」という表現になる，あるいは，他の表現が選ばれるということが重要なのである。

検討課題6　事務所の人が，「印鑑をご持参ください。」と言っていた。この言い方に何か問題があるだろうか。

---

[27] 時枝（1941）の「第1篇　総論　十二　言語の史的認識と変化の主体としての「言語」の概念」において述べられている。

待遇コミュニケーションとしての枠組み
「コミュニケーション主体」
　　［CSx］…事務員。
　　［CSy］…社員。
「場面」
　　［CSx］表現主体として
　　　［J］…事務員として情報を伝える立場にある人。
　　　［A］…社員。［Aレベル・0〜＋1］
　　［CSy］理解主体として
　　　［J］…社員の一人。
　　　［A］…事務員として情報を伝える立場にある人。
　　　［B］…事務所。［Bレベル・0］
「意識」…印鑑を持ってくる必要があるという情報を伝えたい。
「内容」…印鑑を持ってくる必要があるということ。
「形式」…「印鑑をご持参ください。」

検討課題6　A1
　「相手」の動作に、「持参」という、「参ル」（謙譲語Ⅱ・丁重語）が入っている言葉を使うことに問題がある、と考える人もいる。しかし、現在では、特に問題のない使い方だろう。「印鑑」は相手のものであるため、直接尊重語としての「ご印鑑」にする必要がある。

検討課題6　A2
　A1で述べたように、「相手」の動作に対して「持参する」というのは、「参る」という丁重語が入っている（動作の主体は高めないという性質がある）ため問題がある、という指摘がある。「お申し出ください」も「申す」という丁重語があるため、問題だ言われることがある。
　どうしても、「御持参ください」「お申し出ください」という表現が気になる場合には、「お持ちください」「おっしゃってください」などと言い換えればよいだろう。「お申し込みください」は、「申し込む」に代わる動詞がない場合にはそのままにするしかないが、状況によっては、「ご応募ください」などに代えることもできる。
　なお、「申される」は、「申す」が「改まりの高い敬語」だと認識し、その点を重視してよく用いる人もいる。その場合には、適否の問題はともかく、「改まりの高い敬語」として機能していると考えられる。「申す」が謙譲語だと認

識している人にとっては，同一の動作主体に対する，謙譲語＋直接尊重語は誤りだ，ということになる。

検討課題6　A3

　丁重語の持つ敬語的性質の，「動作の主体を高くしない」という性質を重視すると「謙譲語」として捉える意識が高くなり，その結果，相手の動作に関わる表現としては誤用であるという認識につながる。「改まり」という性質を重視すると，丁寧な表現をするための敬語として捉える意識が高くなり，その結果，相手の動作というよりも表現全体の改まりを重視するという認識につながると考えられる。丁重語は，「動作の主体を高くしない」と「改まり」の両方の性質を含む敬語であるため，個々のコミュニケーション主体がそのどちらを重視するかによって適否の判断も異なり，それぞれの立場からの指摘がなされるわけである。

　「ご持参ください」と「申されたように」とでは許容する程度が異なるだろうが，それらを誤用だと捉えるコミュニケーション主体がいるという事実を認識しておくことがまずは大切になるだろう。敬語コミュニケーションにおいては，ある敬語の使い方を誤用だと捉えるコミュニケーション主体との「やりとり」においてこそ，問題が生じるものとなるからである。

検討課題7　社員が「課長にそのように申し伝えておきます。」と取引先の人に話していた。何か問題があるだろうか。

待遇コミュニケーションとしての枠組み
　「コミュニケーション主体」
　　　［CSx］　社員。
　　　［CSy］…取引先の人。
　「場面」
　　　［CSx］表現主体として
　　　　［J］…社員。
　　　　［A］…取引先の人。［Aレベル・＋1］
　　　　［W］…［WJ］上司である課長。［Aレベル・＋1］だが，［WJ］のため，ウチ扱いにする。
　　　［CSy］理解主体として
　　　　［J］…取引先の者。

［A］…取引先の社員。
［W］…［WA］取引先の課長。
［B］…会議。［Bレベル・＋1］
「意識」…上司である課長にそのように伝えるということを取引先の人に伝えたい。
「内容」…課長にそのように伝えておくということ。
「形式」…「課長にそのように申し伝えておきます。」

検討課題7　A1

　特に問題はない。「申し（伝える）」は丁重語なので、ウチ側の課長を高めることにはならず、取引先の人に対して改まって伝えることになるので、適切な敬語の使い方だといえる。

検討課題7　A2

　「申す」という敬語は、動作の主体を高くしないとともに、「相手」や「場」に対する改まりの気持ちを伝えることができる丁重語である。そうした性質を持つ敬語を用いることで、取引先の人に対する敬意や改まった気持ちを表すことができる。
　なお、「申し上げる」という敬語は、その向かう先を高める敬語であるため、この場合、「そのように申し上げておきます。」と言ったのでは、「自分側の話題の人物」である課長を高めてしまうため、不適切なものとなる。

検討課題7　A3

　「敬語の指針」において提示した謙譲語のⅠとⅡとの区分に対しては、主に、3分類から5分類にすることで複雑になり、かえってわかりにくくなる、という点からの批判がなされた。しかし、謙譲語Ⅰ（間接尊重語）と謙譲語Ⅱ（丁重語）とを区別することで明確になってくる問題がある以上、研究的な立場からだけでなく、現実のコミュニケーション上の意識を養うためにも、意味のある区分であるといえる。
　ここに挙げた〈社員が「課長にそのように申し伝えておきます。」と取引先の人に話す〉や〈社員が「課長がそのように申しておりました。」と取引先の人に話す〉などの例のように、「ウチ・ソト」の人間関係が絡む場合は、「動作主体を高くしない」＋「改まり」という敬語的性質を持つ丁重語が最もよく機能する「場面」であるといえるだろう。話題の人物となる上司を高くしないで、相手や場に対する改まりを示すことができる、という敬語の持つ性質を理解し

た上で，その敬語が敬語コミュニケーションにおいてどのように機能しているのか，その敬語の使いどころを知ることが大切な課題になるわけである。

> **検討課題 8** 「ご利用いただきまして，ありがとうございます。」という言い方は間違いだ，という人がいる。それについては，どう考えればよいのだろうか。

待遇コミュニケーションとしての枠組み
　「形式」…「ご利用いただきまして，ありがとうございます。」

検討課題 8　A 1
　現在では，特に問題はない言い方である。気になるのであれば，「御利用くださいまして，ありがとうございます。」とすればよいだろう。

検討課題 8　A 2
　「ご利用いただく」は「私はあなたが利用したことを（私の利益になることだと感じ）ありがたく思う」という意味を持った敬語である。「利用する」のは相手（や第三者），「ご利用いただく」のは自分（側），という点がやや理解されにくいタイプの敬語だが，自分の立場から相手（や第三者）の行動を表現したものである。したがって，「ご利用いただきまして，ありがとうございます」には特に問題はない。
　「ご利用くださいまして」は，ほぼ同じ意味を表すが，「あなたが利用したことを（私の利益になることだと感じ）ありがたく思う」ということになる。同じ表現を，「あなた」の動作としてだけ表し，同様の感謝の気持ちを加えたもので，若干ニュアンスは異なるものの同じように使える表現である。
　ただし，この表現が問題だという人は，通常表現に戻した際の「利用してもらって，ありがとう。」が変なのだから，それを敬語にしても変なのだということを問題にしているようである。これについても，意見が分かれそうである。たしかに「利用してもらって，ありがとう。」は，共通日本語としては妙な表現に聞こえるため，それを敬語化しても問題が残るという考えも成り立つといえよう。
　しかし，敬語の問題としてはより重要な点がある。それは，「ご利用いただく・ご利用くださる」という敬語の形式は，「利用してもらう・利用してくれる」をそのまま敬語にしたものではないということである。「利用してもら

う・利用してくれる」をそのまま敬語にすると「利用していただく・利用してくださる」になる。「ご利用いただく・ご利用くださる」は，「ゴ〜イタダク・ゴ〜クダサル」という敬語形式が先にあって，「利用スル」がその敬語形式に入ったと考えられるわけである。この敬語形式を知らないと，「ご利用していただく・ご利用してくださる」という問題のある形式が出やすくなってしまう。

「ご利用いただく」と「ご利用くださる」のどちらが丁寧か，という問題は，第5章で詳しく述べるように，イタダク系のほうが「行動」＝自分と捉えている点で，「丁寧さ」の原理には叶っているということがいえる。ただし，実際の語感としては，人によって異なるようである。こうした恩恵系の敬語を用いることで，「利益・恩恵」が「自分」にあることを表せるため，その点では大きな違いはない。

区別が多少必要になるのは，例えば，こちらから頼んで出席してもらったときには，「本日は，お忙しいところご出席いただきまして，ありがとうございました。」というほうがよく，自発的に来てくれて，そのことが驚きをもった感謝として表明されるような場合には，「本日は，山田先生が，お忙しいところご出席くださいました。本当にありがとうございます。」などとなる。

また，イタダク系，クダサル系では，「だれが，だれに」の関係が異なるので，その点についても留意する必要がある。「本日は，山田先生が，お忙しいところ，ご出席いただきました。本当にありがとうございます。」などという言い方もよく耳にするが，「が・に」の格関係としては問題がある。イタダク系，クダサル系，の違いは，事態としての違いではなく，あくまでも「人間関係」と恩恵の捉えかたの違いなので，表現上混乱する必然性は極めて高くなるといえる。

なお，「ご出席賜りまして，」などと用いる「賜る」は，恩恵直接尊重語，恩恵間接尊重語両用の敬語である。

検討課題8　A3

現代共通日本語における敬語として，イタダク系，クダサル系は極めて重要なものとなる。それは，これらの敬語が「恩恵」に関わる性質を持っているからである。実態としては異ならないものを，恩恵的に捉えることで敬語的な表現にすることが可能になり，さらに，〈動作主体を高くしない＋動作に関係する人物を高くする〉という間接尊重語として示すか，〈動作主体を高くする〉という直接尊重語として示すかという違いによって，表現主体の他者に対する待遇としての認識のしかたを表すことも可能になるわけである。

敬語形式としては，イタダク系の広がりが目立ち，「〜テイタダク」「オ／ゴ

〜イタダク」だけではなく,「〜イタダク」の形も事務的な文書に多く見られるようになった。「利用していただく」「ご利用いただく」だけではなく,「利用いただく」という形式である。さらに「〜テイタダケル」「オ／ゴ〜イタダケル」「〜イタダケル」といった形式も広がりを見せている。

　現象面に目を奪われるのではなく,なぜイタダク系が使われるのかといった本質を考えておく必要がある。イタダク系は,他者の動作・状態を自らの動作に切り替えることで事態を「わがこと」として捉え,同時にそれによって自らが恩恵を受けるという点を表せる敬語形式であり,そのことが「丁寧さ」を表そうとする敬語表現として理に適っているからだと考えられる。これについては,次の検討課題にもあるような,イタダク系が用いられている様々な表現において確認していくことになる。

> **検討課題9**　「3年前にW大学を卒業させていただきました。」と自己紹介などで謙って言う人がいる。こういう言い方でよいのだろうか。

待遇コミュニケーションとしての枠組み
　「人間関係」…初対面の相手。[Aレベル・＋1]
　「場」…自己紹介をする場。[Bレベル・＋1]
　「形式」…「3年前にW大学を卒業させていただきました。」

検討課題9　A 1
　単に謙って言いたいのであれば,「卒業いたしました。」と丁重語を用いればよいだろう。「卒業させていただきました。」は丁寧な表現にはなるが,何か特別な取り計らいがあって,何とか卒業させてもらった,という意味が出てしまう。

検討課題9　A 2
　「(オ／ゴ)〜(サ)セテイタダク」といった敬語の形式が多用されるようになっている。基本的に「(オ／ゴ)〜(サ)セテイタダク」は,①自分ですることを,②相手の許可をもらって行い,しかも,それが③ありがたい,という事実や気持ちのある場合に使われる,かなり丁寧度の高い敬語であるといえる。しかし,こうした条件をどの程度満たしているかどうかによって,この「形式」の許容度も変わってくる。

　「敬語の指針」(p40)にあるように,次の1から5までの例では,適切だと

感じられる許容度が異なるといえるだろう。

1．相手が所有している本をコピーするため，許可を求めるときの表現
　「コピーを取らせていただけますか。」
→これは，典型的な許可求めの表現である「コピーを取ってもよろしいですか」ではなく，許可求めと依頼との両方が入っている「形式」となるが，第5章で整理するように，コピーを取るのは「自分」，「決定権」を持っているのは「相手」，「利益・恩恵」は「自分」という，許可求めの構造を持つ表現である。①〜③の条件に合っているため，最も「（オ／ゴ）〜（サ）セテイタダク」という敬語形式にふさわしい表現になるといえるだろう。

2．研究発表会などにおける冒頭の表現
　「それでは，発表させていただきます。」
→これは表現意図からすれば，「宣言表現」である。したがって，「発表させていただく」と言ってはいるものの，「決定権」はすでに「自分」にあるものとして表現している点で，やや事実と表現形式とがずれているともいえるだろう。そうであれば，「それでは，発表いたします。」のほうがむしろふさわしい表現になる。丁重語を用いるほうが研究発表会の持つ雰囲気に合った「改まり」を示すことができる。

3．店の休業を張り紙などで告知するときの表現
　「本日，休業させていただきます。」
→これも，表現としては，自らが「決定権」を持つ宣言表現である。そのため，許可を求めているようで実は求めていないという点が，②の条件と合わなくなる。そうであれば，「本日，休業いたします。」のほうがよいという意見も成り立つわけである。なお，この表現に対する抵抗感には世代差もありそうである。年代が高いほど，この表現は変だ，という意識が強く，30歳代，40歳代の世代は，特に抵抗がないようである。実際の生活の中で，「（オ／ゴ）〜（サ）セテイタダク」という敬語形式を耳にする機会が多いということも，その理由に挙げられるのではないだろうか。（文化庁平成8年調査，「（店の張り紙で）明日は休業させていただきます」が「気になる」7.1％，「気にならない」91.6％，ただし，70歳以上の男性では，「気になる」が16.5％，30歳代男性では，「気になる」が2.2％）

4．結婚式における祝辞の表現
　「私は，新郎と３年間同じクラスで勉強させていただいた者です。」
→これは，事実を述べている表現なので，特に宣言でも許可求めでもない。一緒に勉強した，という事実の捉え方が問題になるわけである。新郎に許可をもらったわけでもなく，「同じクラスで勉強する」ことで「利益・恩恵」を受けるということの意味がよくわからない人にとって，この表現は違和感を覚えるものとなるだろう。ただし，どう表現するかは，あくまでも「表現主体」の認識の問題であるとすれば，許可の点はともかく，ありがたかった気持ちを表明することについては，他人がどうこういえるものではない。また，結婚式の祝辞である，という状況から，新郎を立てるためにこのような表現を選択したというような理由はあるのだろう。口癖ではなく，考えた結果として選んだ表現であれば，それをある種の配慮だと見なすことはできる。ただし，推奨できる言い方であるとは思えない。

5．自己紹介の表現
　「私は，Ｗ高校を卒業させていただきました。」
→これも事実を述べている表現であって，宣言でも許可求めでもない。その意味では，「卒業いたしました。」で十分だといえる。ただし，4に比べると多少謙虚な表現に聞こえるのは，卒業に際して，何らかの点で学校側から許可を受けるような事実があり，それについて感謝しているという認識を示している表現になっているからだろう。「先生方の御配慮により，何とか卒業させていただきました。」というように，理由が示されれば，より事実に合った，適切な表現に聞こえてくる。

　以上の点から，必ずしも①〜③の条件が満たされていない場合であっても，相手が目上の人だと意識したり，相手に配慮したりしようとする場合に，「（オ／ゴ）〜（サ）セテイタダク」といった敬語の形式が使われることが多いといえる。
　この敬語形式をあまり使わないほうがよい，と言われているのは，必ずしもそうした事実がない場合に用いることや，そうした気持ちを持ちようもない場合にも用いられることが多くなってきたからである。例えば，「手前どものほうで努力させていただきました。」などは，丁寧であるというより過剰な言い方であり，しかも「努力いたしました」「努力してまいりました」などと言い換えられるわけなので，「努力させていただきました」は，避けたほうがよいということである。

ただし，一方で，「私が読み上げさせていただきます。」など，他の表現に言い換えようがない場合もあることに留意する必要がある。「(オ／ゴ)～(サ)セテイタダク」が広まっている一つの理由として，他の間接尊重語や丁重語には置き換えられない場合の拡張的な用法がある点も，指摘できる。

以上述べてきたように，「(オ／ゴ)～(サ)セテイタダク」を使ったほうがよい，使わないほうがよいというようなことを問題にするのではなく，使うべき条件がそろっているのか，いないのか，また，他の表現に言い換えられるのか，言い換えられないのかといった観点から考えていく必要があるといえる。

検討課題9　A3

「(オ／ゴ)～(サ)セテイタダク」という敬語形式に関する問題はよく取り上げられるものだが，敬語コミュニケーションの観点からは，この形式を用いる表現主体の意識だけではなく，この形式が使われた表現を理解主体がどう受け止めるのか，ということも重要になるといえるだろう。

もちろん，個々のコミュニケーション主体によってその受け止め方も異なるため，「本日，休業させていただきます。」などの例においては，その適否に関する意見も分かれるわけであり，一概に理解主体はこう受け止めるのだということも決めつけられない。ただし，理解主体の立場として，この表現が不快だと感じる人が多いと予想されるのであれば，表現主体も次第に選択しなくなるため，第三者としての観察者ではなく，当の理解主体としてどう受け止めるのかという意識を明らかにすることは大切だろう。「本日，休業させていただきます。」の場合であれば，「気にならない」人が90％以上いるということが，結果としてこの表現を選択する意識にもつながっていると考えられるわけである。

そもそも，この「(オ／ゴ)～(サ)セテイタダク」という敬語形式，およびその通常形式である「(オ／ゴ)～(サ)セテモラウ」には，自らの動作や状態を他者との関わりがあるものと捉え，しかも，その他者から恩恵を受けているという認識を表すという性質があるため，待遇表現においてこの形式が多用され，待遇理解として好ましいものとして受け止められるのだといえるだろう。そして，上にも述べたように，自らの動作や状態について間接尊重語で表現しようとするときに，「オ／ゴ～スル」ではそれが実現できない動詞（読み上げる，消去する，など）でも可能になることも，この形式が多用されることにつながっていると考えられる。

しかし，よりよい敬語コミュニケーションを目指す立場においては，敬語形式としての利便性ではなく，この敬語形式が持つ本来の性質を理解した上で選択することが求められる。もしその上で表現されたものであるとすれば，「卒

業させていただきました」や「努力させていただきました」という表現も，より深い意味を持つものになりうるといえるだろう。

> **検討課題10**　「W大学　田中先生御中」という宛名が書かれた手紙が届いた。何が問題になるのだろうか。

待遇コミュニケーションとしての枠組み
　「形式」…「W大学　田中先生御中」

検討課題10　A 1

「御中」は，個人の宛名には使わない。団体や組織の中のだれかに宛てる，という意味なので，「田中先生御中」は不適切であり，「田中先生」だけでよい。「W大学御中」であれば問題ない。

検討課題10　A 2

「御中」は，「机下」「侍史」などと同じような脇付けなので，宛名の敬称である「様」「先生」などとは異なるものである。したがって，縦書きでの「御中」は，厳密に言えば，「W大学御中」と書くのではなく，「W大学」の行よりやや左に「御中」と書くべきであろう。

教授である田中さんに対する宛名の敬称としては，「田中様」「田中教授」「田中先生」が考えられる。どれが良い悪いという問題ではないが，「田中様」では失礼だと怒る教授もいるし，「田中教授」は形式的な文書のようであることからすれば，学生から出す手紙や葉書，メールであれば，「田中先生」を用いることが無難だろう。

しかし，「自分」がどういう「意識」でその「形式」を選ぶのかを自覚的に捉えているということが大切である。「教授である田中さん」を敬語化すると言っても，それに対する意見は様々であって，「田中先生」と書けという人もいれば，「田中様」と書けという教授もいる。そうした「相手」の考え方に対応する必要もある一方で，自分の中にはっきりとした方針があるのなら，自分は「田中先生」と書くのだ，あるいは，「田中様」と書くのだ，という選択をしてもよいのだと思う。

検討課題10　A 3

現在では個人的な関係での手紙のやりとりは少なくなっているが，文書や

メールにおいてどのように宛名書きをするかという点は，今なお検討すべき課題となるだろう。「田中先生御中」というのは実例なので，このような誤用でさえ，簡単に論外だと切り捨てることもできない。

　敬語コミュニケーションとしては，「先生」にするか「様」にするか，という表現行為における選択の問題がまず挙げられる。それとともに，その宛名の敬称を理解主体がどのように受け止めるのかという観点が重要になる。ただし，これまでに何度も述べてきたように，一般的，常識的という判断のしかたも，実は個々のコミュニケーション主体によって異なるのである。そのことから考えると，理解主体の受け止め方を考慮することも必要ではあるのだが，その一方で，手紙の作法書なども参照しつつ，自らの敬語コミュニケーションのスタイルを作ることがより大切な課題になるだろう。敬語コミュニケーションに関する規範や基準も，個々のコミュニケーション主体の中にあるといえるわけである。

検討課題11　取引先の人に，上司である田中課長のことを「田中はおりません。」と伝えることに，何か問題があるだろうか。

待遇コミュニケーションとしての枠組み
　「人間関係」として
　　　［A］…取引先の人。［Aレベル・＋1］
　　　［W］…［WJ］上司である田中課長。ウチ扱い。
のときの
　　「形式」…「田中はおりません。」

検討課題11　A1

　特に問題はない。ただし，上司のことを「田中」と呼ぶことに抵抗があるとしたら，「課長の田中は」とすればよいだろう。

検討課題11　A2

　上司である田中課長のことを「田中」と呼ぶのは，あくまでも「ウチ・ソト」の関係で捉えた言い方なので，「呼び捨て」とは異なる。改まった「場面」では，「弊社の課長」，ややくだけた「場面」では，「うちの課長」などということもできる。この場合の「課長」というのは，敬称ではなく「職階」を示しているだけだといえるだろう。

検討課題11　A 3

　いわゆるウチ・ソト関係における呼称，敬称の選択の問題であり，それに丁重語の使い方も絡んでいる。上司であってもウチ扱いにすると敬称は不要になるということだが，「国語に関する世論調査」(平成17年度)には，学校関係の場合，病院の医師の場合などと比較した興味深い調査結果が出ている。「6．外部の人への言い方」として示されている調査である。

　まず，「会社の受付の人の場合」として，「会社の受付の人が外部の人に，自分の会社の鈴木課長のことを話す場合，…どれが一番良いと思うか」という問いに対して，「鈴木は」が40.0％，「鈴木さんは」が4.7％，「鈴木課長は」が25.1％，「課長の鈴木は」が26.6％，などとなっている。この中で，「課長の鈴木は」は平成16年度調査には選択肢になかったものである。単純な比較はできないが，16年度調査では，「鈴木は」が58.7％，「鈴木課長は」が34.6％であったことからすると，「課長の鈴木は」が選択肢になったことで，「鈴木は」「鈴木課長は」よりも良いものとして「課長の鈴木」が選ばれていることがわかる。

　「学校の先生の場合」として，「学校の先生が生徒の保護者に，同僚の田中先生のことを話す場合，…どれが一番良いと思うか」という問いに対して，「田中は」が9.3％，「田中さんは」が3.4％，「田中先生は」が63.3％，「田中教諭は」が21.3％，などとなっている。この中で，「田中教諭は」は平成16年度調査には選択肢になかったものである。これも単純な比較はできないが，16年度調査では，「田中は」が12.2％，「田中先生は」が81.9％であったことからすると，「田中教諭は」が選択肢になったことで，「田中は」「田中先生は」よりも良いものとして「田中教諭」が選ばれていることがわかる。「会社の受付の人の場合」と比較すると，「田中先生」と敬称を残すものが多くなっている。「田中教諭」は，敬称というより職名を表すものであり，そのために「言葉を使い分けている人」がウチ・ソトの意識も反映させた結果として選択したものと推測される。

　「病院の医師の場合」として，「病院の医師が大人の患者に，同僚の木村医師のことを話す場合，…どれが一番良いと思うか」という問いに対して，「木村は」が6.2％，「木村さんは」が2.3％，「木村先生は」が46.9％，「木村医師は」が42.2％，などとなっている。この中で，「木村医師は」は平成16年度調査には選択肢になかったものである。これも単純な比較はできないが，16年度調査では，「木村は」が11.6％，「木村先生は」が83.0％であったことからすると，「木村医師は」が選択肢になったことで，「木村は」「木村先生は」よりも良いものとして「木村医師」が選ばれていることがわかる。「会社の受付の人の場合」と比較すると，「木村先生」と敬称を残すものが多くなっている。「木村医

師」は，「田中教諭」と同様に，敬称というより職名を表すものであり，そのために「言葉を使い分けている人」がウチ・ソトの意識も反映させた結果として選択したものと推測される。

　これらからいえるのは，以下のようなことである。
・会社の受付の人の場合と，学校の先生の場合，病院の医師の場合とでは，同じウチ・ソト関係といっても敬称の付け方に違いがある（学校，病院の場合には「先生」が用いられる）。
・ただし，「田中教諭」や「木村医師」といった，敬称ではなく職名を使った形式が選択肢にある場合には，特に「言葉を使い分けている人」がそれらを選択する傾向にある。
・それは，「田中先生・木村先生」（敬称付き）と「田中・木村」（結果として呼び捨て）との間にある「田中教諭」「木村医師」が，ウチ・ソトを反映しつつ結果としての呼び捨てを避けるという意識を表しうる形式であることを示している。

　ウチ・ソトに関する認識，それをどのように形式と連動させるのかという点は，敬語コミュニケーションにとっても重要な課題であり，他の言語との比較においても大切な観点になるといえるだろう。

> **検討課題12**　社内の忘年会の司会者が，「それでは，山田社長から御挨拶申し上げます。」と言っていた。何か問題があるだろうか。

待遇コミュニケーションとしての枠組み
　「コミュニケーション主体」
　　［CSx］…忘年会の司会者。
　　［CSy］…社内の人。
　　［CSz］…社長。
　「場面」
　　［CSx］表現主体として
　　　［J］…社内の忘年会の司会者。
　　　［A］…「当の相手」社内の人たち。不特定多数の人。［A レベル・＋1］，「脇の相手」社長。［A レベル・＋1］
　　　［W］…［WAJ］脇の相手でもある社長。［W レベル・＋1］
　　［CSy］理解主体として
　　　［J］…社内の者。

［A］…社内の忘年会の司会者。
　　　［W］…［WAJ］社長。
　　［CSz］理解主体（脇の相手）として。
　　　［J］…社長
　　　［A］…社内の忘年会の司会者。
　　　［B］…忘年会の冒頭のセレモニー。［Bレベル・＋1］
「意識」…忘年会の冒頭のセレモニーにおいて社長が挨拶をすることを参加
　　　　　者に伝えたい。
「内容」…社長が挨拶をするということ。
「形式」…「それでは，山田社長から御挨拶申し上げます。」

検討課題12　A1

　社内の忘年会であれば，社長を高める必要があるので，「御挨拶申し上げ（ます）」という間接尊重語を用いることには問題がある。挨拶をする社長を高めず，聞き手の社員たちを高めることになってしまうからである。「御挨拶いただきます。」「御挨拶を頂戴します。」などとすることで，社長を高め，さらに恩恵の気持ちを表すことができる。

検討課題12　A2

　社内の忘年会については，A1で述べたとおりである。これが，社外の人もいるパーティーなどの場合であれば，次のようになる。
　　・社長といえどもウチの人物であるので，挨拶をする社長を高めてはいけない。
　　・聞き手の中にいる社外の人たちを高める必要がある。
　つまり，動作の主体を高くしない，動作に関係する人物を高くする，という性質を持った敬語を選ぶ必要があるということである。したがって，そこで選ばれるのが「御挨拶申し上げ（ます）」（間接尊重語）となるわけである。「御挨拶申し上げさせていただきます。」では，実際にだれかの許可を得て行う行動ではないので，過剰な敬語表現になってしまうだろう。
　その「場面」にいる「人間関係」を適切に把握することと，それに合った適切な「形式（かたち）」を選ぶことが，常に重要な課題になる。

検討課題12　A3

　上にも述べたように，「人間関係」の認識や位置づけと，敬語の持つ性質とを考えた上で，どのような形式と連動させるかという課題になる。ウチ・ソト

関係は，話題の人物が自分と相手との関係でどう位置づけられるかという問題なので，その三者関係をどう認識するかによって，どの形式を選択するかということも変わってくるわけである。定型的な表現ではなく，その時々の場面に応じて表現していくことが敬語コミュニケーション上の大きな問題であり，そのことは敬語コミュニケーション教育にもつながる課題になるといえるだろう。

> **検討課題13** 社員が部長に対して，「課長はこのようにおっしゃっていました。」と伝えた。どこか，問題があるだろうか。

待遇コミュニケーションとしての枠組み
　「コミュニケーション主体」
　　　［CSx］…社員。
　　　［CSy］…部長。
　「場面」
　　　［CSx］表現主体として
　　　　　［J］…社員。
　　　　　［A］…上司である部長。［Aレベル・＋1］，
　　　　　［W］…直属の上司である課長。［Wレベル・＋1］だが，［WA］と捉
　　　　　　　えるか，［WJ］と捉えるかによって待遇のしかたが異なる。
　　　［CSy］理解主体として
　　　　　［J］…部長。
　　　　　［A］…部下である社員。
　　　　　［W］…部下である課長。［Wレベル・－1］
　　　　　［B］…部長室。社員にとっては，［Bレベル・＋1］
　「意識」…課長の発言を部長に伝えたい。
　「内容」…課長がこのように言っていたということ。
　「形式」…「課長はこのようにおっしゃっていました。」

検討課題13　A1
　これは，「自分」と「話題の人物」の課長，「相手」の部長との関係をどう認識するかによる。
　〔自分〕―〔課長・部長〕，つまり，課長も，部長も上司という点では同じグループとして待遇する，という認識であれば，これで問題ない。課長を高めることが結果として部長も高めることになるからである。しかし，〔自分・課

長〕―〔部長〕、つまり、課長は自分側の人物であり、自分と課長が同じグループになる、という認識であれば、ウチの課長を高くせずに、部長を高めなければならないので、「課長はこのように申しておりました。」と丁重語を用いたほうがよいだろう。

検討課題13　Ａ２

　同じ系列にいる二人以上の上位者に対して敬語を使う場合、いったいどちらをどう高めればよいのか、かなり難しい課題になる。まずは、それぞれが「自分」とどういう関係にある者として捉えればよいのかが課題である。Ａ１で述べたように、課長が「自分」に近いのか、部長に近いのかによって、使うべき表現が異なるからである。

　一概には言えないが、とりあえずは、「自分」に近ければ、間接尊重語や丁重語を、「自分」から遠ければ、直接尊重語を用いるということになる。

　関連する課題として、社員が課長に対して「課長、この本は部長からいただいたのですか。」と表現することの適否の問題がある。先と同様に、課長は自分側の人物である、という認識であれば、課長を高くしない、部長を高くする、部長からの恩恵として表す、ということで、「いただく」（恩恵間接尊重語）を用いることになる。

　しかし、この捉えかたにもやや問題が残る。そこに部長がいない場合には、自分と課長を同列にして、部長だけを高めるというように、ウチ・ソトの関係を強調する理由もなくなるからである。その場合考えられる表現は、「課長、この本は部長からおもらいになったのですか。」というように、「オ〜ニナル」（直接尊重語）を用いた表現である。「もらった」を「おもらいになった」とすることで、課長を高めることが可能になるからである。

　ただし、「おもらい」という語感の問題は別にしても、この表現にもやや問題が残る。「もらう」という動詞は、そもそも、もらう人側に視点が置かれる、という性質がある。つまり、この場合であれば、課長側に立った表現になるということである。そのため、自分の位置は課長寄りになっていながら、その課長を「お〜になる」（直接尊重語）で客観的に高める、というずれが生じていると考えられる。もちろん、「もらう」は単なる授受を表す動詞であって、「（教え）てもらう」のような補助動詞とは異なるため、それほど視点や恩恵の問題が生じないという考え方もできるだろう。その場合には、「おもらいになった」にもそれほど違和感がないといえるのかもしれない。

　実際には、なぜそのことをわざわざ課長に伝える必要があるのか、という表現以前の問題もあるのだが、どうしてもそれに言及しなければならないときに

は，「課長，この本は部長からの……」などということが考えられる。

　何でも最後まで言わなければならないわけではなく，むしろ実際には，こうした言いさしの表現も用いられている。「お名前は何とおっしゃるんでしょうか。」などと言わずに「お名前は……」と尋ねることのほうが多いように，すべてを言い切らなくてもコミュニケーションは成立するという観点も大切だろう。

検討課題13　Ａ3
　同系列の上下関係においても，ウチ・ソトに準じるような捉え方が生じるという問題である。それぞれの人物間の距離をどう位置づけ，それをどう形式と連動させていくのかということである。
　Ａ2の後半で述べたことは，敬語をどう使うかではなく，どのように表現していけば無理のない敬語表現になるかという観点につながる。実際の敬語コミュニケーションにおいては，細かい敬語の使い方よりも，全体としてその表現が相手にどう伝わるかということのほうが重要であることはいうまでもない。しかし，それが実現するためには，敬語をどう使うかということが基になっているという点も見逃してはならない。
　繰り返し述べているように，絶対的，固定的に正しい使い方があるわけではなく，その「場面」にふさわしい敬語をどのように使っていくか，それをどう受け止めていくのかということが重要になる。そこに，敬語コミュニケーションにおけるコミュニケーション主体の重要性が見出せるわけである。

検討課題14　「御苦労様でした。」と「お疲れ様でした。」は，「相手」の上下関係に応じて使い分ければよいのだろうか。

待遇コミュニケーションとしての枠組み
　「形式」…「御苦労様でした。」と「お疲れ様でした。」

検討課題14　Ａ1
　典型的な用法を説明すると，「御苦労様」系の表現は，自分のために仕事をしてくれた人，例えば，配達をしてくれた店の人などに対してねぎらいの気持ちを込めて使う表現である。
　これに対し，「お疲れ様」系の表現は，一緒に仕事などをした後，お互いにねぎらい合うようなときに用いる表現である。そういう状況であれば，言葉の程度に気をつけさえすれば，上司に対しても使うことができるが，重要な点は，

そもそも「御苦労様」系と「お疲れ様」系は，表したい意味が異なるということである。単に，上下によって使い分けているわけではない。

検討課題14　A 2
　「御苦労様」「お疲れ様」については，いろいろな意見が錯綜して，議論そのものが混乱しているように感じられる。重要なのは，それぞれが同じ意味・用法を持つ表現ではないということだろう。ねぎらいの表現といっても，使いどころが異なるということには留意する必要がある。
　次に問題になるのが「ねぎらい」ということだろう。例えば，何かを教えてくれた人，しかも目上の人に対して，その行為をねぎらいとして捉えられるのかという問題がある。教えを受けた関係ではそれに対してはねぎらいの言葉ではなく，「ありがとうございました」などの感謝やお礼の気持ちを表す言い方に変えたほうがよいことになる。
　書類作成に追われた上司に対しても，「お疲れさまでした。」と，気持ちを込めて使うことができるが，それが「ねぎらい」として伝わってしまうことには問題がある。したがって，こうした定型的な表現ではなく，相手の上司との関係性にもよるがある程度親しい関係にあるなら，「本当に，お仕事大変ですね。」などと別の観点から，自分の気持ちを率直に伝えればよいのではないだろうか。
　なお，実際には，「お疲れ様です。」などと挨拶表現のように用いられることが多くなっているようである。電話を取って，開口一番の挨拶として，あるいは，「お先に失礼します。」に対する返事としてなど，かなり用法が拡大しているようである。それぞれの状況によるため，一概によいかどうかは言えないが，そうした表現を不快に思っている人がいるとしたら，それはなぜ不快なのかを考えてみる必要があるだろう。

検討課題14　A 3
　「御苦労様」か「お疲れ様」かという議論は，新聞，インターネット上などでもよく話題になるのだが，上に述べたように，何を比較し，何を議論しようとしているのかという前提を押さえない限り，意味のないものになってしまう[28]。そして，原則的な使い方はあったとしても，実際には，それぞれの表現形式が新たな意味をもって用法を拡張していくことによって，様々な使い方が

---

[28] 飯間（2003）には，「ご苦労さま」に関して「江戸時代にも目下が目上に使っている例があるのですから，少なくとも「上から下へ使うのが本来」といったような説明は，根拠が危うくなったと言わざるをえません。」p74とある。

生まれてくるといえるだろう。敬語コミュニケーションにおいて重要な点は，そうした現象自体というより，コミュニケーション主体が場面と自らの意識と表現上の形式との連動をどう認識しているのかということである。そこに自覚があり，自己表現として選択しているのであれば，選択された形式自体を問題視することに意味はないのだが，そこに自覚がなく，固定的な形式を選択していることにこそ問題があるといえるわけである。

　全員が納得する敬語コミュニケーションのあり方があるわけではないので，どの表現形式が最も良いのかを考えるのではなく，様々な選択肢の意味を考えることが重要なのであり，そのことが敬語コミュニケーション教育にもつながっていくのだと思われる。

　なお，シナリオ（『拝啓，父上様』）での例を挙げておく。

[CS] 松子，玉子…料亭坂下の仲居。一平…板前　竜次…花板
　　p17
　　板場
　　　　松子と玉子帰って行く。
　玉子「おつかれさま」
　松子「火，おねがいね」
　一平「（うなずき）おつかれです」
　　控室
　一平「（入る）あがりました」
　竜次「御苦労さん」

　この例では，「おつかれさま」は［Aレベル・−1］に近く，「おつかれです」は［Aレベル・0］として位置づけられているようである。「御苦労さん」は，明確に立場の違いが表れているといえよう。

> **検討課題15**　講演をお願いした講師の先生に，懇親会の席で「先生，すてきなネクタイでございますね。」と話しかけている人がいた。何か問題があるだろうか。

待遇コミュニケーションとしての枠組み
　「コミュニケーション主体」
　　［CSx］…講演会，その後の懇親会の参加者（の一人）。

［CSy］…講演会の講師。
　「場面」
　　　［CSx］表現主体として
　　　　　［J］…講演会，その後の懇親会の参加者（の一人）。
　　　　　［A］…講演会の講師。［Aレベル・＋1］
　　　［CSy］理解主体として
　　　　　［J］…講演会の講師。
　　　　　［A］…講演会，その後の懇親会の参加者（の一人）。
　　　　　［B］…懇親会。［Bレベル・0］
　「意識」…講演会の講師がしているネクタイがすてきであることをその講師
　　　　　に伝えたい。
　「内容」…講師がしているネクタイがすてきだということ。
　「形式」…「先生，すてきなネクタイでございますね。」

検討課題15　A 1
　どういう表現意図があるのかによるが，特に初対面の講師のネクタイをほめる必要があるとは思えない。かりに，ほめてよい状況だとしても，敬語の使い方としても問題がある。「でございます」は，「相手」のことに用いないほうがよいので，むしろ「すてきなネクタイですね」，あるいは，「すてきなネクタイをしていらっしゃいますね。」にする必要があるだろう。

検討課題15　A 2
　基本的には，ほめたい気持ちを表明すること自体に問題があるわけではない。しかし，ほめるという自分の気持ち・感情を伝えるのにふさわしい「相手」や「状況」なのか，ほめるのにふさわしい「内容」なのかについては，よく考える必要がある。
　例えば，講演会の講師に対して，講演会後の懇親会で，講師のネクタイをはめることが適切かどうか，上司に対して，仕事を教えてくれたという状況で，上司の教え方をほめることができるかどうか，よく考えなければならないだろう。前者では，講演の内容についてわかりやすかった，参考になった，というような内容で伝える，後者では，教え方に触れるのではなく教えてもらったこと自体に対する感謝の気持ちを伝えるほうが，よりよいコミュニケーションにつながるのではないだろうか。
　相手の身につけるもの，持ち物，容姿などをほめることができるのは，基本的には，同じ立場で，親しい関係の人に限られると言ってよいだろう。ほめる

ということは自分の感情をそのまま相手に示すことになるからである。したがって，ほめに限らず感情を示すようなことを表現することは，親しくない相手には好まれないことが多くある。特に，目上の人や親しくない人をほめると，なれなれしいと思われることもあるだろう。それほど親しくない関係であっても，酒席などのくだけた場では親しみが出てくるので，個人的な感情を吐露したり，相手の持ち物などをほめたりすることもあり得るが，講演会後の懇親会は半ば公的なものであり，それほどくだけた場というわけではないので，懇親会で講師のネクタイをほめることはやや不適切だといえるのではないだろうか。

　能力，技術などをほめることができるのは，それが評価できる立場にあることを示すため，相手の専門的な能力，技術について，それをよく知らない立場でほめることは，相手を不快にさせることがある。特に習った立場であるなら，その立場から「丁寧に教えていただいたので，よくわかりました」などということで，相手をほめたいという気持ちを伝えることができるだろう。

　ほめてはいけない，のではなくて，よく考えてから，ほめる，ほめない，を選択すればよいということである。

検討課題15　Ａ３

　ここでも，ほめてよいのか悪いのかという議論自体に意味があるわけではない。ほめたいという気持ち，その自然な感情をどのように表せばよいのか，そしてその際，ほめられた人の気持ちはどのようになるのか，その後どのようなコミュニケーションとして展開させようとしているのか，といったことなどが重要な点になるわけである。

　基本的には，同位で，親しい関係において「ほめ」が成立しやすいわけだが，当然のことながら，そうではない関係，例えばまったく見知らぬ人から突然ほめられることもあるわけで，その意味では，「ほめ」という行為が成立する人間関係や状況は，かなり幅広いといえるだろう。

　日本人はあまりほめない，などという意見が聞かれることもあるが，そうしたステレオタイプとしての見解に問題があることは問わないとして，日本語においても，当然のことながら実質的にほめたい気持ちを表す「ほめ」はあり，また，結婚式での定型的なほめ表現や「子ほめ」などをはじめ，「おだて」や「よいしょ」などを含めて，かなりの形式的な「ほめ」も見出せ，類型的に見ても，かなり幅広い人間関係において「ほめ」は行われることになる。厳密には，ほめ，お世辞，おだての区別など困難な点もあるが，皮肉を除けば，他者を尊重する一つの表現方法として見做すことができるといえよう。いわゆるポジティブ・ポライトネスの方略としての「ほめ」[29]は，日本語にも多く見られ

ることから，日本語はネガティブ・ポライトネスの言語などという類型化にあまり意味のないことは明らかである[30]。

敬語コミュニケーションとしての「ほめ」は，表現主体のほめるという表現行為を理解主体がどう受け止め，それに対してどのように返事をするか，という「やりとり」の仕方も課題になる。形式的なほめに対しては形式的な反応が予想され（「…がお上手ですね。」──「いえいえ，まだまだです。」／「ありがとうございます。」など），実質的なほめに対しては，個々のコミュニケーション主体の判断による反応がなされる（「…がほんとにお上手ですね。」──「いやあ，ずいぶん投資しましたからね。」など）といえるだろう。

その「ほめ」が形式か実質かの判断は難しいが，具体性があること，繰り返し性があることなどが，その見極める要点になる。（「発音がすごくきれいですよね。」──「いえいえ，まだまだです。」──「いや，いままでいろいろな人の発音を聞いてきましたけど，一番お上手だと思いますよ。」など）

また，「ほめ」が，その後に来る注意や指導のための前置きとして用いられることもあり（「すごく良くなっていますよ。」──「ありがとうございます。」──「ただ，ここはもう少し工夫するといいですね。」など），そうした談話や文章の展開における意味を考える必要もある。

検討課題16 ある社員が，部長に仕事をほめられたときに，「とんでもございません。」と返事をした。この言い方でよかったのだろうか。

待遇コミュニケーションとしての枠組み
　「人間関係」…社員が部長に対して［Aレベル・＋1］

---

29) ポライトネスでは，「5.3 ポジティブ・ポライトネス　5.3.1 共通基盤を主張せよ　ストラテジー1　H（の興味，欲求，ニーズ，持ち物）に気づき，注意を向けよ　ストラテジー2（Hへの興味　賛意　共感を）誇張せよ」などが「ほめ」と関連するものである。（田中典子監訳2011）

30) 田中典子監訳（2011）『ポライトネス』「日本語版出版によせて」に「本書が提示するポライトネス・モデルを私たちが最初に構想してから，40年近くが経過したことになるが，このモデルは元々，人々が発話を構築する際に，対話者の社会的ペルソナ，つまり「フェイス」への配慮を示す，その仕方に見られる言語の違いを超えた共通性の根底にある相互作用の原則を明らかにするための試みとして考案されたものである。」「研究者たちは，一般に，フェイス，作法，社交性（conviviality），個人などに対する見方が文化的に異なることに興味を引かれ，言語使用における文化特有のパターンを研究することを好んできた。しかし，ポライトネスの意義は，その文化の構成員に顕著に見られる適切な行動や話し方についての文化特有の規則をはるかに超えたところに存在する。その意義は，言語選択の規則的パターンによって，人間が相互に社会的関係を築くという事実にあるのだ。ゆえに，この分野における研究は，文化の壁を超えて伝え合うことのできる人間共通の性質および能力，そして，時に誤解を生じさせる文化的相違を考慮に入れた，社会的相互作用に関する理論に基づく必要があると考えられる。」とあるのは興味深い。

「意識」…ほめられたときの謙遜として打ち消す気持ちを伝えたい。
「形式」…「とんでもございません。」

検討課題16　A1
　現在では，問題のない言い方である。ただし，謙遜しなくてもよい状況であれば，素直に，「ありがとうございます。」と言ったほうがよいだろう。

検討課題16　A2
　「とんでもない」は本来このままで一つの形容詞であり，「とんでも」が「ない」わけではないので，「ない」を「ございません」に変えることはできない。これが，「この表現は使わないほうがよい」と言われる大きな理由である。したがって，この立場に立てば，「とんでもない」を丁寧にするためには，「とんでもないことでございます」あるいは「とんでものうございます」にすればよい，ということになる。しかし，「とんでもございません」という言い方自体はかなり広まっている。（文化庁平成15年調査，「とんでもございません」が気になる17.8％，気にならない68.3％）しかも，「とんでもございません」と「とんでもないことでございます」とは，表そうとする意味が異なることに留意する必要がある。
　ここでの例は，ほめられたときに，謙遜してそのほめを否定する場合の言い方である。自分をほめる相手の言葉を打ち消すために，「とんでもない」と言いたいが，そのままでは丁寧さが足りないと感じるので，どう表現すればよいのかということである。その際，「とんでもないことでございます」と言ったのでは，あなたのほめたことは「とんでもないことだ」という表現になり，かなり強い否定になってしまう。「とんでもございません」は，あなたの言っていることがとんでもないことだ，と言いたいのではなく，相手のほめを軽く打ち消したいということなのである。したがって，「とんでもございません」は，相手からのほめや賞賛などを軽く打ち消すときの表現であり，「とんでもない」の丁寧な表現形というわけではない。例えば，あの人のしていることはとんでもないことだ，という場合に，「あの方のなさっていることはとんでもございません。」とは言わないのである。
　しかし，「とんでもございません」が問題のある表現だと思っている人に対しては，「とんでものうございます。」と言ったほうがよいのかもしれない。あるいは，「とんでもない，そんなことはございません」などと，自分の気持ちを表してから丁寧に相手の言葉を否定する方法を採ることもできるだろう。ただし，そのように言うことは，丁寧すぎたり，迂遠な言い方になったりしてし

まう。だからこそ,「とんでもございません」という表現自体がすでに慣用的に使われるものになっているのだと考えられる。

実際には,「とんでもございません」を使うほど改まっていない状況では,「いえいえ,とんでもないです。」が用いられているようである。

検討課題16　A 3

「とんでもございません」の適否についてはよく話題になることだが,これには,その表現の持つ語法上の問題や,表現の通時的変化,場面と表現形式との関係など,様々な観点があるため,議論もあまりかみ合わない場合がある。言葉遣いに関する議論が行われることは,コミュニケーション主体の関心や意識を高めるためには好ましいが,背景にある価値観や思想の問題が絡んでくることは避けたい。あくまでも,コミュニケーション上の問題として捉えることが必要であろう。

敬語コミュニケーション研究としては,敬語の誤用や問題となる敬語表現などについて,どれが正しいという結論を出すこと自体が目的となるのではなく,コミュニケーション主体自身の意識がどのようなものであるのか,場面と意識と形式との連動がどのようなものになっているのかということ,そして,それがよりよい敬語コミュニケーションというあり方とどうつながっていくのかといった点を明らかにしていくことが重要なのだといえよう。

検討課題17　ある社員が,「部長は,フランス語もおできになるんですか。」と尋ねていたのだが,この言い方でよかったのだろうか。

待遇コミュニケーションとしての枠組み
　「人間関係」　社員が部長に対して［Aレベル・＋1］
　「意識」…部長はフランス語もできるかどうかが知りたい。
　「形式」…「部長は,フランス語もおできになるんですか。」

検討課題17　A 1

「おできになる」は,敬語としての問題はないが,上位者である相手の能力を問う言い方は避けたほうがよいだろう。「フランス語もお上手なんですね」「フランス語も堪能でいらっしゃるんですね。」などと言い換えられるが,事実がどうであるのか,自分がフランス語の力を評価する立場にあるのか,「おべっか」になってしまうのか,などを考慮した上で使う必要がある。

検討課題17　A 2

　ここでの例のように、「おできになるんですか」「お話になれますか」「お飲みになりたいですか[31]」「いらっしゃるつもりですか」などは、敬語の形自体に問題はないものの、上司に対して問うには不適切な表現だといえるだろう。それは、上位者に対して、その能力、意思、願望などについて直接的に尋ねるということが問題なのである。

　立場的に下位にいる者が上位にいる者に対して、何かの能力を直接的に問うことは、相手の力量を試すような趣旨に取られてしまう。また、何を好むか、何がしたいか、何をするつもりか、などの気持ちを問うことは、その上位者にあまりに近づきすぎ、個人的な領域に踏み込むことになるので、好まれないといえるだろう。あまり親しい関係でない人に対してほめを行うことと同様である。

　しかし、もちろんそうしたことを尋ねてはいけないというわけではない。直接的な表現を避けることで、問うことは可能である。

　例えば、「フランス語もお話しになりますか。」「コーヒーをお飲みになりますか。」と事実を問う形にする、あるいは、その意図がコーヒーを入れて供したいということであれば、「コーヒー、いかがですか。」という表現でその意図を叶えることができるだろう。また、意向を問う時に、「つもり」は特別な狙いがあるようなときに使われる表現であるため、それを避けて、「どこへいらっしゃいますか。」と言えばよいだろう。もちろん、状況によっては、そもそも上位者に対してはそのようなことを尋ねないほうがよいともいえる。

　一体自分が何のために、その「相手」にそのようなことを尋ねるのか、よく考えてから発言することが大切だろう。

検討課題17　A 3

　この例のように、「部長がフランス語もできるかどうかを知りたい」という意図をそのまま表す形式で表現するのではなく、敬語コミュニケーションにおいては、自分が言いたいことをどういう形式によって伝えるか、その工夫のしかたが問題になるといえる。言いたいことを言いたいように表現することはコミュニケーション主体の自由なのだが、コミュニケーションが相手との関係で成り立つ以上、そこに何らかの配慮や工夫が必要になることはいうまでもない。

---

31)　蒲谷他（1998）で「課長もコーヒーがお飲みになりたいですか。」を取り上げ、相手の意思や願望などを直接尋ねることの問題点を指摘した。ただし、選択肢を設けて「今日はどのコーヒーがお飲みになりたいですか。」になると、相手の意思を直接尋ねるということとはやや異なる問いかけ方に変わる点も、押さえておく必要があるだろう。

相手の能力，意思，願望，プライベートな諸事情については，相手が上位者だけでなく，下位者であっても配慮すべき点になるのである。下位者に対する配慮を含めて考えることは，敬語コミュニケーションだけではなく，敬意コミュニケーションを考える意味にもつながっている。

> **検討課題18** ある社員が，「山田さんには，この仕事をしていただきます。」と先輩社員に言っていた。何か問題があるだろうか。

待遇コミュニケーションとしての枠組み
　「人間関係」…後輩社員が先輩社員に対して［Ａレベル・＋１］
　「意識」…先輩社員の山田にこの仕事をしてもらいたい。
　「形式」…「山田さんには，この仕事をしていただきます。」

検討課題18　Ａ１
　敬語としての問題はないが，「決定権」を自分が取った表現になってしまっている点で，不適切である。かりに，事実としての「決定権」が自分にあったとしても，先輩に対しては，「していただけますか。」という依頼や，「していただきますが，よろしいでしょうか。」という許可求めの表現に切り替えることで，よりよいコミュニケーションになるといえるだろう。

検討課題18　Ａ２
　自分が責任者でない場合には，「この仕事をしていただきます。」のように自分が決めてしまう表現ではなく，「この仕事をしていただけますか。」など相手が決めることのできる依頼の形などで言えばよいだろう。ほかにも，「これお願いできますか。」「お願いしてもいいですか。」など，相手に判断を委ねるような表現を用いることで，同じ指示をしても印象が大きく変わるといえる。
　複数の人たちで仕事をしているとき，その仕事の方針や方向などを決めるのはだれか，ということ，つまり「決定権」をだれが持つかという問題は，丁寧さや配慮とも極めて深い関係がある。一般的には，自分が決めてしまうのではなく，相手や第三者が決める，という形にした方が丁寧になる。反対に，自分が決めてしまって，相手や第三者がそれに従う，という形にすると，丁寧さを欠くことになる。
　仕事以外でも，例えば「どうぞ，召し上がってください。」と勧めることができるのは，その食事を提供した側の人，招待した人なのであって，招待され

た客同士でそのような表現をすると妙なことになる。また,「この店にしましょう」と決められるのも,招待した側の人であって,招待される側が決めたのでは,丁寧さや配慮に欠けてしまう。

例えば,「はい,次に進みましょう」と進行に関して発言できるのは,その会のリーダーや司会をしている人であるので,それらの人以外が言うと失礼になる。

要するに,その場ではだれが決めることができるのかを考え,それに添った言い方をすればよいということである。

なお,決めることができるのは,必ずしも上位者とは限らない。例えば,一番年少の者が司会をしていても,そのときの進行を決められるのはその司会者なのだということには留意する必要がある。その点に配慮せず,回りであれこれと口を出すことは避けなければならない。

実際の社会生活では,「決定権」に関する問題はかなり重要である。作戦としてではなく,配慮として,「決定権」を持っている人を尊重する必要があるだろう。

検討課題18　A 3

「決定権」の問題について詳しくは第5章で述べることにするが,敬語コミュニケーションにおいては,人間関係の認識として,単に上下親疎だけではなく,その局面における立場や役割を踏まえ,そこでの「決定権」を持つ人に配慮するという意識が,表現形式にもつながってくるという点が重要になる。それは,敬語を用いて表現するということとは次元の異なる配慮のしかたであり,丁寧さの表し方であるといえるだろう。

もちろん,配慮や工夫は,それが相手に伝わってはじめて意味を持つので,そうしたことに神経質な相手か,無頓着な相手であるかによって,気遣いのしかたも大きく異なる。しかし,配慮するというのは,相手によく思われようとしたり,気が利く人であることをアピールしたりするための技術などではなく,コミュニケーション主体のコミュニケーションに対する姿勢を示すことである。

敬語コミュニケーションにおいて重要なのは,自分がなぜ他者に配慮する必要や意味があるのかを考えることではないだろうか。「決定権」を巡る問題も,そうした観点を抜きに論じてもあまり意味がないといえるのである。

第4章　待遇コミュニケーションとしての敬語コミュニケーション　171

> **検討課題19**　ある社員が、「山田さん、これ、お願いします。」と先輩社員に仕事を頼んでいた。この言い方でよかったのだろうか。

待遇コミュニケーションとしての枠組み
　「人間関係」…後輩社員が先輩社員に対して［Aレベル・＋1］
　「意識」…先輩社員の山田にこの仕事を頼みたい。
　「形式」…「山田さん、これ、お願いします。」

検討課題19　A 1
　状況にもよるが、頼むのであれば、決め付けた言い方にしないほうがよいだろう。「これ、お願いできますか。」などとすることだけで、「決定権」を相手に渡す言い方になる。

検討課題19　A 2
　何かを依頼するとき、いつも仕事を依頼し合っているような関係であれば、「これ、お願いします。」で十分な場合もあるだろう。しかし、何か頼むということは、それがたとえ全体のための仕事であったとしても、自分の管轄の仕事をしてもらうわけで、相手には負担がかかることだと考えられる。相手に負担がかかることを頼んでいるのだ、という意識を持って、その意識を表明する方が、相手に対してより配慮した表現になる。
　この場合は、「すみませんが」や「忙しいところ悪いけど」などの前置きの表現があるだけで、ずいぶん違ってくる。
　また、依頼することが当然であるかのように受け取られる「お願いします。」という言い切りの形より、「これお願いできますか。」「お願いしてもいいですか。」などの婉曲的な表現を使った方が相手に対する配慮を表せる。もちろん、いつでもこうした前置きや配慮の表現を使わなければならないというのではなく、簡潔な依頼の表現で十分な場合もある。相手との関係や状況を考えて判断し、選択することが大切なのである。

検討課題19　A 3
　先に述べた「決定権」とも関係することだが、そのコミュニケーションにおける「当然性」という捉え方も重要な観点になる。「当然性」は、その人間関係、場との関連において、その意識、内容、形式となることの必然性の程度ということができるが、それが高い場合、低い場合によって、コミュニケーショ

ンのあり方が左右されることになる。
　例えば,「山田さん,これ,お願いします。」という表現は,依頼する「当然性」は高いと考えられるため,その点では適切な表現のようだが,後輩から先輩という人間関係においては,この表現形式で伝えることができる「当然性」は低くなるわけである。もちろん,上下関係以外の人間関係や,状況,経緯,「決定権」など,様々な観点から「当然性」は確定されるため,「山田さん,これ,お願いします。」という表現が常に不適切だというわけではない。これで十分丁寧な指示になっている場合もあるだろう。あとは,その時の音調や,表情,態度といった非言語的要因によって,敬語コミュニケーションのあり方も変わってくる。特に,直接対面する音声コミュニケーションの場合には,それらも含めて検討する必要があるといえよう。

> **検討課題20**　最近よく,「課長,この書類を書いていただいてもよろしいですか。」というような言い方を耳にする。妙な表現に聞こえるのだが,何が問題なのだろうか。

待遇コミュニケーションとしての枠組み
　「人間関係」…社員が課長に対して［Ａレベル・＋１］
　「意識」…課長に書類を書いてもらいたい。
　「形式」…「課長,この書類を書いていただいてもよろしいですか。」

検討課題20　Ａ１
　すっきりとした依頼にしたいのであれば,「書いていただけます（でしょう）か。」というのがよいだろう。

検討課題20　Ａ２
　いつ頃からこういう言い方が広まってきているのかははっきりしないが,「書いていただけますか。」をさらに「書いていただいてもよろしいですか。」という「許可求め表現」の形式に変えた言い方がよく用いられている。なぜそのように回りくどい表現をするのかという理由も,基本的には,依頼よりも許可求めのほうが丁寧な構造を持っているという,「丁寧さ」の原理に即しているからだといえるわけである。
　基本的に,「てもいいですか」「てもよろしいですか」などは,相手の許可を求める言い方である。「取ってもらってもいいですか」は「相手に取ってもら

うことをしてもいいか」、「書いていただいてもよろしいでしょうか」は「相手に書いてもらうことをしてもいいか」という内容を持つものである。「取ってもらってもいいですか」は「取ってもらえますか」という依頼の表現と同じ内容であり、「書いていただいてもよろしいでしょうか」も「書いていただけますか」という依頼の敬語表現と伝えたいことは同様だといえる。したがって、本来なら依頼表現で済むところを、許可を求める表現に変えているということになり、その分だけ、「回りくどい」印象を与えるのだといえる。

こうした、「依頼」を「許可を求める形」で行う表現はかなり多くなっている。なぜこのような回りくどい言い方をわざわざするのだろうか。

例えば、「書いてください」「書いてもらえますか」といった表現は、相手に直接働きかけているものである。それに対して、「書いてもらってもいいですか」という表現は、自分が書いてもらえるかどうかを尋ねる形に変わっている。そうすることで、相手に対して押し付けるような印象をなくし、相手への配慮を表そうとするのではないかと考えられる。これが、回りくどい、言い換えれば、婉曲的な表現をしようとする主たる理由だろう。

もちろん、そうした言い方が配慮であると考えずに話している人もいるだろうし、そうした表現を配慮と受け止めるのではなく、単に回りくどい表現だと感じる人もいるだろう。また、自分では使ったことのない表現だという人もいるだろう。

ただし、許可を求める表現の持つ丁寧さや配慮を表す点が活かされた表現なのだと考えると、推奨するということではないが、これからも広まる可能性があるのではないかと考えられる。

なお、類似の表現として、「書かせていただいてもよろしいでしょうか。」がある。

これは、書くのは自分なので、依頼ではなく、許可求めになる。だとすれば、「書いてもよろしいでしょうか。」で十分丁寧な表現になるわけである。なぜ、このような回りくどい言い方をするのか、を考えてみると、それは、許可求めの表現に、形式的には欠けている「利益・恩恵」を表す要素を補おうとしているからだと思われる。

つまり、「自分」が書くことを「書かせていただく」とすることで「許可を求めて恩恵を受ける」という「意識（きもち）」を「形式（かたち）」に乗せることができ、表現全体は、「てもよろしいでしょうか」という「許可求め表現」の典型的な「形式（かたち）」にしているということである。

これは、その意味では、究極の「丁寧さ」を表す「表現形式」だといえるだろう。もちろん、何度も述べているように、この表現が好ましいかどうかは別

の問題である。また,「〜(サ)セテイタダク」が適切かどうかの問題も絡んでくるので,この「表現形式」がすべて丁寧なのだとは言えない。

　ここで伝えたいことは,どのような「形式」であっても,広まっている以上,そこには何らかの理由があると考えることが大切だということである。「回りくどい表現だ。こんな妙な表現は使うべきではない。」などというだけでは,その背後にある景色は,何も見えてこない。

検討課題20　A 3
　「〜テモラッテモイイカ」,「〜(サ)セテモラッテモイイカ」といった形式がなぜ用いられるのか,なぜこうした表現が広まりを見せているのか,ということの基本的な理由は,上に述べたとおりである。さらに詳しい考察は,第5章第2節4で行うことにしたい。

> **検討課題21**　ファミリーレストランの店員が,「御注文の品はおそろいになりましたでしょうか。」とお客様に言っていた。どこが問題なのだろうか。

待遇コミュニケーションとしての枠組み
　「人間関係」…ファミリーレストランの店員が客に対して［Aレベル・＋1］
　「意識」…客が注文した品がそろったことを確認したい。
　「形式」…「御注文の品はおそろいになりましたでしょうか。」

検討課題21　A 1
　「おそろいになる」を使うことで,「注文の品」を高めることになってしまうので,不適切である。「御注文の品はそろいましたでしょうか。」,あるいは「御注文の品は,以上でよろしいでしょうか。」などと言えばよいだろう。

検討課題21　A 2
　いわゆる「マニュアル敬語」は否定的に語られることが多いようである。敬語コミュニケーションが「相互尊重」を基盤として,自らが判断し,「場面」「意識(きもち)」「内容(なかみ)」「形式(かたち)」を連動させた「自己表現」であることからすれば,だれもが特に何も考えなくても表現できるようになることを目指す「マニュアル敬語」というのは,対極にあるものだといえる。
　ただし,問題になるのは,「何も考えずに使える」ということである。それでは,場面に応じて使い分けるという,そもそも「敬語コミュニケーション」

の持っている根本的な意識が存在しないということだからである。

　もちろん，マニュアルがすべて悪いわけではない。何らかの「よりどころ」なしには，自らのコミュニケーションをふりかえることもしにくく，よりよいコミュニケーションを目指すためにも何か基準となるものは必要だからである。

　したがって，一概に「マニュアル敬語」が悪いと決め付けるのではなく，とにかくマニュアルなしには商売も立ち行かないんだと現実主義的に擁護するのでもなく，その利点と問題点とを自覚した上で使っていく必要があるということである。

　「千円からお預かりします。」もかなり問題視される言い方のようだが，これも，「あなたの代金をあなたが今渡してくれた千円から預かる」という意識で使うのであれば，それほど目くじらを立てる必要はないだろうと思う。問題になるのは，何も考えずに，ただ「千円からお預かりします。」と言っている，その姿勢のほうだといえるのである。使われている形式には，何らかの意識や意味が込められているのであって，それを考えながらコミュニケーションすることが大切だといえよう。

　また，病院での「患者様」という呼び方が問題になっている。「患者」も「お客様扱い」にされる時代なのだろう。もちろん，患者とお客様とを一緒にするには，それぞれの言葉の認識（「患っている者」と「客」という捉えかた）にずれがあるので，違和感を覚える人が多いのだろうと思う。ただし，意識の点から見れば，一つの工夫（それが良い工夫かどうかは別として）だろうと考えられる。

　ここで問題にしたいのは，自分が「患者様」と呼んでいる理由もわからずに，そう言えと言われているからそう言っているのだ，という無自覚，あるいは居直ったコミュニケーションをしている姿勢である。

　気になる言い方や表現があったとき，それが良いとか悪いとか，正しいのか間違っているのか，という以前に，なぜそういう言い方や表現があるのか，どうしてそれが広まっているのか，といったことも含めて，よく考える必要がある。その上で，自分は一体どういう言い方や表現を選ぶのか，それによって，自分の本当の気持ちや姿勢が表せるのかどうか，そうしたこともよく考えることが重要だろう。「敬語コミュニケーション」は敬語だけの問題ではなく，考慮しなければならない点が本当にいろいろある。それを一々考え，悩んでいたのではコミュニケーションができなくなってしまうが，あえてそこを考えることに意味があると思う。そこから見えてくるものこそが，自らの「敬語コミュニケーション」といえるわけである。

検討課題21　A3

　いわゆる「マニュアル敬語」をどう捉えるのかは，敬語コミュニケーションの根本に立ち戻ることで明らかになる。誤用の問題と同様，表現主体の表現行為としてみたとき，理解主体の理解行為としてみたとき，第三者の観察主体の立場でみたとき，それぞれの観点によって，マニュアル敬語問題も異なるものとして捉えられる。

　表現主体としては，細心の注意を払って表現することを心がけ，理解主体としては内容の理解に支障が生じない限り多少の誤りは大らかに受け止め，観察主体としては，そうしたそれぞれの立場に立ちつつ，なぜそれが問題になるのかを示していくことが必要だろう。

　ただし，こうした意識を持つこと自体，個々のコミュニケーション主体がどう考えるのかによるので，第三者がこうしなければならないと言ったところであまり意味がない。しかし，敬語コミュニケーション教育のあり方としては，コミュニケーション主体が様々な選択肢があることを理解した上で自らが選び取る意識を高め，養っていくことが大切なのではないだろうか。

　以上，敬語コミュニケーションを考察するための論点を引き出すために，「敬語の指針」，蒲谷（2007b）で示した課題を基に検討してきた。

　これらの課題については，主に語句や文単位で問題点を示し，それに対する敬語コミュニケーション上の論点は何かということに関する見解を述べてきたわけだが，A3は，従来の捉え方を乗り越えるために，待遇コミュニケーションの観点から記述しようとしたものである。

　次に，「文話」単位における敬語コミュニケーションについて考えていきたいと思う。

2.「文話」における敬語コミュニケーション

　ここでは，1で検討してきた論点も踏まえつつ，敬語が用いられている表現を「文話」単位で採り上げ，それを基に，敬語コミュニケーションについて考察していきたいと思う。

⑴ **検討1**

　まず，一つの実例として，「敬語の指針」の中に載っている文部科学大臣からの諮問理由説明の文章（「御挨拶」を文章化したもの）を【検討資料1】として扱うことにする。これは，平成17年3月30日の文化審議会総会におけるも

ので，「敬語の指針」の参考資料として，掲載されている資料である。公的な場における諮問の理由説明に関する「御挨拶」であるため，全体として，かなりレベルの高い敬語が数多く用いられている敬語コミュニケーションとして捉えることができる。音声表現を文字表現にした（「御挨拶」という観点からすれば，文字表現を音声表現にした）資料であると思われるため，談話でも文章でもなく，その意味ではまさに「文話」と呼ぶしかないものだといえるだろう。ただし，ここで問題にするのは，そのような単位の性質に関する点ではなく，あくまでも敬語コミュニケーションとしての特徴である。

【検討資料1】**************************************

文部科学大臣諮問理由説明

平成17年3月30日

1　このたびの諮問を行うに当たり，一言ごあいさつ申し上げます。

　委員の皆様におかれましては，御多用中にもかかわらず御出席いただきまして誠にありがとうございます。平成13年に設置されましたこの文化審議会には，これまでに「文化を大切にする社会の構築について」など三つの御答申をおまとめいただいたほか，各分科会においても精力的な御審議が行われていると伺っております。
　文化審議会で御検討いただきます様々な課題は，いずれも我が国の文化の振興にとって重要な事項でございますが，とりわけ，国語，すなわち私たち日本人の母語である日本語の問題は，全国民に直接かかわる問題であり，我が国の文化や社会の基盤にもかかわる極めて重要な問題であると考えております。
　国語の問題に関しては，昨年の2月に「これからの時代に求められる国語力について」の御答申をいただきましたが，その中に述べられている「現在の我が国の状況を考えるとき，今日ほど国語力の向上が強く求められている時代はない。」という御認識は，そのまま今の私の認識でもございます。
　本年2月，文化審議会国語分科会が「国語分科会で今後取り組むべき課題について」の御報告をおまとめになりました。国語，言葉の問題は，極めて広範にわたり，多様な問題が存在いたします。しかしながら，それぞれの問題の緊急性，重要性にはおのずと濃淡があることは申すまでもありません。
　分科会の御報告は，問題の緊急性，重要性から見て，「敬語に関する具体的な指針の作成について」及び「情報化時代に対応する漢字政策の在り方につい

て」の二つの課題を今後取り組むべき大事な課題であると指摘されています。様々な課題の中からこれらの二つについて御提言いただいたことに，私は分科会各委員の御見識の高さを感じた次第であります。
　本日の諮問は，この国語分科会のおまとめになった御報告に沿って二つの課題の検討をお願いするものであります。

2　今後，御審議を進めていただくに当たり，二つの諮問事項について私の考えているところを若干申し述べたいと存じます。

(1)　まず初めに，敬語の具体的な指針の作成に関連して申し上げます。
　敬語は，我が国の大切な文化として受け継がれてきたものであるとともに，社会生活における人々のコミュニケーションを円滑にし，人間関係を構築していく上で欠くことのできないものであります。
　最初にお願いしたいことは，現在の社会生活に不可欠な存在である敬語を，現時点で，どのように位置付け，そして，それをどのように将来の社会にまで引き継いでいくのかという観点を指針作成に当たって大事にしていただきたいということであります。
　すなわち，作成される指針は，現在の人々の言語生活に資するだけでなく，将来の敬語の在り方にも影響を与えるものであるという点を十分に踏まえて，検討をお願いしたいということであります。このことは伝統的な敬語の使い方だけが正しく望ましいという意味では決してありません。むしろ，大切な文化だからこそ，使いやすく分かりやすい敬語の在り方や使い方をお示しいただきたいというのが私の率直な気持ちであります。

(2)　次に，情報化時代に対応する漢字政策の在り方に関連して申し上げます。
　パソコンや携帯電話等の情報機器の急速な普及によって，人々の文字環境は大きく変化してきています。これらの情報機器には驚くほどの数の漢字が搭載されており，その結果，社会生活で目にする漢字の数も確実に増えているように感じられます。このような変化に伴って，人々の漢字使用にかかわる意識もどちらかと言えば，より多くの漢字を使いたいという方向に動きつつあるように見受けられます。このこと自体は決して悪いこととは思いません。しかしながら，法令・公用文書・新聞・雑誌・放送など，一般の社会生活における漢字使用を考えるときには，意思疎通の手段としての漢字という観点が極めて重要であり，単純に漢字の数が多ければ多いほどよいとするわけには行きません。
　情報化の急速な進展によってもたらされたこのような社会変化の中で，人々

の共通の理念となるような「漢字にかかわる基本的な考え方」を整理し，提示していく必要があるのではないかと感じております。端的には，日本の漢字をどのように考えていくのか，この点について，大局的な見地に立った御判断をお示しいただければ大変に有り難いと存じます。

　常用漢字表の見直しにしても，固有名詞の取扱いにしても，手書きをどのように位置付けるかにしても，正にこの基本理念に基づいて検討されるべき課題であろうと考えます。甚だ難しいお願いではありますが，このことの重要性にかんがみて御検討のほどよろしくお願いいたします。

3　以上，今回の御審議に当たり，特に御検討をお願いしたい点について申し上げましたが，幅広い視野の下に，忌憚のない御審議をしてくださるようお願い申し上げまして，私のごあいさつといたします。

「敬語の指針」（文化審議会答申）参考資料より

＊＊＊＊＊＊＊＊＊＊＊＊＊＊＊＊＊＊＊＊＊＊＊＊＊＊＊＊＊＊＊＊＊

待遇コミュニケーションとしての枠組みは，以下のとおりである。

「コミュニケーション主体」
　　［CSx］…文部科学大臣。
　　［CSy］…文化審議会委員
「場面」
　　［CSx］表現主体として
　　　［J］…諮問理由を述べる立場としての文部科学大臣。
　　　［A］…「当の相手」は，文化審議会委員（および「脇の相手」として，その場にいる関係者。さらに，この「御挨拶」が文書となり，公開されることを意識していれば，それを読む不特定多数の人）。
　　　　　［Aレベル・＋1］
　　［CSy］理解主体として
　　　［J］…諮問理由を聞く立場としての文化審議会委員（の一人）。
　　　［A］…諮問理由を述べる文部科学大臣。
　　　［B］…文化審議会総会。［Bレベル・＋1］
「意識」…文化審議会の総会において，諮問の理由を委員に伝えたい。
「内容」…文化審議会に諮問する理由。
「形式」…上記文章として示されたもの。

この「文話」の文体としては，文末や節末が「丁重語」＋「丁寧文体語」，あるいは，「丁寧文体語」になっているため，丁重文体であるといえる。そうした文体を選ぶ理由としては，この「御挨拶」が極めて公的な性格の強い敬語表現であり，そのことを強く意識する必要のあることが挙げられる。丁重語，丁重語＋丁寧文体語，丁寧文体語（総称して「丁重系の敬語」）に当たる個所を囲んで示すと次のようになる。

【検討資料1① 丁重系の敬語】 ＊＊＊＊＊＊＊＊＊＊＊＊＊＊＊＊＊＊＊＊＊＊

文部科学大臣諮問理由説明

平成17年3月30日

1　このたびの諮問を行うに当たり，一言ごあいさつ申し上げます。

　委員の皆様におかれましては，御多用中にもかかわらず御出席いただきまして誠にありがとう ございます 。平成13年に設置されましたこの文化審議会には，これまでに「文化を大切にする社会の構築について」など三つの御答申をおまとめいただいたほか，各分科会においても精力的な御審議が行われていると伺っ ております 。

　文化審議会で御検討いただきます様々な課題は，いずれも我が国の文化の振興にとって重要な事項 でございます が，とりわけ，国語，すなわち私たち日本人の母語である日本語の問題は，全国民に直接かかわる問題であり，我が国の文化や社会の基盤にもかかわる極めて重要な問題であると考え ております 。

　国語の問題に関しては，昨年の2月に「これからの時代に求められる国語力について」の御答申をいただきましたが，その中に述べられている「現在の我が国の状況を考えるとき，今日ほど国語力の向上が強く求められている時代はない。」という御認識は，そのまま今の私の認識でも ございます 。

　本年2月，文化審議会国語分科会が「国語分科会で今後取り組むべき課題について」の御報告をおまとめになりました。国語，言葉の問題は，極めて広範にわたり，多様な問題が 存在いたします 。しかしながら，それぞれの問題の緊急性，重要性にはおのずと濃淡があることは 申す までもありません。

　分科会の御報告は，問題の緊急性，重要性から見て，「敬語に関する具体的な指針の作成について」及び「情報化時代に対応する漢字政策の在り方について」の二つの課題を今後取り組むべき大事な課題であると指摘されています。様々な課題の中からこれらの二つについて御提言いただいたことに，私は分科

会各委員の御見識の高さを感じた次第 であります 。
　本日の諮問は，この国語分科会のおまとめになった御報告に沿って二つの課題の検討をお願いするもの であります 。

2　今後，御審議を進めていただくに当たり，二つの諮問事項について私の考えているところを若干 申し述べ たいと 存じます 。

(1)　まず初めに，敬語の具体的な指針の作成に関連して申し上げます。
　敬語は，我が国の大切な文化として受け継がれてきたものであるとともに，社会生活における人々のコミュニケーションを円滑にし，人間関係を構築していく上で欠くことのできないもの であります 。
　最初にお願いしたいことは，現在の社会生活に不可欠な存在である敬語を，現時点で，どのように位置付け，そして，それをどのように将来の社会にまで引き継いでいくのかという観点を指針作成に当たって大事にしていただきたいということ であります 。
　すなわち，作成される指針は，現在の人々の言語生活に資するだけでなく，将来の敬語の在り方にも影響を与えるものであるという点を十分に踏まえて，検討をお願いしたいということ であります 。このことは伝統的な敬語の使い方だけが正しく望ましいという意味では決してありません。むしろ，大切な文化だからこそ，使いやすく分かりやすい敬語の在り方や使い方をお示しいただきたいというのが私の率直な気持ち であります 。

(2)　次に，情報化時代に対応する漢字政策の在り方に関連して申し上げます。
　パソコンや携帯電話等の情報機器の急速な普及によって，人々の文字環境は大きく変化してきています。これらの情報機器には驚くほどの数の漢字が搭載され ており ，その結果，社会生活で目にする漢字の数も確実に増えているように感じられます。このような変化に伴って，人々の漢字使用にかかわる意識もどちらかと言えば，より多くの漢字を使いたいという方向に動きつつあるように見受けられます。このこと自体は決して悪いこととは思いません。しかしながら，法令・公用文書・新聞・雑誌・放送など，一般の社会生活における漢字使用を考えるときには，意思疎通の手段としての漢字という観点が極めて重要であり，単純に漢字の数が多ければ多いほどよいとするわけには行きません。
　情報化の急速な進展によってもたらされたこのような社会変化の中で，人々の共通の理念となるような「漢字にかかわる基本的な考え方」を整理し，提示していく必要があるのではないかと感じ ております 。端的には，日本の漢字

をどのように考えていくのか，この点について，大局的な見地に立った御判断をお示しいただければ大変に有り難いと 存じます 。
　常用漢字表の見直しにしても，固有名詞の取扱いにしても，手書きをどのように位置付けるかにしても，正にこの基本理念に基づいて検討されるべき課題であろうと考えます。甚だ難しいお願いではありますが，このことの重要性にかんがみて御検討のほどよろしく お願いいたします 。

3　以上，今回の御審議に当たり，特に御検討をお願いしたい点について申し上げましたが，幅広い視野の下に，忌憚のない御審議をしてくださるようお願い申し上げまして，私のごあいさつと いたします 。

＊＊＊＊＊＊＊＊＊＊＊＊＊＊＊＊＊＊＊＊＊＊＊＊＊＊＊＊＊＊＊＊＊

　丁重系の敬語を整理すると，以下のようになる。

　　丁重語
　　　（て）おる・申す・申し述べる
　　丁重語＋丁寧文体語
　　　いたします・ございます・存じます・〜ております・存在いたします
　　丁重文体語
　　　であります・（で）ございます
　　尊重丁重語＋丁寧文体語
　　　お願いいたします

　全体的に「丁重系の敬語」が用いられることで，この「御挨拶」全体が改まりの高い敬語表現になっていることは明らかである。
　基本的に「ございます体」であるといえるが，1の終盤，2の(1)では，「であります」が多用されており，その意味では演説調の「であります体」になっていることがわかる。この箇所は，表現主体の思いが述べられているところなので，その意識が形式につながっているといえるのかもしれない。逆に，2の(2)では，丁重系の文末ではなく，丁寧文体語以外の敬語自体もあまり用いられていない。相手に対する働きかけの意識や内容があまりない箇所には，同じ「文話」の中でも丁重系の敬語が使われない傾向があるといえる。
　なお，丁重系の敬語ではないが，「委員の皆様におかれましては」「お願い申し上げまして」などにおける「マス」の使い方にも，「文話」全体の丁重感を上げる働きがあるといえるだろう。

次に，相手である文化審議会委員に対して「高める」敬語，「直接尊重語」「恩恵直接尊重語」「間接尊重語」「恩恵間接尊重語」「尊重丁重語」（総称して「尊重系の敬語」）などがどの程度，どのように用いられているのかを確認しておく。それらを☐で示すと次のようになる。

【検討資料１②　尊重系の敬語】＊＊＊＊＊＊＊＊＊＊＊＊＊＊＊＊＊＊＊＊＊＊＊

文部科学大臣諮問理由説明

平成17年３月30日

１　このたびの諮問を行うに当たり，一言 ごあいさつ申し上げ ます。

　委員の 皆様 に おかれ ましては， 御多用中 にもかかわらず 御出席いただき まして誠にありがとうございます。平成13年に設置されましたこの文化審議会には，これまでに「文化を大切にする社会の構築について」など三つの 御答申 を おまとめいただい たほか，各分科会においても精力的な 御審議 が行われていると 伺っ ております。
　文化審議会で 御検討いただき ます様々な課題は，いずれも我が国の文化の振興にとって重要な事項でございますが，とりわけ，国語，すなわち私たち日本人の母語である日本語の問題は，全国民に直接かかわる問題であり，我が国の文化や社会の基盤にもかかわる極めて重要な問題であると考えております。
　国語の問題に関しては，昨年の２月に「これからの時代に求められる国語力について」の 御答申 を いただき ましたが，その中に述べられている「現在の我が国の状況を考えるとき，今日ほど国語力の向上が強く求められている時代はない。」という 御認識 は，そのまま今の私の認識でもございます。
　本年２月，文化審議会国語分科会が「国語分科会で今後取り組むべき課題について」の 御報告 を おまとめになり ました。国語，言葉の問題は，極めて広範にわたり，多様な問題が存在いたします。しかしながら，それぞれの問題の緊急性，重要性にはおのずと濃淡があることは申すまでもありません。
　分科会の 御報告 は，問題の緊急性，重要性から見て，「敬語に関する具体的な指針の作成について」及び「情報化時代に対応する漢字政策の在り方について」の二つの課題を今後取り組むべき大事な課題であると 指摘され ています。様々な課題の中からこれらの二つについて 御提言いただい たことに，私は分科会各委員の 御見識 の高さを感じた次第であります。
　本日の諮問は，この国語分科会の おまとめになっ た 御報告 に沿って二つ

の課題の検討を お願いする ものであります。

2　今後, 御審議 を 進めていただく に当たり, 二つの諮問事項について私の考えているところを若干申し述べたいと存じます。

(1)　まず初めに, 敬語の具体的な指針の作成に関連して 申し上げ ます。
　敬語は, 我が国の大切な文化として受け継がれてきたものであるとともに, 社会生活における人々のコミュニケーションを円滑にし, 人間関係を構築していく上で欠くことのできないものであります。
　最初に お願いし たいことは, 現在の社会生活に不可欠な存在である敬語を, 現時点で, どのように位置付け, そして, それをどのように将来の社会にまで引き継いでいくのかという観点を指針作成に当たって大事に していただき たいということであります。
　すなわち, 作成される指針は, 現在の人々の言語生活に資するだけでなく, 将来の敬語の在り方にも影響を与えるものであるという点を十分に踏まえて, 検討を お願いし たいということであります。このことは伝統的な敬語の使い方だけが正しく望ましいという意味では決してありません。むしろ, 大切な文化だからこそ, 使いやすく分かりやすい敬語の在り方や使い方を お示しいただき たいというのが私の率直な気持ちであります。

(2)　次に, 情報化時代に対応する漢字政策の在り方に関連して 申し上げ ます。
　パソコンや携帯電話等の情報機器の急速な普及によって, 人々の文字環境は大きく変化してきています。これらの情報機器には驚くほどの数の漢字が搭載されており, その結果, 社会生活で目にする漢字の数も確実に増えているように感じられます。このような変化に伴って, 人々の漢字使用にかかわる意識もどちらかと言えば, より多くの漢字を使いたいという方向に動きつつあるように見受けられます。このこと自体は決して悪いこととは思いません。しかしながら, 法令・公用文書・新聞・雑誌・放送など, 一般の社会生活における漢字使用を考えるときには, 意思疎通の手段としての漢字という観点が極めて重要であり, 単純に漢字の数が多ければ多いほどよいとするわけには行きません。
　情報化の急速な進展によってもたらされたこのような社会変化の中で, 人々の共通の理念となるような「漢字にかかわる基本的な考え方」を整理し, 提示していく必要があるのではないかと感じております。端的には, 日本の漢字をどのように考えていくのか, この点について, 大局的な見地に立った 御判断 を お示しいただけれ ば大変に有り難いと存じます。

常用漢字表の見直しにしても，固有名詞の取扱いにしても，手書きをどのように位置付けるかにしても，正にこの基本理念に基づいて検討されるべき課題であろうと考えます。甚だ難しい お願い ではありますが，このことの重要性にかんがみて 御検討 のほどよろしく お願いいたし ます。

3　以上，今回の 御審議 に当たり，特に 御検討 を お願いし たい点について 申し上げ ましたが，幅広い視野の下に，忌憚のない 御審議 を してくださる よう お願い申し上げ まして，私の ごあいさつ といたします。

＊＊＊＊＊＊＊＊＊＊＊＊＊＊＊＊＊＊＊＊＊＊＊＊＊＊＊＊＊＊＊＊＊＊＊＊＊

尊重系の敬語を整理すると，次のようになる。

　　直接尊重語
　　　おかれる・おまとめになる・御見識・御検討・御審議・御多用中・御答申・御認識・御判断・御報告・指摘される・皆様
　　恩恵直接尊重語
　　　してくださる
　　間接尊重語
　　　伺う・お願い・お願いする・お願い申し上げる・ごあいさつ・ごあいさつ申し上げる・申し上げる
　　恩恵間接尊重語
　　　いただく・お示しいただく・お示しいただける・おまとめいただく・御検討いただく・御出席いただく・ご提言いただく・していただく・進めていただく
　　尊重丁重語
　　　お願いいたす

　直接尊重語は，「～ラレル」「オ／ゴ～ニナル」といった典型的な形式は少なく（「オ／ゴ～ナサル」は1例もない），ゴ＋漢語系の動作性名詞が多くなっている。恩恵直接尊重語は，最後に「してくださる」が1例あるだけで，恩恵間接尊重語が多用されていることに比べ，際立って少ない。これは，諮問理由説明ということから，動作主体を自分側にする「イタダク系」が用いられる傾向になるためだといえよう。
　間接尊重語は，当然のことながら，「お願い」「ごあいさつ」という語に関するものが多い。恩恵間接尊重語は，先に述べたように，諮問ということの趣旨

からイタダク系が多く用いられていると考えられる。ちなみに，本章第2節1で扱った検討課題8「ご利用いただきまして，ありがとうございます。」が適切かどうかという課題であるが，文部科学大臣も「御出席いただきまして誠にありがとうございます。」と用いていることからも，すでに問題のない表現であるといえるだろう。

　尊重丁重語としては，「お願いいたし（ます）」の1例だけである。

　これらの「尊重系の敬語」すなわち「高める敬語」は，冒頭の挨拶部分と，最後の締めくくりの部分に多用されていることがわかる。その一方で，先に示した「丁重系の敬語」すなわち「改まりの敬語」もあまり用いられていなかった，2(2)の部分には，「尊重系の敬語」も少ない。ここは情報化時代の実状に触れているところであり，高めるべき対象がない「内容」を持つ場合であるといえる。

　尊重系の敬語は，他者（この場合は，相手となる審議会委員）を高めるために用いられており，丁重系の敬語は，「御挨拶」や公的文書となることへの配慮から用いられていると考えられる。もちろん，改まりの意識によって尊重系の敬語が用いられるということもできるため，実際の表現においてはそれほど明確な区分ではないが，それぞれの敬語が持つ性質が「文話」全体に反映していることは明らかであろう。

　最後に，敬語ではないが，敬語に準じて捉えることのできる語（総称して「準敬語」）について見ていきたい。こうした準敬語によっても，「文話」全体の改まり感が形成されているからである。

【検討資料1③ 準敬語】＊＊＊＊＊＊＊＊＊＊＊＊＊＊＊＊＊＊＊＊＊＊＊＊＊＊＊

文部科学大臣諮問理由説明

平成17年3月30日

1　 このたび の諮問を行うに当たり，一言ごあいさつ申し上げます。

　委員の皆様におかれましては，御多用中にもかかわらず御出席いただきまして 誠に ありがとうございます。平成13年に設置されましたこの文化審議会には，これまでに「文化を大切にする社会の構築について」など三つの御答申をおまとめいただいたほか，各分科会においても精力的な御審議が行われていると伺っております。

文化審議会で御検討いただきます様々な課題は，いずれも 我が国の文化の振興にとって重要な事項でございますが，とりわけ，国語，すなわち私たち日本人の母語である日本語の問題は，全国民に直接かかわる問題であり，我が国の文化や社会の基盤にもかかわる極めて重要な問題であると考えております。
　国語の問題に関しては，昨年 の２月に「これからの時代に求められる国語力について」の御答申をいただきましたが，その中に述べられている「現在の我が国の状況を考えるとき，今日ほど国語力の向上が強く求められている時代はない。」という御認識は，そのまま今の私の認識でもございます。
　本年 ２月，文化審議会国語分科会が「国語分科会で今後取り組むべき課題について」の御報告をおまとめになりました。国語，言葉の問題は，極めて広範にわたり，多様な問題が存在いたします。しかしながら，それぞれの問題の緊急性，重要性には おのずと 濃淡があることは申すまでもありません。
　分科会の御報告は，問題の緊急性，重要性から見て，「敬語に関する具体的な指針の作成について」及び「情報化時代に対応する漢字政策の在り方について」の二つの課題を今後取り組むべき大事な課題であると指摘されています。様々な課題の中からこれらの二つについて御提言いただいたことに，私は分科会各委員の御見識の高さを感じた 次第 であります。
　本日 の諮問は，この国語分科会のおまとめになった御報告に沿って二つの課題の検討をお願いするものであります。

２　今後，御審議を進めていただくに当たり，二つの諮問事項について私の考えているところを若干申し述べたいと存じます。

(1)　まず初めに，敬語の具体的な指針の作成に関連して申し上げます。
　敬語は，我が国の大切な文化として受け継がれてきたものであるとともに，社会生活における人々のコミュニケーションを円滑にし，人間関係を構築していく上で欠くことのできないものであります。
　最初にお願いしたいことは，現在の社会生活に不可欠な存在である敬語を，現時点で，どのように位置付け，そして，それをどのように将来の社会にまで引き継いでいくのかという観点を指針作成に当たって大事にしていただきたいということであります。
　すなわち，作成される指針は，現在の人々の言語生活に資するだけでなく，将来の敬語の在り方にも影響を与えるものであるという点を十分に踏まえて，検討をお願いしたいということであります。このことは伝統的な敬語の使い方だけが正しく望ましいという意味では決してありません。むしろ，大切な文化

だからこそ，使いやすく分かりやすい敬語の在り方や使い方をお示しいただきたいというのが私の率直な気持ちであります。

(2) 次に，情報化時代に対応する漢字政策の在り方に関連して申し上げます。
　パソコンや携帯電話等の情報機器の急速な普及によって，人々の文字環境は大きく変化してきています。これらの情報機器には驚くほどの数の漢字が搭載されており，その結果，社会生活で目にする漢字の数も確実に増えているように感じられます。このような変化に伴って，人々の漢字使用にかかわる意識もどちらかと言えば，より多くの漢字を使いたいという方向に動きつつあるように見受けられます。このこと自体は決して悪いこととは思いません。しかしながら，法令・公用文書・新聞・雑誌・放送など，一般の社会生活における漢字使用を考えるときには，意思疎通の手段としての漢字という観点が極めて重要であり，単純に漢字の数が多ければ多いほどよいとするわけには行きません。
　情報化の急速な進展によってもたらされたこのような社会変化の中で，人々の共通の理念となるような「漢字にかかわる基本的な考え方」を整理し，提示していく必要があるのではないかと感じております。端的には，日本の漢字をどのように考えていくのか，この点について，大局的な見地に立った御判断をお示しいただければ大変に有り難いと存じます。
　常用漢字表の見直しにしても，固有名詞の取扱いにしても，手書きをどのように位置付けるかにしても，正にこの基本理念に基づいて検討されるべき課題であろうと考えます。甚だ難しいお願いではありますが，このことの重要性にかんがみて御検討のほどよろしくお願いいたします。

3　以上，今回の御審議に当たり，特に御検討をお願いしたい点について申し上げましたが，幅広い視野の下に，忌憚のない御審議をしてくださるようお願い申し上げまして，私のごあいさつといたします。

＊＊＊＊＊＊＊＊＊＊＊＊＊＊＊＊＊＊＊＊＊＊＊＊＊＊＊＊＊＊＊＊＊＊

　敬語に準じるものという点に関する厳密な判断は難しいのだが，一つの基準として，通常用いる別の語があり，それと比べて「改まり」や「かたさ」などが感じられるものが挙げられるだろう。整理すると，次のようなものが使われていることがわかる。

　　いずれも←どれも　　　おのずと←自然と　　　かんがみて←照らして
　　このたび←今回　　　　昨年←去年　　　　　　次第←わけ

とりわけ←特に　　　　甚だ←大変・非常に　　本日←今日
本年←今年　　　　　　誠に←本当に　　　　　正に←本当に

　以上のように，丁重系の敬語，尊重系の敬語，そして準敬語を用いることにより，御挨拶としての「改まり」を表すとともに，「当の相手」となる審議会の委員を高めることが可能になっている。
　敬語コミュニケーションの観点からは，理解主体である審議会の委員（の一人）として，その敬語表現をどう受け止め，理解するかという観点が重要になる。それは，もちろん理解主体の一人一人で異なるものではあるが，観察主体として見ると，コミュニケーション主体（表現主体）である文部科学大臣の諮問理由説明という意図を実現するためにふさわしい「文話」としての敬語表現となっていると感じられ，理解主体（「御挨拶」の聞き手・この文書の読み手）としても，その諮問理由に関する意識や内容が明確に受け取れる敬語表現になっているということができよう。もちろんそれだけに，極めて公的な性格を帯びた，形式的であり，「典型的」ともいえる「文話」となっている点は否めない。ただしその一方で，「私の考えているところ」を述べる部分については，「私の率直な気持ちであります。」と述べられていることからも，表現主体の思いが，その内容や，「であります」体という形式にも現れていると感じられる。なお，ここではこの「文話」が「文部科学大臣」と立場において表現された「諮問理由説明」であるということが重要なので，実際の表現主体がだれであるのかという点は問題にしない。
　この敬語コミュニケーションが敬意コミュニケーションでもあるのかどうかは，理解主体によってその判断が異なるだろうが，敬語の用いられ方や，文章の展開，内容から見ると，相手に対する最大限の配慮を示しつつ，諮問理由を述べるという自己表現を行った「文話」であると考えられる。その意味で，ここに見られる配慮の示し方，それに関する敬語表現，そして，諮問理由についての述べ方，その展開のしかたなどは，公的な意味合いの強い敬語コミュニケーションの典型例と見做すことができるだろう。また，用いられる敬語の種類や程度は異なるとしても，この「文話」のような配慮の示し方，敬語や敬語に準じる語句の使い方などは，個人間のコミュニケーションにおいても共通性が見出せるものだと考えられる。

(2) **検討2**
　次に，談話（を文字化したもの）としてのシナリオでの例を取り上げ，敬語コミュニケーションについて考えていきたいと思う。もちろん，実際のドラマ

は，このシナリオを音声化したものであり，その意味では，談話資料とも文章資料とも呼べない「文話」としての資料ということになるだろう。

例としては，『拝啓，父上様』（倉本聰脚本）の中のいくつかの場面を扱うことにする。

なお，以下の場面全体を通じた，真のコミュニケーション主体（表現主体）は，脚本家としての倉本聰であり，理解主体はこのシナリオを読む主体である読者，あるいは，このシナリオに基づくドラマを観る主体である視聴者ということになるが，ここでは，それぞれの場面における登場人物をその場面におけるコミュニケーション主体として捉え，記述していくことにする。

＊＊＊＊＊＊＊＊＊＊＊＊＊＊＊＊＊＊＊＊＊＊＊＊＊＊＊＊＊＊＊＊

【場面1】
待遇コミュニケーションとしての枠組みは，以下のとおりである。

「コミュニケーション主体」
　　［CSx］…坂下夢子（八千草薫）。料亭坂下の大女将。
　　［CSy］…小宮竜次（梅宮辰夫）。料亭坂下の板前（花板）。
「場面」
　　［CSx］
　　　　［J］…料亭坂下の大女将。
　　　　［A］…竜次。料亭坂下の板前（花板）。［Aレベル・−1］
　　　　［W］…［WAJ］熊沢の正妻（森光子）［Wレベル・+1］
　　　　　　　［WAJ］坂下律子（岸本加世子）娘。料亭坂下の若女将。［Wレベル・−1］
　　　　　　　［WAJ］坂下保（高橋克美）娘婿。料亭坂下の板前。［Wレベル・0］
　　［CSy］
　　　　［J］…料亭坂下の板前（花板）。
　　　　［A］…夢子。料亭坂下の大女将。［Aレベル・+1］
　　　　［W］…［WAJ］熊沢の正妻（森光子）［Wレベル・+1］
　　　　　　　［WAJ］坂下律子（岸本加世子）娘。料亭坂下の若女将。［Wレベル・0］
　　　　［B］…携帯電話での会話。［Bレベル・0］

床屋
　　刈ってもらっている竜次。
p.71
　　ケイタイのベル。
p.72
竜次「失礼。(―とる) はい」

夢子（夢子の部屋）
夢子「(蒼白) 竜さん大変！今，熊沢の奥様からいきなりじかに電話がかかって来て，これからこっちにみえるって」

竜次
竜次「どういうことです」
夢子の声「判らないの！どうしよう！どうしたらいい!?」
竜次「律子さんはいないンですか」

夢子
夢子「律子も保さんも誰もいないのよ！」
竜次の声「あちらは，どなたと見えるンです。お一人なンですか，それともどなたかと」
夢子「それが判らないの！私動転して聞くの忘れちゃって」
竜次の声「お逢いになったことあるンですか以前」
夢子「とんでもない！逢えるわけないじゃありませんか！ねぇ竜次さんどう思う!?　なんか，恐い人ついて来ると思う!?」

竜次
竜次「恐いってどういう意味ですか」
夢子の声「だから弁護士とか―会計士とか―さもなきゃもっと恐い人とか」

夢子
夢子「ねぇ竜さん私，逢わない方が良くない!?　どっか逃げるとか押入れにかくれるとか」
竜次の声「でももういるって仰言（おっしゃ）っちゃったんでしょう」
夢子「そうなの！待つって仰言（おっしゃ）っちゃったの！」
竜次の声「それじゃもう待つしか仕様がないでしょう」

夢子「ホント？どうしよう！とにかく竜さんすぐ帰ってきて！」
竜次の声「帰りますけど今頭半分刈りかけで」

竜次
竜次「出来るだけ早く，とにかく帰ります」
夢子の声「お願いよ！早くね！嘘つかないでよ！」
竜次「わかりました」

＊＊＊＊＊＊＊＊＊＊＊＊＊＊＊＊＊＊＊＊＊＊＊＊＊＊＊＊＊＊＊＊＊

【場面2】
　待遇コミュニケーションとしての枠組みは，以下のとおりである。

「コミュニケーション主体」
　　［CSx］…坂下夢子（八千草薫）。熊沢の二号。料亭坂下の大女将。
　　［CSy］…熊沢の正妻（森光子）。
「場面」
　　［CSx］
　　　　［J］…熊沢の二号。料亭坂下の女将。
　　　　［A］…熊沢の正妻。初対面。［Aレベル・＋1］
　　　　［W］…［WAJ］熊沢（小林桂樹）。旦那。
　　［CSy］
　　　　［J］…熊沢の正妻。
　　　　［A］…熊沢の二号。料亭坂下の女将。初対面。［Aレベル・＋1］
　　　　［W］…［WAJ］熊沢（小林桂樹）。夫。
　　　　［B］…料亭坂下の座敷（杉の間）での会談。［Bレベル・＋1］

杉の間
夢子の声「失礼いたします」
　　ふすまが開いてすべりこむ夢子。
　　中へ入ってまずお茶を出す。
夢子「（窒息しそうな声で）いらっしゃいませ」
　　夫人，座布団を下り畳に手をつく。
夫人「坂下さんでいらっしゃいますか」
夢子「夢子と申します」
夫人「熊沢の家内でございます。主人が長いことお世話になりながら，これま

でご挨拶にも伺いませんで」
夢子「とんでもございません！こちらこそ―」
夫人「それとこの度は私としたことが気が動転しておりまして，あなた様のこ
　　　とに気が廻らず，御連絡をすることも忘れてしまっていて。本当に申し訳
　　　ございませんでした」
夢子「何を仰言います！テレビや新聞で知っておりましたのに，こちらこそ何
　　　も―いたしませんで」
夫人「――」
夢子「ま，あの，どうぞ。さめませんうちに」
夫人「頂戴します」
　　　　お茶を飲む夫人。
　　　　――飲み終って。
　　　　間。
夢子「東済会病院の林田婦長さんにも，色々余計な気苦労をかけてしまいまし
　　　た」
　　　夢子。
夫人「おあずかりしたお守りはたしかに，主人の胸に抱かせました」
夢子「―――！！」
夫人「最期に指先が触れておりましたから，本人も判っていたようでございま
　　　す。どうか御安心なすって下さい」
　　　　夢子。
　　　　間。
　　　　いきなり畳に平伏する。
夢子「申し訳ございません！」

p.76
杉の間
　　　　一人。
夫人「鼓の名手でいらっしゃるとか」
夢子「とんでもございません。ほんの生かじりで」
　　　　間。
夫人「密葬は一昨日内輪ですませましたが，党の主催する告別式が青山斎場で
　　　来月ございます。」
夢子「――ハイ」
夫人「失礼でなければ御案内状を」

夢子「いえもう。お気持ちはうれしゅうございますが私などの行く場所ではございませんので」
夫人「──（一寸うなずく）」
夢子「ありがとうございます」
夫人「──」
　　間。
夫人「党の方々がどんどん進めて下さいますので，主人が死んだって気に仲々なれませんの（一寸笑う）」
夢子「──」
夫人「お葬儀馴れした方がいっぱいいらして」
夢子「──」
　　間。
夫人「（一寸笑う）いやですわねぇあんまり，テキパキやられるのも」
夢子「──」
　　間。
夢子「あの，──御遺体はもう」
夫人「一昨日茶毘に伏しました」
夢子「──」
夫人「お遺骨はいずれ，多摩墓地の方に納めます」
夢子「──」
夫人「その頃には静かになると思いますので更めてお報せいたしますから──参ってあげて下さいましね」
夢子「必ず。──お心づかい，ありがとうございます」
　　間。
夫人「（ポツリ）もう一度ここへ来たかったでしょうねあの人」

＊＊＊＊＊＊＊＊＊＊＊＊＊＊＊＊＊＊＊＊＊＊＊＊＊＊＊＊＊＊＊＊＊＊＊＊＊＊＊

【場面3】
　待遇コミュニケーションとしての枠組みは，以下のとおりである。

「コミュニケーション主体」
　　[CSx]…坂下夢子（八千草薫）。母。料亭坂下の大女将。
　　[CSy]…坂下律子（岸本加世子）。娘。料亭坂下の若女将。
「場面」
　　[CSx]

　　　　［J］…母。料亭坂下の大女将。
　　　　［A］…律子。娘。料亭坂下の若女将。［Aレベル・－1］
　　　　［W］…［WAJ］熊沢の正妻（森光子）。［Wレベル・＋1］
　　［CSy］
　　　　［J］…娘。料亭坂下の若女将。
　　　　［A］…夢子。母。料亭坂下の大女将。［Aレベル・－1］
　　　　［W］…［WAJ］熊沢の正妻（森光子）。［Wレベル・0］
　　　　［B］…夢子の部屋での会話。［Bレベル・－1］

---

p.77
玄関
　　血相を変えた律子が入る。

階段
　　トントンとかけ上がる律子。

夢子の部屋
　　ふりむく夢子。
夢子「どこ行ってたの！」
律子「上野毛の奥さんが来たって本当!?」
夢子「来て下すったわ」
律子「何云って来たの」
夢子「ちがうの。御丁寧にお詫びにみえたのよ。お報せもしないで申し訳あ
　　りませんでしたって」
律子「誰と来たの」
夢子「おひとりよ」
　　間。
律子「財産分与とか，そういう話出た？」
夢子「何もよ。そういう話でみえたんじゃないの。びくびくしてたんだけど逢
　　ったらすてきな方」
　　間。
律子「よくそんなことのんびり云ってられるわね」
夢子「（キョトン）どうして？」
律子「パパが危ないってニュースが出てすぐ，銀行の態度がコロッと変わった

のよ。融資打切られそうになってるのよ！何がそんな時，すてきな人，よ！」
夢子「──」

＊＊＊＊＊＊＊＊＊＊＊＊＊＊＊＊＊＊＊＊＊＊＊＊＊＊＊＊＊＊＊＊

まず，【場面1】について敬語コミュニケーションの観点から問題になる点について見ていくことにする。この場面は，【場面2】への導入となっている。

夢子（夢子の部屋）
夢子「(蒼白) 竜さん大変！今，熊沢の奥様からいきなりじかに電話がかかって来て，これからこっちにみえるって」

相手の呼び方としては「竜さん」，話題の人物である熊沢夫人については「熊沢の奥様」となっている。「みえる」という直接尊重語は用いているが，相手が親しい竜次であること，そして，(蒼白)とあり，「動転して」というような状態であるため，話題の人物に対する敬語はほとんど使っていない。自分と相手との関係によって，また場の状況や経緯によって，話題の人物に対する敬語を使うか使わないかも決まってくる。この後の展開を見ると明らかなように，そうした敬語表現上のあり方も細かく描かれていることがわかる。

竜次
竜次「どういうことです」
夢子の声「判らないの！どうしよう！どうしたらいい!?」
竜次「律子さんはいないンですか」

竜次は，話題の人物である若女将の律子に対しては［Aレベル・0］の待遇であり，［Aレベル・＋1］としての「いらっしゃらない」という敬語までは用いていない。

夢子
夢子「律子も保さんも誰もいないのよ！」

夢子は，それぞれへの待遇意識の違いから，娘を「律子」，娘婿を「保さん」と呼び分けている。

竜次の声「あちらは，どなたと見えるンです。お一人なンですか，それともどなたかと」
　　夢子「それが判らないの！私動転して聞くの忘れちゃって」
　　竜次の声「お逢いになったことあるンですか以前」
　　夢子「とんでもない！逢えるわけないじゃありませんか！ねぇ竜次さんどう思う!?　なんか，恐い人ついて来ると思う!?」

　竜次は，熊沢夫人（側）については，「あちら」「どなた」「お一人」と高める敬語を用いている。夢子は，先に述べたように，相手が親しい竜次であること，「蒼白」「動転して」という状態であるため，敬語は用いていない。

　　夢子
　　夢子「ねぇ竜さん私，逢わない方が良くない!?　どっか逃げるとか押入れにかくれるとか」
　　竜次の声「でももういるって仰言（おっしゃ）っちゃったんでしょう」
　　夢子「そうなの！待つって仰言（おっしゃ）っちゃったの！」

　夢子は，自分の「言う」という動作について「仰言っちゃった」という直接尊重語を使っている。もちろん，ここでは，動転している様子を表すため，ドラマとしての面白みを出すための手法として用いているわけであるが，このような敬語の使い方が冗談であると理解されるためには，その敬語の正用が理解されていなくてはならない。「私がおっしゃる」は明らかな誤用であるため，それが意図的な誤用であることもわかりやすいものだが，「私に申し上げてください。」さらに「私にお伝えしてください。」などになると，もはやそれが誤用なのか冗談なのか区別できなくなってくるといえよう。

　次は【場面2】である。通常の初対面場面とはまったく異なる設定であり，やや特殊な場面だとはいえるが，様々な経緯により緊張を強いられる初対面場面は他にも考えられるため（例えば，反対されている結婚の承諾を得るため相手の親と初めて会う場面や，クレームがついた取引先の社長に初対面でお詫びをしなければならない場面など），その意味では，共通性や一般性も見出せるものである。こうした場面では，敬語を用いた「やりとり」抜きに考えられないため，敬語コミュニケーションとしての考察課題も多く見られるものとなる。

杉の間
　　　夢子の声「失礼いたします」
　　　　ふすまが開いてすべりこむ夢子。
　　　　中へ入ってまずお茶を出す。

　実際の映像では，お茶を出す手が震えている。

　　　夢子「（窒息しそうな声で）いらっしゃいませ」
　　　　夫人，座布団を下り畳に手をつく。

（窒息しそうな声で）とあるように息苦しくなる場面設定となっている。挨拶としての典型的な敬語表現としての「失礼いたします」「いらっしゃいませ」も，震え声となっている。

　　　夫人「坂下さんでいらっしゃいますか」
　　　夢子「夢子と申します」
　　　夫人「熊沢の家内でございます。主人が長いことお世話になりながら，これまでご挨拶にも伺いませんで」
　　　夢子「とんでもございません！こちらこそ─」

　最初の挨拶の中にも，敬語表現として注目すべき例が盛り込まれている。
　「坂下さんでいらっしゃいますか」では，「坂下さん」によって夢子であることを確認し，冷静にふるまおうとするための距離感が示されている。
　「夢子でございます」ではなく，「夢子と申します」によって，あくまでも初対面であることが強調されている。それに対して，「熊沢の家内でございます」には，これまでの経緯がすべて含まれた自己紹介となっている。ここでは，熊沢の「家内」（正妻）であること，熊沢が「主人」であることが強調されている。
　先に検討した，相手の発言を打ち消す表現としての「とんでもございません」が用いられている。

　　　夫人「それとこの度は私としたことが気が動転し｢ており｣まして，あなた様のことに気が廻らず，御連絡をすることも忘れてしまっていて。本当に申し訳｢ござい｣ませんでした」
　　　夢子「何を仰言います！テレビや新聞で知っ｢ており｣ましたのに，こちら

こそ何も—　いたし　ませんで」
　　夫人「——」

　ここでは，夢子のことは「あなた様」と呼んでいる。
　□で示したように，互いに丁重語が多く用いられている。
「何を仰言います！」は，「とんでもございません」と同様の打消し表現である。「文話」のレベルでみていくと，同じ表現を繰り返さないよう，同種の意味を持つ他の表現で言い換えていくということがよく見られる。例えば，依頼の文章で「お願い」を繰り返さなくてはならないときなども，「お願いします」「お願いいたします」「お願い申し上げます」を適宜使い分けながら表現していくことがある。

　　夢子「東済会病院の林田婦長さんにも，色々余計な気苦労をかけてしまいました」
　　夢子。
　　夫人「　おあずかりした　お守りはたしかに，主人の胸に抱かせました」
　　夢子「———！！」
　　夫人「最期に指先が触れ　ており　ましたから，本人も判っていたよう　でございます　。どうか　御安心なすっ　て下さい」
　　夢子。
　　間。
　　いきなり畳に平伏する。
　　夢子「申し訳ございません！」

　秘密裡にお守りを渡したことがばれていたことを知り，そのことを最後に詫びている。「平伏する」という待遇行動に謝罪の気持ちの強さが表れている。
　夫人は，丁重系の敬語としては，「ており」「でございます」，尊重系の敬語としては，「おあずかりする」「御安心なさる」を用いている。

　　夫人「鼓の名手でいらっしゃるとか」
　　夢子「とんでもございません。ほんの生かじりで」
　　　間。

　ここでも「とんでもございません」を用いている。この後で「うれしゅうございます」と言っていることからすれば「とんでものうございます」とするこ

とも可能なので,「とんでもございません」は意図的に使用していることがわかる。
「ほめ」とそれに対する謙遜の表現「ほんの生かじりで」が用いられている。

 夫人「密葬は一昨日内輪ですませましたが,党の主催する告別式が青山斎場で来月 ございます。」
 夢子「――ハイ」
 夫人「失礼でなければ御案内状を」
 夢子「いえもう。お気持ちは うれしゅうございます が私などの行く場所では ござい ませんので」
 夫人「――(一寸うなずく)」
 夢子「ありがとうございます」
 夫人「――」
  間。

双方とも「ございます体」であり,全体が丁重文体になっていることがわかる。

 夫人「党の方々がどんどん進めて下さいますので,主人が死んだって気に仲々なれませんの(一寸笑う)」
 夢子「――」
 夫人「お葬儀馴れした方がいっぱいいらして」
 夢子「――」
  間。

話題の人物として「同じ政党の人々」が登場するが,「方々」「方」「進めて下さる」「いらして」などを用いていることから,自分側の話題の人物としては待遇していないことになり,距離感がある存在として示している。
夫人が笑うことで場の雰囲気が徐々に変化していることがわかる。表現主体としての夫人は,冗談めかした話し方によって打ち解けてきた意識を示しているが,理解主体としての夢子はその変化についていくことへのとまどいがあるため,それを無言で示しているといえるだろう。

 夫人「(一寸笑う)いやですわねぇあんまり,テキパキやられるのも」
 夢子「――」

間。

「(一寸笑う)」という表情，「テキパキやられる」という表現からも，上の「お葬儀馴れした方がいっぱいいらして」に多少皮肉の気持ちも込められていることがわかる。場の雰囲気を変えようとする意図が明確になるが，理解主体である夢子は，それにすぐに同調することはしない（できない）。

  夢子「あの，──御遺体はもう」
  夫人「一昨日荼毘に伏しました」
  夢子「──」
  夫人「お遺骨はいずれ，多摩墓地の方に納めます」
  夢子「──」
  夫人「その頃には静かになると思いますので更めてお報せいたしますから──参ってあげて下さいましね」
  夢子「必ず。──お心づかい，ありがとうございます」
    間。
  夫人「(ポツリ) もう一度ここへ来たかったでしょうねあの人」

「御遺体」は直接尊重語，「お遺骨」は美化語である。
　「参ってあげてください」「あの人」という表現から，自分と夢子とを共通の立場にいる者として捉えた上で，熊沢を待遇していることがわかる。「主人」ではなく「あの人」が使われることによって，心が通い始めていることを表そうとしているといえるだろう。夢子もその意図を理解し，それを好ましいこととして理解した様子が，次の【場面3】での夢子の様子でも明らかになる。

　【場面3】では，律子と夢子の詰から，夫人に対する待遇の違いが明らかにされている。

p.77
  玄関
    血相を変えた律子が入る。

  階段
    トントンとかけ上がる律子。

夢子の部屋
　　　ふりむく夢子。
夢子「どこ行ってたの！」
律子「上野毛の奥さんが来たって本当!?」
夢子「来て下すったわ」

　律子の「来た」，夢子の「来て下すった」に，両者の夫人に対する待遇の違いが端的に表されている。

律子「何云って来たの」
夢子「ちがうの。御丁寧にお詫びにみえたのよ。お報せもしないで申し訳ありませんでしたって」
律子「誰と来たの」
夢子「おひとりよ」
　　　間。

　ここでも，律子の「何云って来た」「誰と来た」，夢子の「御丁寧」「みえた」「おひとり」という表現によって，夫人に対する待遇のしかたが対照的に表現されている。

律子「財産分与とか，そういう話出た？」
夢子「何もよ。そういう話でみえたンじゃないの。びくびくしてたンだけど逢ったらすてきな方」
　　　間。
律子「よくそんなことのんびり云ってられるわね」
夢子「（キョトン）どうして？」
律子「パパが危ないってニュースが出てすぐ，銀行の態度がコロッと変わったのよ。融資打切られそうになってるのよ！何がそんな時，すてきな人，よ！」
夢子「——」

　ここでも，夢子が「すてきな方」と言っているのに対し，律子は「すてきな人」に言い換え，憤っている。

　以上，シナリオの例を用いて，談話としての敬語コミュニケーションに関す

る検討を行ったが，登場人物の敬語表現から，それぞれの人物の意識と形式との連動について，脚本家が工夫している様子が見て取れる。そこには，脚本家の個性が出ていると同時に，多くの視聴者が納得の行く敬語コミュニケーションとなることへの配慮があることはいうまでもない。その意味での，人間関係—場—意識—内容—形式の連動に関する何らかの一般性があるといえるだろう。

第3節　敬意コミュニケーション

　敬意コミュニケーションは，他者に対する尊重の意識や敬意という「意識」に基づきコミュニケーションを捉えようとするものである。そのため，結果としての表現からそこに尊重の意識や敬意という意識があるかどうかを探ることになるのだが，結果としての表現そのものに尊重の意識や敬意があるわけではない。その意味で，敬語コミュニケーションの事例として扱ったものが，そのまま敬意コミュニケーションでもあるのかを客観的な条件だけで決めることはできない。また，「文話」全体としては相手に対する敬意コミュニケーションになっている場合でも，その中のある個所では，相手や話題の人物に対する敬意表現にはなっていないこともあるなど，一概に敬語コミュニケーションのすべてが敬意コミュニケーションだと断定することはできないわけである。

　したがって，敬意コミュニケーションを考える際に重要なことは，そもそも尊重の意識や敬意とは何なのか，という点について論じることであると考える。それは，表現行為における尊重の意識や敬意とは何か，理解行為における尊重の意識や敬意とは何かを明らかにすることにつながり，さらには，その場面における意識が内容や形式とどのように連動しているのかを追究することにつながっていくといえるのである。

　なお，「現代社会における敬意表現」（2000，国語審議会答申）において「敬意表現」は次のように規定されている。

　　　敬意表現とは，コミュニケーションにおいて，相互尊重の精神に基づき，相手や場面に配慮して使い分けている言葉遣いを意味する。
　　　それらは，相手の人格や立場を尊重し，様々な表現から適切なものを自己表現として選択するものである。

　敬意表現が「言葉遣いを意味する」という点は，やや結果としての表現に重点が置かれている（ように読み取れる）のだが，「相手の人格や立場を尊重し，

様々な表現から適切なものを自己表現として選択する」という行為は，敬意コミュニケーションをコミュニケーション主体の表現行為，理解行為として捉える本研究と共通する主旨を持つものである。

それでは，まず，本章第2節の「1　敬語コミュニケーションを考察するための論点」で挙げた例でみていくことにする。そこには，以下のような観点があると考えられる。

検討課題1の「この部屋は，昼休みにはご利用になれません／ご利用いただけません」では，敬語の観点としては，いわゆる尊敬の可能形の誤用が問題になるわけだが，尊重の意識や敬意の観点からすれば，一つには，情報として明確に伝えようとする意識，次には，利用できないことに対するお詫びの気持ちなど，さらには，この部屋は利用できないが別の部屋は利用できる状況にあるのなら，そのことに関する情報を提供しようとする配慮などが挙げられることになるだろう。例えば，「申し訳ございませんが，この部屋は昼休みにはご利用になれません。昼休みは3階のラウンジがご利用いただけます。」などということになる。もちろん，この表現による掲示が好ましいということを述べているのではなく，そうした意識を形式に表すと，このような表現になるという例として示しているのである。

要するに，敬意コミュニケーションとは，表現主体は，他者の状況や立場を尊重し，他者の利益を最大限に考慮し，そのことに配慮するという意識をもって表現し，理解主体は，自己に対する配慮を理解し，相手がそのような意識で表現していることを理解する，というコミュニケーションとして成立するわけである。

先にも述べたように，敬意表現としては，必ずしもそれが敬語表現である必要はなく，例えば「ごめんね，この部屋は昼休みには使えないんだ。3階のラウンジなら使えるからね。」と表現したとしても，同種の配慮はあるので，それは敬意表現であり，その配慮を感じ取れれば，敬意コミュニケーションとして成立しているといえるのである。ここでは，一々の例についてその点に触れないが，観点としては常に重要なものになるといえる。

検討課題2の「何かお分かりになりにくい点がありますでしょうか。」であれば，「おわかりにくい」ではなく「おわかりになりにくい」にすべきだという敬語の点ではなく，相手がわかりにくいところがあるかどうかを確認しようとするところに，尊重の意識や敬意があるということである。

もちろん，先にも述べたように，最初からわかりやすい資料を用意すること

こそが本当の配慮であるということなのだが，わかりやすい資料を作ったつもりであっても，まだわかりにくいところはあるかもしれない，そうであればそれを確認する必要がある，という意識は，作成時の配慮の延長にある配慮であり，それが相手を尊重する意識に通じるということである。

　検討課題3の「担当者にお尋ねください。」は，状況にもよるが，「担当者をお呼びいたします。」などというほうが，相手の負担をなくし，誠意を伝えることができるといえよう。尊重の意識や敬意を表すために，相手に行動させるのではなく，相手の利益を尊重しながら，自らが行動するほうを選ぶという点に，敬意表現の本質があるからである。
　さらに相手の意思を尊重するのであれば，「担当者をお呼びいたしましょうか。」と尋ねることもあり得る。こうした点については第5章で詳述するが，敬意コミュニケーションとして重要な観点になるといえるだろう。

　検討課題4の「課長，そのファイルも会議室にお持ちになりますか。」では，「よろしければ，お持ちいたします。」とするほうが，課長に対する尊重の意識や敬意が表せるといえる。これも，相手に行動させるのではなく，自らが行動することで敬意を示し，さらに相手の意思を尊重するために「よろしければ」をつけるといった配慮があるわけである。理解主体もその配慮を受け止めれば，敬意コミュニケーションとして成立することになるが，何度も述べているように，具体的にこの表現形式であれば必ずそれが敬意表現になるというものではないため，常に「よろしければ，お持ちいたします。」がよい表現だというわけではない。場面によっては，自分が課長のファイルに触れないほうがよいこともあるので，そうした前提を抜きにして，何が敬意表現になり，敬意コミュニケーションになりうるのかは決められない。

　検討課題5では，「御在宅なさる必要はありません。」という敬語形式の問題だけでなく，その情報内容そのものが相手への配慮であるということができるだろう。チラシでなければ，「御在宅いただかなくてけっこうです。」「いらっしゃらなくても問題ありません。」などと表現しても，必要な情報を伝えるとともに，そのこと自体が配慮である点を示すことは可能になる。ただし，「在宅不要」だけでは，情報を伝えることは実現するが，配慮までは伝わらないだろう。

　検討課題6の「ご印鑑をご持参ください。」は，情報を伝え，指示している

ため，特に尊重の意識や敬意が感じられる表現とはなっていない。「恐れ入りますが」「お手数ですが」などといった前置き表現がつくことで，相手にかける負担に対する配慮の意識が加わることになる。

ただし，理解主体がそれを単に形式的な前置きだと受け止めれば，敬意コミュニケーションとしては成立しないことになってしまう。場面にもよるが，もし本当に相手を煩わせることに対するお詫びの気持ちや負担に対する配慮の意識を伝えようとするのであれば，さらに「大変申し訳ございません。お手数をおかけし，恐縮でございますが，」などと付け加えることになる。

もちろん，状況によっては，印鑑一つの内容でこれほどの表現になるということは，何か重大な問題が隠されているのではないかという不信感を理解主体に抱かせてしまうことにもなるだろう。表現主体の認識と理解主体の認識とは本来的に異なるものであるため，常に誤解の可能性はある。ただし，結果としての表現から推測される一般的な受け止め方はあるため，事実としては，それほどの負担がないことであっても，表現主体の，相手の負担が大きいという認識に基づく，謝罪の気持ちを表す過剰な配慮の表現（例えば上述の「大変申し訳ございません。お手数をおかけし，恐縮でございますが，」といった前置き表現）がなされることにより，理解主体の，自分の負担が相当に大きいのではないかという認識を生み出すことになってしまうわけである。

検討課題7の「課長にそのように申し伝えておきます。」は，相手のために，自分が責任をもって伝えておくと表明する点に，敬意表現としての意味があると考えられる。また，ウチ・ソトの認識をしているということは，自分と相手との立場をわきまえていることの表明にもつながるといえるだろう。敬語の選択と敬意とは直接にはつながらないが，その敬語を選択しようとする意識が，人間関係，場と連動しているときには，結果としてその表現に尊重の意識や敬意が示されることになるわけである。

検討課題8の「ご利用いただきまして，ありがとうございます。」では，恩恵系の敬語を用いることが相手に対して恩恵を受けていることの表明になる点で，感謝の気持ちや配慮を示すことにつながるといえるだろう。先にも触れたように，現代共通日本語において，恩恵系の敬語の持つ意義は極めて大きいのだが，その大きな理由としては，「恩恵」の授受を表すことが尊重の意識や敬意と連動することにあると考えられる。そして，クダサル系よりもイタダク系が多く用いられる理由は，他者が自分に恩恵を与えるという意思に言及するのではなく，自分が他者から恩恵を受けるという認識を表すことによって，尊重

の意識や敬意をより明確に表現しうるという点にあるといえる。

　検討課題9で扱った「〜（サ）セテイタダク」系の表現についても，自分の行動は他者の許しを受けて行われるものであり，しかも，そのことが自分にとってありがたいものであるという認識を示しうる点で，まさに敬意表現につながるものとして考えられるわけである。
　ただし，繰り返し述べているように，その形式自体の持つ意味と表現主体の意識とは異なるものであり，その形式を用いているから常に同じ意識であるとは言えない。まさに形式的にその形式を選択していることも多いのである。

　検討課題10で扱った宛名の問題だが，「〜様」か「〜教授」か「〜先生」のどれを選択するかといった点に，その人をどう待遇するかという意識が表れることはいうまでもない。メールや文書において，「〜さん」にするか「〜様」にするか，さらには，「〜さま」にするか「〜様」にするか，といった点にも様々な意識が反映されているといえるだろう。
　脇付の使用については，改まりの意識が尊重の意識や敬意につながると考えることができる。もちろん，使用されていれば必ずそのような意識があるというわけではないが，かりに形式的であっても，それを使わないという選択をしていない，という点に何らかの配慮は示されているといえる。

　検討課題11の「（課長の）田中はおりません。」，検討課題12の「それでは，山田社長から御挨拶いただきます／御挨拶申し上げます。」，検討課題13の「課長はこのようにおっしゃっていました。」は，先の検討課題7とともに，いわゆるウチ・ソトの関係，人間関係をどういう立場として捉えるのか，という問題につながるものである。
　このような立場・役割に対する認識を形式に反映させることは，他者への尊重の意識や敬意につながるわけだが，同時に，結果として「ソト」の人物を排除する方向へも向かうことには留意する必要があるだろう。これは，敬語を選択することが，尊重や敬意にもつながり，敬遠や距離を置くことにもつながることと共通する問題である。表現主体は，あくまでも尊重の意識や敬意によって選択したことでも，理解主体がそのように受け止めるという保証はなく，むしろ疎外された，ヨソ者扱いされたと感じる場合もあるわけである。
　しかし，敬意コミュニケーションは，ただ一回の「やりとり」によって成立するわけではない。ウチ・ソトの認識に基づく表現があり，それによって何らかの疎外感を感じさせてしまうとしても，それ以外に，尊重の意識や敬意を表

すための様々な表現による「やりとり」を「くりかえし」行うことによって，排除する意識などではないことが明確になってくるといえるだろう。敬意コミュニケーションも，複合的，重層的な表現行為，理解行為の「積み重ね」によって成立するものなのである。

　検討課題14の「ねぎらい」は，ねぎらう立場にない人がねぎらえば問題となるが，立場にある人であればねぎらうこと自体が尊重の表現につながることになる。その意味で，「ご苦労様でした。——あ，ありがとうございます。」というコミュニケーションは，敬語コミュニケーションであり，敬意コミュニケーションでもあるということができるのである。もちろん，共同での作業を終えた後の「お疲れ様でした。——お疲れ様でした。」も，敬語コミュニケーションであり，敬意コミュニケーションにもなるわけである。
　立場としての上位者から下位者へという場合，表現としては「ご苦労さん。」などが選択されることになるが，それであっても敬語表現と言えないことはなく（形式としては「ゴ〜」があるため），そこにねぎらいの気持ちが込められていれば，敬意表現になりうるわけであり，そういうことが敬意コミュニケーションにおいては重要な観点になるといえるだろう。つまり，他者（の存在や行為）を尊重しようとする意識による表現行為，それを受け止める理解行為として敬意コミュニケーションは成立するものなのである。

　検討課題15の「ほめ」も，そのほめるという行為が他者への尊重の意識や敬意によるものであれば，当然のことながら，「すてきなネクタイですね。——ありがとうございます。」も敬意コミュニケーションとして考えることができるものとなる。ほめるという行為は，ポライトネスの観点で言えば，認めてほしいというフェイスを満足させる行為であり，ポジティブ・ポライトネスであるということができるわけだが，他者からほめてほしい，ほめられたいという欲求を満たすためだけでなく，自分が他者を称賛したい気持ち，ほめたいという意識を満たすものでもある。
　ただし，そのほめを好ましいものとして受け止めるかどうかは，ほめられる側の理解主体によって異なることはいうまでもない。検討課題16にある「とんでもございません。」が形式的な謙虚さを表すのか，実質的な打消しなのかも，理解主体の認識によるわけである。先にも触れたように，形式なのか実質なのかという区別も，一回の「やりとり」で決まるものではなく，その「くりかえし」の中で理解されることであり，その他の諸条件も絡みつつ明らかになることだといえる。

第4章　待遇コミュニケーションとしての敬語コミュニケーション　209

先に示したシナリオでの例でみると，

　　夫人「鼓の名手でいらっしゃるとか」
　　夢子「とんでもございません。ほんの生かじりで」

という「やりとり」は，間接的な情報として伝える実質的なほめと，謙遜による形式的な打消しということになるが，例えば，「鼓がお上手でいらっしゃるとか。――いえいえ，とんでもございません。始めてまだ半年ですので。」であれば，間接的な情報として伝える形式的なほめと，事実に基づく実質的な打消しの可能性が高くなるといえるわけである。

　いずれにしても，他者（の才能や技術など）を高く評価することと自己（の才能や技術など）を低く見積もることによって，たとえそれが形式的なものであったとしても，そのような認識を示すということ自体が敬意コミュニケーションにつながっていくと考えられる。

　検討課題17の「フランス語もおできになるんですか。」では，上位者の能力を直接的に尋ねることの問題を指摘し，その他，「お飲みになりたいですか。」「いらっしゃるつもりですか。」といった意思，願望などについても同様の問題として捉えた。これらは敬語表現でありながら，敬意表現からは遠いものになってしまうことはいうまでもないが，相手のことが知りたい，という願望自体は，むしろ相手に対するポジティブ・ポライトネスになっていると言えないこともない。そうした意識を持つこと自体が問題なのではなく，それを直接的に表す形式を選択することに問題があるわけである。

　したがって，敬意コミュニケーションの観点では，「おできになるんですか。」「お飲みになりたいんですか。」という表現は，相手のことを知りたい気持ちを表しているのだから，むしろ相手に対する敬意を表している，というような捉え方にはならない。意識と形式が適切に連動してはじめて敬意コミュニケーションとして成立するのである。

　検討課題18の「山田さんには，この仕事をしていただきます。」，検討課題19の「山田さん，これ，お願いします。」は，下位者（後輩）から上位者（先輩）に対する敬語表現としては不適切な例として挙げたわけだが，かりに上位者から下位者に対する表現だとしても，敬意表現にはなり得ないだろう。もちろん常に，状況によってはという条件つきではあるのだが，表現主体が自分に「決定権」があるものとして表現しているときには，相手への配慮や尊重の意識に

はつながりにくいといえる。逆に，上位者から下位者に対する場合であっても，相手に「決定権」を持たせるような表現にすることで，配慮や尊重の意識を伝えることになるわけである。下位者に対しても，確認をする，承諾を得てから行動に移す，といったことが配慮や尊重することにつながり，それらが形式的なものではないことが理解されれば，配慮や尊重として受け止められ，敬意コミュニケーションとして成立することになるといえるだろう。

検討課題20の「課長，この書類を書いていただいてもよろしいですか。」は，敬意コミュニケーションの観点からは，意図は依頼ではあっても，相手の書くという行動が自分にとってありがたいものであり，そのことの許可を求めるという認識に切り替えて表現するという点に，相手に対する配慮や敬意が表されるということが重要であるといえる。それは，先にも述べたように，この表現の良し悪しや好き嫌いとは別の次元の問題である。この表現については，第5章で再度検討したい。

検討課題21の，いわゆる「マニュアル敬語」については，形式だけが残り，意識が消えてしまうことが問題点であり，その意味で，敬意コミュニケーションにはなり得ないことが問題になるといえるだろう。しかし，かりにそれがマニュアルとしてある敬語表現であっても，そこに個々のコミュニケーション主体が自らの意識をもって表現したとすれば，敬意コミュニケーションが成立する可能性も出てくるわけである。マニュアル敬語そのものに問題があるわけではなく，すべては，それをコミュニケーション主体がどう捉え，どうコミュニケーションしていくのかにかかっているといえよう。

次に，本章「第2節2「文話」における敬語コミュニケーション」の(1)検討1で扱った「文部科学大臣諮問理由説明」について，敬意コミュニケーションの観点からみていくことにする。

　1　このたびの諮問を行うに当たり，一言ごあいさつ申し上げます。

　　委員の皆様におかれましては，御多用中にもかかわらず御出席いただきまして誠にありがとうございます。平成13年に設置されましたこの文化審議会には，これまでに「文化を大切にする社会の構築について」など三つの御答申をおまとめいただいたほか，各分科会においても精力的な御審議が行われていると伺っております。

冒頭の「御挨拶」として,「御多用中にもかかわらず」という配慮を示す前置き表現,「御出席いただきまして」「おまとめいただいた」とイタダク系の敬語を用いて,委員に対する尊重の意識や敬意を示そうとしている。そして,「精力的な御審議」という肯定的な評価の表現をしつつ,これまでの経緯について了解していることに触れている。これも同様の意識の現れであるといえるだろう。

　　　文化審議会で御検討いただきます様々な課題は,いずれも我が国の文化の振興にとって重要な事項でございますが,とりわけ,国語,すなわち私たち日本人の母語である日本語の問題は,全国民に直接かかわる問題であり,我が国の文化や社会の基盤にもかかわる極めて重要な問題であると考えております。

「とりわけ…日本語の問題は」「全国民に直接かかわる問題」「基盤にもかかわる」「極めて重要な問題」といった表現を用いることで,審議する内容が重要であることを強調している。これは,敬語を使う意識とは別に,委員に対する尊重の意識や敬意を示すための方略ともいえるものであろう。

　　　国語の問題に関しては,昨年の2月に「これからの時代に求められる国語力について」の御答申をいただきましたが,その中に述べられている「現在の我が国の状況を考えるとき,今日ほど国語力の向上が強く求められている時代はない。」という御認識は,そのまま今の私の認識でもございます。

答申の中に述べられている委員の認識が「そのまま今の私の認識」だと強調することで,相手の認識に同意する姿勢を示している。これも,相手の自尊心を満たすことの配慮につながる表現であり,いわばポジティブ・ポライトネスの一種であるといえる。

　　　分科会の御報告は,問題の緊急性,重要性から見て,「敬語に関する具体的な指針の作成について」及び「情報化時代に対応する漢字政策の在り方について」の二つの課題を今後取り組むべき大事な課題であると指摘されています。様々な課題の中からこれらの二つについて御提言いただいたことに,私は分科会各委員の御見識の高さを感じた次第であります。

「様々な課題の中からこれらの二つについて御提言いただいたことに，私は分科会各委員の御見識の高さを感じた次第であり」というところには，提言への賛同の表明，その見識に高い評価をすることで，委員への最大限の尊重の意識を示しているといえる。もちろん，全体としては形式的な表現であるともいえるが，形式的な中にも表現主体の意識をより強く表す表現を加えることにより，それが敬意コミュニケーションにつながっていくことになるわけである。

　2　今後，御審議を進めていただくに当たり，二つの諮問事項について私の考えているところを若干申し述べたいと存じます。

自分の考えについては，「若干」ということで自らを小さく扱う姿勢を示すことになる。

　(1)　まず初めに，敬語の具体的な指針の作成に関連して申し上げます。
　　（中略）
　　すなわち，作成される指針は，現在の人々の言語生活に資するだけでなく，将来の敬語の在り方にも影響を与えるものであるという点を十分に踏まえて，検討をお願いしたいということであります。このことは伝統的な敬語の使い方だけが正しく望ましいという意味では決してありません。むしろ，大切な文化だからこそ，使いやすく分かりやすい敬語の在り方や使い方をお示しいただきたいというのが私の率直な気持ちであります。

先にも述べたように，「私の率直な気持ち」と表現することで，思いの強い要望であることを明確にしている。これは，相手を尊重しつつ自己表現をすることにつながるものだといえるだろう。

　(2)　次に，情報化時代に対応する漢字政策の在り方に関連して申し上げます。
　　（記述は省略）

ここでは，「増えているように感じられます。」「動きつつあるように見受けられます。」「提示していく必要があるのではないかと感じております。」「検討されるべき課題であろうと考えます。」など，自らが問題点や方向性については断定することを避け，専門家である委員たちに口をはさむものではないという尊重の意識を形式に表しているといえるだろう。

第4章　待遇コミュニケーションとしての敬語コミュニケーション　213

最後には，「甚だ難しいお願いではありますが」と，諮問内容が難しいことを強調し，専門家に委ねる姿勢を示している。

　3　以上，今回の御審議に当たり，特に御検討をお願いしたい点について申し上げましたが，幅広い視野の下に，忌憚のない御審議をしてくださるようお願い申し上げまして，私のごあいさつといたします。

最後のまとめとしては，形式的な依頼の表現にはなっているが，「幅広い視野の下に，忌憚のない御審議をしてくださるよう」という注文を加えることで，依頼する真摯な姿勢を示そうとしている。

先にも述べたように，こうした「敬語表現＝敬意表現」を理解主体がどのように受け止めるかには，それぞれの主体としての個別性による違いが生じるだろうが，第三者ではなく，当の相手である委員の立場としてこの諮問理由説明に誠実に応えようとするのであれば，ここでの表現は尊重の意識や敬意に基づく自己表現であると理解することになるものだと考えられる。その意味で，そこに敬意コミュニケーションが成立するということができるわけである。

最後に，本章「第2節2「文話」における敬語コミュニケーション」の(2)検討2で扱ったシナリオの【場面2】について，敬意コミュニケーションの観点からみていくことにする。

そこでは，談話の途中でコミュニケーションの様子が変わっていく様子が描かれている点に注目できる。それは，夫人と夢子が短い時間の中でも「やりとり」を重ねるうちに，当初の緊張する場面からお互いに気持ちが通い合い始めるという意識の変化が生じていくものである。最初は，距離を感じ，様々な経緯とそれに関する思いをもった「疎の関係」であったものが，少しずつ心が通い出し，気遣いのある内容や表現によって，待遇のしかたにも変化が見られるようになった。つまり，常に固定的な場面において意識と内容，形式とが連動しているのではなく，コミュニケーションの展開によって，それぞれのコミュニケーション主体が認識する場面も変容し，意識や内容，形式も変容していくということである。扱った事例はやや特殊な場面ではあるが，そうした変容自体は，通常の多くの場面にも当てはまることだといえるだろう。

なお，【場面2】の最後のシーンは，次のようなものであったが，

　　夫人「その頃には静かになると思いますので更めてお報せいたしますから──参ってあげて下さいましね」

夢子「必ず。──お心づかい，ありがとうございます」
　　　間。
　夫人「（ポツリ）もう一度ここへ来たかったでしょうねあの人」

この後のシーンは，

　門
　　　去っていくハイヤーに頭下げる夢子。
　道
　　　ハイヤーが角を曲がって消える。
　夕暮
　　　夕陽が神楽坂を染めている。
　　　音楽─消えていって。

という情景になっており，夢子の意識の変容が窺える。
　それから，【場面3】へと続いている。

　以上，敬意コミュニケーションについて，その観点を検討してきた。

第4章のまとめ

【第1節】敬語コミュニケーションと敬意コミュニケーション

(1)最も簡潔な規定は，敬語コミュニケーションとは，「敬語が用いられているコミュニケーションのこと」であり，敬意コミュニケーションとは，「尊重の意識や敬意が込められているコミュニケーションのこと」になる。

(2)敬語コミュニケーション，敬意コミュニケーション，通常コミュニケーションの関係を示すと次のようになる。

　　敬語コミュニケーション＝敬語が用いられているもの
　　　①尊重の意識や敬意があるもの
　　　②尊重の意識や敬意がないもの
　　敬意コミュニケーション＝尊重の意識や敬意があるもの
　　　①敬語が用いられているもの
　　　③敬語が用いられていないもの
　　通常コミュニケーション＝敬語が用いられていないもの
　　　③尊重の意識や敬意があるもの
　　　④尊重の意識や敬意がないもの

(3)待遇コミュニケーションで用いる枠組みを用いて規定をすれば，敬語コミュニケーション＝敬意コミュニケーションとなるものは，コミュニケーション主体が，人間関係としては，相手や話題の人物を「上・疎」の関係と捉えたとき，場としては，改まりの高い場と捉えた場面において，尊重の意識や敬意という意識をもって，それらに合わせた敬語を用いて表現し，それを理解するコミュニケーションである。

(4)待遇コミュニケーションの観点としては，コミュニケーション主体が相手を「下・親」と捉え，さらにくだけた場であると，敬語コミュニケーションは成立しないが，相手に対する尊重の意識や敬意の意識があれば，敬意コミュニケーションは成立することになる。

【第2節】敬語コミュニケーションの諸相

(1)待遇コミュニケーションとしての敬語コミュニケーションにおいて論じるべきことは，敬語コミュニケーションに関する様々な観点か

らの考察を行い，その成果となる知識や情報を明らかに示すことであって，どれが正しいかを決めることではない。そして，それらが個々のコミュニケーション主体において共有されていくことにより，最適な敬語コミュニケーションに関する「ずれ」や「ぶれ」が少なくなっていくと考えられる。このことは，敬語コミュニケーションの教育や学習につながる課題である。

(2) 敬語の誤用も，単に形式上の間違いとして受け止められる場合（「おわかりにくい」など）と，「伺ってください」の例のように，だれをどう位置づけるのかという人間関係に関わる場合とで異なってくる。結果的にではあっても，高めるべき対象を誤った場合に生じる問題のほうが大きくなる。

(3) 現象面に目を奪われるのではなく，なぜイタダク系が使われるのかといった本質を考えておく必要がある。イタダク系は，他者の動作・状態を自らの動作に切り替えることで事態を自分のこととして捉え，同時にそれによって自らが恩恵を受けるという点を表せる敬語形式であり，そのことが「丁寧さ」を表そうとする敬語表現として理に適っているからだと考えられる。

(4) よりよい敬語コミュニケーションを目指す立場においては，敬語形式としての利便性ではなく，その敬語形式が持つ本来の性質を理解した上で選択することが求められる。

(5) ウチ・ソト関係は，話題の人物が自分と相手との関係でどう位置づけられるかという問題なので，その三者関係をどう認識するかによって，どの形式を選択するかということも変ってくる。

(6) 実際の敬語コミュニケーションにおいては，細かい敬語の使い方よりも，全体としてその表現が相手にどう伝わるかということのほうが重要であるが，それが実現するためには，敬語をどう使うかということが基になっている。

(7) 絶対的，固定的に正しい使い方があるわけではなく，その場面にふさわしい敬語をどのように使っていくか，それをどう受け止めていくのかということが重要になる。そこに，敬語コミュニケーションにおけるコミュニケーション主体の重要性も見出せる。

(8) 敬語コミュニケーションにおいて重要な点は，現象自体というより，コミュニケーション主体が場面と自らの意識と表現上の形式との連動をどう認識しているのかということである。そこに自覚があり，

自己表現として選択しているのであれば、選択された形式自体を問題視することに意味はない。そこに自覚がなく、固定的な形式を選択していることにこそ問題があるといえる。
(9) ほめてよいのか悪いのかという議論自体に意味があるわけではない。ほめたいという気持ち、その自然な感情をどのように表せばよいのか、そしてその際、ほめられた人の気持ちはどのようになるのか、その後どのようなコミュニケーションとして展開させようとしているのか、といったことなどが重要な点になる。
(10) 敬語コミュニケーション研究としては、敬語の誤用や問題となる敬語表現などについて、どれが正しいという結論を出すこと自体が目的となるのではなく、コミュニケーション主体自身の意識がどのようなものであるのか、場面と意識と形式との連動がどのようなものになっているのかということ、それがよりよい敬語コミュニケーションというあり方とどうつながっていくのかといった点を明らかにしていくことが重要である。
(11) 敬語コミュニケーションにおいて重要なのは、自分がなぜ他者に配慮する必要や意味があるのかを考えることである。「決定権」を巡る問題も、そうした観点を抜きに論じてもあまり意味がない。
(12) コミュニケーションにおける「当然性」という捉え方も重要な観点になる。「当然性」は、その人間関係、場との関連において、その意識、内容、形式となることの必然性の程度だが、それが高い場合、低い場合によって、コミュニケーションのあり方が左右されることになる。
(13) いわゆる「マニュアル敬語」をどう捉えるのかは、敬語コミュニケーションの根本に立ち戻ることで明らかになる。誤用の問題と同様、表現主体の表現行為としてみたとき、理解主体の理解行為としてみたとき、第三者の観察主体の立場でみたとき、それぞれの観点によって、マニュアル敬語問題も異なって見えてくる。表現主体としては、細心の注意を払って表現することを心がけ、理解主体としては内容の理解に支障が生じない限り多少の誤りは大らかに受け止め、観察主体としては、そうしたそれぞれの立場に立ちつつ、なぜそれが問題になるのかを示していくことが必要である。
(14) 公的な文書に見られる配慮の示し方、それに関する敬語表現、理由についての述べ方、その展開のしかたなどは、公的な意味合いの強

い敬語コミュニケーションの典型例と見做すことができるが，用いられる敬語の種類や程度は異なるとしても，そこに見える配慮の示し方，敬語や敬語に準じる語句の使い方などは，個人間のコミュニケーションにおいても共通性が見出せるものだと考えられる。

(15)シナリオにおける登場人物の敬語表現から，それぞれの人物の意識と形式との連動について，脚本家が工夫している様子が見て取れる。そこには，脚本家の個性が出ていると同時に，多くの視聴者が納得の行く敬語コミュニケーションとなることへの配慮があり，人間関係—場—意識—内容—形式の連動に関する何らかの一般性があるといえる。

【第3節】敬意コミュニケーション

(1)敬意コミュニケーションを考える際に重要なことは，そもそも尊重の意識や敬意とは何なのか，という点について論じることである。それは，表現行為における尊重の意識や敬意とは何か，理解行為における尊重の意識や敬意とは何かを明らかにすることにつながり，さらには，その場面における意識が内容や形式とどのように連動しているのかを追究することにつながっていくといえる。

(2)敬意コミュニケーションとは，表現主体は，他者の状況や立場を尊重し，他者の利益を最大限に考慮し，そのことに配慮するという意識をもって表現し，理解主体は，自己に対する配慮を理解し，相手がそのような意識で表現していることを理解する，というコミュニケーションとして成立するものである。

(3)立場・役割に対する認識を形式に反映させることは，他者への尊重の意識や敬意につながるが，同時に，結果として「ソト」の人物を排除する方向へも向かうことになる。これは，敬語を選択することが，尊重や敬意にもつながり，敬遠や距離を置くことにもつながることと共通する問題である。

(4)敬意コミュニケーションは，一回の「やりとり」によって成立するわけではない。ウチ・ソトの認識に基づく表現があり，それによって何らかの疎外感を感じさせてしまうとしても，それ以外に，尊重の意識や敬意を表すための様々な表現による「やりとり」を「くりかえし」行うことによって，排除する意識などではないことが明確になってくる。敬意コミュニケーションも，複合的，重層的な表現

行為，理解行為の「積み重ね」によって成立するものなのである。
(5) たとえ下位者に対しても，確認をする，承諾を得てから行動に移すといったことが配慮や尊重することにつながり，それらが形式的なものではないことが理解されれば，配慮や尊重として受け止められ，敬意コミュニケーションとして成立することになるといえる。
(6) かりにマニュアルとしての敬語表現であっても，そこに個々のコミュニケーション主体が自らの意識をもって表現すれば，敬意コミュニケーションが成立する可能性も出てくる。マニュアル敬語そのものに問題があるわけではなく，すべては，それをコミュニケーション主体がどう捉え，どうコミュニケーションしていくのかにかかっている。
(7) 全体としては形式的な表現であっても，その中に表現主体の意識をより強く表す表現を加えることにより，それが敬意コミュニケーションにつながっていくこともある。
(8) 常に固定的な場面において意識と内容，形式とが連動しているのではなく，コミュニケーションの展開によって，それぞれのコミュニケーション主体が認識する場面も変容し，意識や内容，形式も変容していく。

第5章

待遇コミュニケーションの諸相

　本章では，現代共通日本語における待遇コミュニケーションの諸相を通じて，その実態と本質について論じていきたいと思う。当然のことながら，待遇コミュニケーションの実態のすべてを扱うことはできないため，その中で「行動展開」を意図とする待遇コミュニケーションを中心に考察していくことにする。

　まず，考察の前提として，第1節において，意図による表現行為の類型化を行う。その上で，第2節において，待遇コミュニケーションと最も深く関わる「行動展開表現」を採り上げ，「丁寧さの原理」とのつながりで考察を行う。また，意図に関わる表現上の転換としての「あたかも表現」，それと関連する「許可求め型表現」について検討する。そして，第3節において，行動展開に関する待遇コミュニケーションの諸相を通じ，その本質を明らかにしていくための考え方を示すことにしたい。最後に，第4節において，理解要請の待遇コミュニケーションに関する問題を扱う。これらを通して，待遇コミュニケーションについて論じていくための方向性を見出していきたいと思う。

第1節　意図に基づく表現行為の類型化

　第2章において述べたように，「意図」というのは，〈コミュニケーション主体がそのコミュニケーション行為によって何かを実現しようとする，その自覚的な意識〉のことである。そして，「表現意図」とは，〈表現主体が，その表現行為によって何かを実現しようとする，表現主体の自覚的な意識〉のことであるといえる。

　本節で扱うのは，このような意図に基づく表現行為の類型化ということである。表現行為を表現主体の意図によって類型化すると，大きく次の三種にまと

められる。

　(1)自己表出を意図とする表現行為
　(2)理解要請を意図とする表現行為
　(3)行動展開を意図とする表現行為

　まず、これらに関する基本的な点を押さえておきたい。その上で、その応用、広がりとして考えられる点について述べていくことにする。

　(1)の「自己表出を意図とする表現行為」というのは、表現主体が自らの感情や意思などを表出することを意図として、表現する行為のことである。他者としての相手を想定せずに、自らに向かって（自らを相手として）表現するものである。
　(2)の「理解要請を意図とする表現行為」というのは、表現主体が自らの感情や意思、認識、何らかの知識、情報などを内容とし、それを他者としての相手に理解してもらうことを意図として、表現する行為のことである。
　(3)の「行動展開を意図とする表現行為」というのは、表現主体が自らの感情や意思、認識、何らかの知識、情報などを内容として、それを他者としての相手に理解してもらい、さらに、相手あるいは自分、または相手と自分が、その内容を基に何らかの行動に展開することを意図として、表現する行為のことである。
　ただし、行動展開の意図には、自分や相手が何らかの行動をしないことに展開することを意図とする場合もある（例えば、「してください。」だけでなく「しないでください。」も含むということである）。
　なお、表現主体は相手が行動することを意図として表現しても、実際には何らかの理由によって、相手がその行動に展開しない場合はあり得る。しかし、そのこと自体は行動展開の表現行為であるかどうかの問題ではない（例えば、「してください。」——「いやです。」あるいは「できません。」などと展開しても、「してください。」と表現した時点で行動展開の表現行為としては成立していると考えるわけである。あくまでも、表現主体が行動展開を意図としているかどうかによって、それが行動展開の表現行為であるかどうかも決まってくるのである）。
　これら(1)〜(3)の表現行為は、言語としての表現行為だけではなく、非言語による表現行為も含むものだが、本研究での中心的な検討課題は、言語による表現行為となる。

それぞれの表現行為の呼び方について，より簡潔に表すと，

 (1)自己表出を意図とする表現行為 → 自己表出表現
 (2)理解要請を意図とする表現行為 → 理解要請表現
 (3)行動展開を意図とする表現行為 → 行動展開表現

ということになる。ただし，第2章でも述べたように，「表現」という術語には多義性があるので，誤解を避けるために説明を加えておきたい。

 (1)自己表出を意図とする表現行為のことを「自己表出表現」と呼ぶが，自己表出表現には，表現行為としての自己表出表現と，その表現行為の結果として成立した自己表出表現とがある。例えば，一人で風呂に入り，「気持ちがいい」いう感情を表出することを意図として，「ああ，気持ちがいいなあ。」と表現したとき，それは自己表出表現となるが，そこには，「ああ，気持ちがいいなあ」と表現する行為としての自己表出表現と，「ああ，気持ちがいいなあ。」という結果としての自己表出表現とがあるわけである。

　留意すべき点は，結果としての表現の形式自体が常に自己表出を意図とした表現になるというわけではないことである。例えば，「暑いなあ。」という結果としての表現は，独り言の自己表出表現として成立するだけでなく，自己表出を意図としているように見えるが，実は相手に向けて「エアコンをつけてほしい」という行動展開を意図とした表現の場合もあるということである（これについては「あたかも表現」として，本章第2節3で詳述する。以下，同様）。

　要するに，「意図から形式への連動」と「形式から意図への連動」とは，一致する場合と一致しない場合があるわけで，表現形式や結果としての表現自体をそのまま表現意図と結びつけることはできないのである。これが，理解主体の理解行為にも影響を与えることは言うまでもない。

 (2)理解要請を意図とする表現行為を「理解要請表現」と呼ぶが，理解要請表現には，表現行為としての理解要請表現と，その表現行為の結果として成立した理解要請表現とがある。例えば，相手に「明日は晴れる可能性がある」という情報や認識を内容として伝えたいという意図をもって「明日は晴れるでしょう。」と表現したとき，それは理解要請表現となるのだが，自己表出表現で述べたことと同様に，「明日は晴れるでしょう」と表現する行為としての理解要請表現と，「明日は晴れるでしょう。」という結果としての理解要請表現とがあるわけである。

留意すべき点は，結果としての表現（ここでは「明日は晴れるでしょう。」という表現）自体が常に理解要請を意図とした表現になるというわけではないことである。例えば，「明日は晴れるでしょう。」が特に相手に向かうのでなく独り言として表現される場合であれば，それは自己表出を意図としており，相手に対して「明日は晴れるだろう。だから帽子をかぶったほうがいい」ということが伝えたいとすれば，それは行動展開を意図とした表現になるといえるのである。

　なお，ここで確認しておくべき点は，理解要請表現は，表現内容が相手に理解されることを意図とする表現ではあるが，その最初の段階では，当然その内容を表出しようとする行為が含まれるので，その意味では，理解要請の行為には自己表出という行為が含まれる，ということである。ただし，自己表出表現が自己表出することそのものを意図とするのに対し，理解要請表現は，自己表出することが意図ではなく，その先にある相手に理解してもらいたいという理解要請が意図となる表現行為であるという点において，自己表出表現とは異なるわけである。

　(3)行動展開を意図とする表現行為を「行動展開表現」と呼ぶが，行動展開表現にも，表現行為としての行動展開表現と，その表現行為の結果として成立した行動展開表現とがある。例えば，相手に，「それを取るという行動に展開してほしい」ことを意図として「それを取ってください。」と表現したとき，それは行動展開表現となるが，自己表出表現，理解要請表現と同様，「それを取ってください」と表現する行為としての行動展開表現と，「それを取ってください。」という結果としての行動展開表現とがあるわけである。行動展開表現も，その表現形式や結果としての表現自体が常に行動展開を意図とした表現だというわけではないことには，留意する必要がある。

　ここで確認しておくべき点は，二者間において成立する行動展開表現は，表現内容が相手に理解されるだけではなく，その上で，相手あるいは自分，または相手と自分とが何らかの行動に展開することが意図となる表現ではあるが，その表現の最初の段階では，当然その伝えるべき内容を表出しようとする行為，そしてその内容を相手に理解してもらおうとする行為が含まれるので，その意味では，行動展開の表現行為には，自己表出，理解要請という行為も含まれることになる。ただし，自己表出表現が自己表出そのものを意図とし，理解要請表現が理解要請そのものを意図とするのに対し，行動展開表現は，自己表出することが意図ではなく，また理解要請することが意図でもなく，その先にある，相手あるいは自分，または相手と自分が行動することに展開したいという行動

展開が意図となる表現行為であるという点において、自己表出表現、理解要請表現とは異なるものとなるわけである。

　以上述べてきたように、表現主体の意図による表現行為の類型化として、自己表出表現、理解要請表現、行動展開表現が成立するわけであるが、その際、それぞれの意図を実現するために用いられる固定的な表現形式はない。意図と形式とが常に一対一で対応しているわけではないからである。しかしながら、その意図と連動した典型的な表現形式がないとはいえない。例えば、文末表現という観点から見れば、自己表出表現では「～（か）なあ。」という形式が、理解要請表現では「～だ。／です。／ます。」といった形式が、行動展開表現であれば「～か。／～ですか。／ますか。／でしょうか。／ましょうか。」といった形式などが挙げられる。

　ただし、このように記述すると、それらの文末表現が用いられている「結果としての表現」、例えば、「いい天気だなあ。」「私は学生です。」「それを取ってもらえますか。」などという表現自体が、それぞれ、自己表出表現、理解要請表現、行動展開表現だと受け止められてしまうかもしれない。しかし、それらの表現は、典型的な表現形式を用いた結果として成立した表現なのであって、その表現形式のことを自己表出表現、理解要請表現、行動展開表現と名づけているわけではない。上記の三類型は、あくまでも意図による表現行為の類型化を意味しているということを確認しておきたい。

　つまり、

　　(1)自己表出の意図→自己表出を実現するための典型的な表現
　　　　　　→「いい天気だなあ。」
　　(2)理解要請の意図→理解要請を実現するための典型的な表現
　　　　　　→「私は学生です。」
　　(3)行動展開の意図→行動展開を実現するための典型的な表現
　　　　　　→「それを取ってもらえますか。」

というような表現行為の流れとして捉えるのであって、(1)「いい天気だなあ。」という結果としての表現がそのまま自己表出表現になるわけではない。同様に、(2)「私は学生です。」という表現がそのまま理解要請表現だということではなく、(3)「それを取ってもらえますか。」という表現だから必ず行動展開表現だということではないのである。

　このことが、これらの表現の記述や分析の際に困難や混乱を招く元となると

ともに，実際の待遇コミュニケーションにおける，表現主体と理解主体との間の意識のずれや誤解などにも影響を与えているといえるだろう。

次に確認しておくべきことは，それぞれの意図を実現するために，語の単位で表現することも，文の単位で表現することも，文章・談話（「文話」）の単位で表現することもあり得るということである。

例えば，行動展開として「依頼」の意図を実現するために，「それ。」（語単位），「それを取ってもらえる？」（文単位），「すみません。それを取ってもらえますか。」（文話単位）などのように，それぞれの単位で表現することができるわけである。

その結果，特に「文話」の中には，他の意図を表す表現も含まれることが生じる。例えば，「すみません。それを取ってもらえますか。」における「すみません。」は，依頼の前置表現として用いられているが，それ自体は，謝罪の気持ちを表す理解要請の表現だということもできる。このように見ると，文話による行動展開表現の中には理解要請表現も含まれるということになるのだが，意図→形式という観点からすれば，行動展開を意図として表現するということには，なぜ行動展開を意図として表現をするのかという行動展開表現の前提となる事情や感情や認識などがあり，まずはそれらを内容として相手に伝え，理解してもらいたいという理解要請表現が含まれることは，当然のことだともいえる。その結果として，例えば，「ちょっと手が届かないもので…。すみませんね。それ，取ってもらえますか。」などと表現されることになるわけである。

「行為としての表現」ではなく「結果としての表現」の観点からは，どれが行動展開表現であり，どこまでが行動展開表現と呼べるものなのかが曖昧になり，記述もしにくくなるという問題点がある。しかし，先にも述べたように，自己表出表現，理解要請表現，行動展開表現というのは，結果としての表現自体に対して名づけるものではなく，あくまでも意図に基づき表現行為を類型化しようとするものである。したがって，行動展開の意図を実現させようとして成立した，「ちょっと手が届かないもので…。すみませんね。それ，取ってもらえますか。」という文話全体が行動展開という意図を表すものであり，「ちょっと手が届かないもので」は行動展開表現の中の事情説明を担う表現，「すみませんね」は行動展開表現の中の謝罪の気持ちを示す表現だと捉えられるのである。

実際の表現としては，例えば，「それ，取ってもらえるかなあ。」という自己表出表現で用いられる典型的な表現形式を用いた行動展開表現があることなど，さらに複雑な様相があるのだが，そうした点に関することは後の節で詳述したいと思う。

第2節　行動展開表現における丁寧さの原理

　意図に基づき類型化した表現の中で，人間関係や場に重点を置く待遇コミュニケーションとして最も重要なものは，行動展開表現となる。行動展開表現は，実際に何らかの行動に展開することを意図とするため，人間関係や場の認識に基づく配慮や形式上の工夫などがより重視されるものとなるからである。

　そこで本節では，行動展開表現を中心に，「丁寧さ」[32]の観点によりどのようなことが見えてくるのかを検討したいと思う。

　本節では，坂本他（1994），蒲谷（1998），蒲谷他（1998），蒲谷（2007b）など[33]で示してきた，「丁寧さの原理」との関係で述べていくことにしたい。

　1として「行動展開表現」，2として「丁寧さの原理」，3として「あたかも表現」，4として「許可求め型表現」について論じていくことにする。

1．行動展開表現

　行動展開表現についての記述は，「結果としての表現」に関する分析や整理のように受け止められてしまうことがあるため，まず，行動展開表現は結果としての表現に対して名づけたものではないという点に関して，再度明確にしておきたいと思う。

　例えば，依頼表現という行動展開表現について見ていくと，

　　(1)依頼という意図や行為自体に内在する構造
　　(2)依頼という意図とそれを実現するための表現行為との関係
　　(3)依頼という意図とそれを実現するための表現行為とその結果としての表現との関係

といった段階に分けて考えていくことが必要である。

　まず，(1)「依頼という意図や行為自体に内在する構造」という点であるが，そもそも「依頼」という行為には，依頼する主体（依頼主体）と，依頼される主体（被依頼主体）とが存在し，依頼主体は何らかの依頼内容を持ち，それを

---

[32] ここでの「丁寧さ」については，敬語やポライトネスとの関係で論じるものではない。また，語用論で扱われる「丁寧さ」とも直接的には関係しない。
[33] これらの論考は，共著も含め，基本的に筆者の考え方に基づき執筆したものであるが，本書においてさらに考察を深めている。

被依頼主体に伝え，実現してもらおうとするわけである。そこには，依頼内容を実現するという「行動」をする者は被依頼主体であり，その行動をするかどうかを決める力すなわち「決定権」を持っている者も被依頼主体であり，その行動によって「利益・恩恵」を受ける者は依頼主体である，といった構造があると考えられる。これは依頼表現以前の段階に関することである。

次に，(2)「依頼という意図とそれを実現するための表現行為との関係」であるが，依頼という表現行為は，依頼主体である表現主体が，自分の「利益・恩恵」のために，相手にその依頼の意図や内容を実現するための「行動」をしてもらう，ただし，その行動に展開するかどうかの「決定権」は相手が持つ，という認識の下でなされる表現行為である。

要するに，(二者間における)依頼表現において，依頼主体は，「行動」するのは相手[A]，その行動の「決定権」を持つのも相手[A]，「利益・恩恵」を受けるのは自分[J]という認識をしている，ということになる（なお，このとき，理解主体となる被依頼主体は，「行動」するのは自分[J]，その行動の「決定権」を持つのも自分[J]，「利益・恩恵」を受けるのは相手[A]という認識をしていることになる。この観点は，待遇コミュニケーションとして極めて重要なものとなるが，ここでは，依頼をするという表現行為の観点からの記述のみとする）。

こうした構造を典型的に表す表現形式は，
　　し　　　（「行動」＝[A]）
　　てくれる（「利益・恩恵」＝[J]）
　　か？　　（「決定権」＝[A]）
ということになる。

「スル」は何かを行うという動作を表す言材，「～テクレル」は「～」の動作を行う主体が恩恵を与えるという言材，「カ」は疑問や質問を表す言材というように，「行動」「利益・恩恵」「決定権」の性質を表し得る性質を持つ言材があり，依頼主体は，自らの意図と対応するそれらの言材を用いて，意図を実現するための表現を行うと考えられる。

このように，表現主体である依頼主体は，依頼という意図や行為の持つ構造を認識し，依頼という意図を持ち，それを実現するために必要な言材や文話などの表現形式に関する知識を持ち，それらを意図と照らし合わせる形で選択し，表現していく，ということになるわけである。

最後に，(3)「依頼という意図とそれを実現するための表現行為とその結果としての表現との関係」について見ていくことにする。

上に述べてきたように，依頼の意図を実現するための典型的な表現形式はあ

る。しかし，依頼という意図を実現するための表現形式には，それ以外にも様々なものがある。

　典型的な表現形式としては，例えば，抽象的に示すと「ソレヲ取ッテクレルカ？」ということになる。それが，［Ａレベル・－１］であれば「それを取ってくれる？」，［Ａレベル・０］であれば「それを取ってくれますか。」，［Ａレベル・＋１］であれば「それを取ってくださいますか。」となるわけである（ただし，ここではそうした相手レベルによる違いを問題にするわけでない）。しかし，それ以外にも，例えば，

　　「あ，それ，すみません。」，
　　「あ，それを。」と指差しながら言う，
　　「あの，それを取って…」，
　　「それ，取ってもらえるかな。」，
　　「取ってもらえる？」

等々，様々な表現形式によって，依頼の意図を実現することになる（相手レベルによってさらに様々な表現形式があるが，それは人間関係の認識と形式との関係によるもので，ここで述べている意図と形式との関係の問題ではない。また，「取ってもらいたいんだけど。」のように理解要請表現の形式によって依頼という意図を実現しようとする場合もあるが，それについては，本節の３「あたかも表現」で扱う）。

　このように，その意図を実現するための表現行為とその結果としての表現との関係には，ある程度典型的といえるものはありながらも，実際には，様々なものがあり得る。その意味では，「それを取ってくれますか。」は，依頼という意図を実現するための表現行為の結果として成立した典型的な表現（ではあるが，一つの表現にすぎない）と捉えられるわけである。

　行動展開表現と呼べるものとしては，依頼表現だけではなくその他にも様々なものがある。以下，それらについて整理しておくことにする。

　行動展開，という意図に内在する構造としての「行動」「決定権」「利益・恩恵」という観点から，二者間における行動展開の場合，「行動」するのは自分［Ｊ］か相手［Ａ］か（あるいは両者［ＪＡ］か），「決定権」を持つのは自分か相手か，「利益・恩恵」を受けるのは自分か相手か（あるいは両者か），といった基準で整理し，それぞれと意図の関係を示すと，次のようになる。

　なお，「利益・恩恵」については，実際には特に自分［Ｊ］にあるとも相手［Ａ］にあるともいえない場合もあるが，それを含めて記述すると煩雑になるため，基本的にその意図に内在する構造としてどちらにあるのかという観点で示しておいた。

行動展開の 9 類型

	「行動」	「決定権」	「利益・恩恵」	「意図名」
(1)	[J]	[J]	[J]	宣言
(2)	[J]	[J]	[A]	(宣言)*
(3)	[J]	[A]	[J]	確認,許可求め
(4)	[J]	[A]	[A]	申し出
(5)	[A]	[A]	[A]	忠告・助言,勧め
(6)	[A]	[A]	[J]	依頼
(7)	[A]	[J]	[A]	許可与え
(8)	[A]	[J]	[J]	指示・命令
(9)	[JA]	[A]	[JA]	誘い

＊基本的に [J] [J] [A] の構造を持つものとして考えられる意図は,申し出に近い「宣言」である。ただし「宣言」は,典型的には [J] [J] [J] の構造を持つといえる。

まず,「行動」「決定権」「利益・恩恵」それぞれの違いを見ることによっても,行動展開の特徴が明らかになるといえる。
　典型的には,

「行動」が ─┬─ 自分 [J] である意図:「宣言」「確認」「許可求め」「申し出」
　　　　　　├─ 相手 [A] である意図:「忠告・助言」「勧め」「依頼」
　　　　　　│　　　　　　　　　　　「許可与え」「指示・命令」
　　　　　　└─ 自分と相手 [JA] である意図:「誘い」

ということになる。
　また,

「決定権」が ─┬─ 自分 [J] にある意図:「宣言」「許可与え」「指示・命令」
　　　　　　　└─ 相手 [A] にある意図:「確認」「許可求め」「申し出」「忠告・助言」「勧め」「依頼」「誘い」

　そして,

「利益・思想」が ─┬─ 自分 [J] にある意図:「宣言」「確認」「許可求め」「依頼」「指示・命令」
　　　　　　　　　├─ 相手 [A] にある意図:「申し出」「忠告・助言」「勧め」「許可与え」
　　　　　　　　　└─ 自分と相手 [JA] にある意図:「誘い」

ということになる。
　ただし,行動展開の類型化は,「行動」「決定権」「利益・恩恵」それぞれに

着目するだけではなく，その三者の組み合わせによって示される構造全体の異なりとして見えてくることが，さらに重要な点となる。

例えば，「宣言」という意図は，基本的に，「行動」は自分，「決定権」も自分，「利益・恩恵」も自分（相手の場合，だれにもない場合もあるが）という構造（[J] [J] [J]）を持ち，「許可求め」という意図は，基本的に，「行動」は自分，「決定権」は相手，「利益・恩恵」は自分という構造（[J] [A] [J]）を持つ。したがって，[J] [J] [J] である「宣言」は「決定権」が自分であり，[J] [A] [J] である「許可求め」は「決定権」が相手にあるという点において異なる，というように構造全体として捉えることが大切になるわけである。

そのほかにも，「許可求め」（[J] [A] [J]）と「許可与え」（[A] [J] [A]）はすべてが逆の関係にあること，「依頼」（[A] [A] [J]）と「指示・命令」（[A] [J] [J]）の違いは「決定権」の違いにあることなどから，それぞれの構造としての違いが見えてくる。詳細については後述するが，まずはこうした基本的な特徴を押さえた上で，その広がりについて検討していくことに意味があると考えている。

次に，それぞれの意図を実現するための典型的な表現形式を示しておく。これまでも繰り返し述べてきたように，それぞれの表現形式自体は，常にその意図を表すものではなく，その意図における「行動」「決定権」「利益・恩恵」それぞれに対応する典型的な形式としての性質を持っているものだということである。

以下の記述における相手レベルは，[Aレベル・0] における表現によって代表させるが，実際に [Aレベル・0] だと認識した相手に対してこの表現が常に使われるということではない。あくまでも典型例を示すための抽象的な表現だということで，カタカナ表記にしておく。

行動展開表現の9類型（典型的な表現形式）

  「行動」「決定権」「利益・恩恵」「意図名」
  「典型的な表現例」
 (1) [J] [J] [J] 宣言
   （ワタシガ）シマス；（ワタシガ）サセテモライマス
 (2) [J] [J] [A] （宣言）
   （ワタシガ）シテアゲマス
 (3) [J] [A] [J] 確認，許可求め
   （ワタシガ）シテモイイデスネ；（ワタシガ）シテモイイデスカ
 (4) [J] [A] [A] 申し出

　　　　　　　　　　　（ワタシガ）シテアゲマショウカ
　　(5)　[A]　　　[A]　　　[A]　　　忠告・助言，勧め
　　　　　　　（アナタハ）シタホウガイイデスヨ；（アナタハ）シマセンカ
　　(6)　[A]　　　[A]　　　[J]　　　依頼
　　　　　　　（アナタハ）シテクレマスカ；（ワタシハ）シテモラエマスカ
　　(7)　[A]　　　[J]　　　[A]　　　許可与え
　　　　　　　（アナタハ）シテモイイデスヨ
　　(8)　[A]　　　[J]　　　[J]　　　指示・命令
　　　　　　　（アナタハ）シテクダサイ；（アナタハ）シナサイ
　　(9)　[JA]　　　[A]　　　[JA]　　　誘い
　　　　　　　（ワタシトアナタデ）シマセンカ

　以上の類型化は，実際の表現を帰納的に整理した結果というものではなく，このような「行動」「決定権」「利益・恩恵」という観点で行動展開表現を類型化し，それを考察のための枠組みとして利用することによって，実際の表現における意識やあり方が説明可能になることを目的とするものである。
　例えば，「ごゆっくりお休み下さい。」も「さっさと手伝って下さい。」も，ともに「指示・命令」つまり [A][J][J] に入るわけだが，それらの表現には大きな違いがあると感じられるだろう。まずは大きく，いずれもが「指示・命令」の枠に入るという基本を押さえた上で，次の検討に移ると，「ごゆっくりお休みください。」は，相手に「利益・恩恵」があるという [A][J][A] の構造に近づくため，形式的に見れば同じ「指示・命令」だといっても，相手のために許可を与えるような表現に近いのだ，ということが見えてくる。それに対して，「さっさと手伝ってください。」は，あくまでも典型的な [A][J][J] であり，両者には違いが感じられるという理由が明らかにできるわけである。この類型化は，そうした考察につなげていけることがねらいなのであって，当然のことながら，表現を９つに類型化することを目的とするものではない。
　また例えば，同じ許可求めの表現でも，「ビールをつがせていただいてもよろしいでしょうか。」と「（あなたの）自動車を使わせていただいてもよろしいでしょうか。」では待遇上の性質はかなり違うという指摘があるかもしれない。これについては，「ビールをつがせていただいてもよろしいでしょうか。」は，例えば社員が社長に対してという場合であれば，「ビールをつぐ」という自分の行為を「ビールをついでもいいか」という典型的な許可求めの表現とし，さらに相手との関係を持たせ，恩恵的に捉え直して表現していると考えられるのに対し，「（あなたの）自動車を使わせていただいてもよろしいでしょうか。」

は，そもそも「あなたの自動車」を自分が勝手に「使う」ことはできないため，実質的に相手の「使わせる」という行動とそのための許可が必要であるという点から，「使ってもいいか」［J］［A］［J］ではなく，本来は「使わせてもらえるか」［A］［A］［J］という依頼表現にする必要があり，その依頼表現をさらに許可求め表現に言い換えている表現だと考えられるのである。要するに，本来の許可求め表現をより丁寧な許可求め表現にしているものと，本来の依頼表現をより丁寧な許可求め表現にしているものとの違いがあるのではないか，という考察につながっていくわけである（これについては，本節の4「許可求め型表現」を参照）。もちろん，そうした意図を本当に持ちながら表現しているかどうかは，個々のコミュニケーション主体によって異なるわけだが，与えられた表現を比較検討するのであれば，こうした分析が可能になると考えられる。コミュニケーション主体の認識をどう表現形式に乗せていくのか，という観点によって考察することで，類似の表現形式を持つ表現の異なる点が明らかにできるといえよう。ここでの類型化は，そのための理論的な枠組みとして活用することがねらいなのである。

2. 丁寧さの原理

　以上を踏まえた上で，ここでは「丁寧さの原理」について考察していく[34]。
　ただし，ここに述べる「丁寧さの原理」とは，あくまでも〈行動展開表現における丁寧さの原理〉であって，〈理解要請表現における丁寧さの原理〉については，これとは別に考える必要がある。また，ここでの「丁寧さ」というのは，「丁寧文体語」などの敬語によって表される丁寧さとは別のものであって，行動展開という意図や行為そのものに内在する丁寧さである。その意味で，まさに行動展開における原理的な丁寧さを示そうとするものである。
　行動展開表現における「丁寧さの原理」を説明するために，「行動」「決定権」「利益・恩恵」という枠組みを用いて記述すると，次のようになる。
　まず，「丁寧である」ということは，次のように記述することができる。

　　・「行動」をするのは，相手にさせるのではなく，自分がするほうが丁寧

---

[34]　語用論における「丁寧さの原理」「丁寧さの原則」については，Leech（1983）などでも論じられている。ただし，これらは，本書でいう理解要請表現に関することが中心であり，〈行動展開表現における丁寧さの原理〉とは直接の関連はない。「気配りの原則」には，行動展開表現と関わる点もあるが，本書の枠組みとは異なるものである。語用論との相違点についての考察は，今後の検討課題としたい。

だ。
・「決定権」は，自分が取ってしまうのではなく，相手に持たせるほうが丁寧だ。
・「利益・恩恵」は，自分が相手に与えてあげることを表明するのではなく，相手が自分に与えてくれることをありがたいと捉えるほうが丁寧だ。

要するに，
「行動」＝自分，「決定権」＝相手，「利益・恩恵」＝自分
という構造を持つ行為が，原理的には最も丁寧なものになる，ということである。
この原理に適う構造を持つものは，許可求め表現（[J][A][J]）である。
以上のことを逆に見れば，すなわち「丁寧ではない」ということは，次のようになる。

・「行動」をするのは，自分がするのではなく，相手にさせるほうが丁寧ではない。
・「決定権」は，相手に持たせるのではなく，自分が取ってしまうほうが丁寧ではない。
・「利益・恩恵」は，相手が自分に与えてくれることをありがたいと捉えるのではなく，自分が相手に与えてあげることを表明するほうが丁寧ではない。

要するに，
「行動」＝相手，「決定権」＝自分，「利益・恩恵」＝相手
という構造を持つ行為が，原理的には丁寧さからは最も遠いものになる，ということである。
この原理と合う構造を持つものは，許可与え表現（[A][J][A]）である。また，相手に「利益・恩恵」があると認識する指示・命令表現であれば（[A][J][A]）の構造となり，同様に「丁寧さ」からは遠いものとなる。
この原則に従うと，それぞれの行動展開表現は次のように捉えることができる。

(1) [J]　　　[J]　　　[J]　　　宣言
　　（ワタシガ）シマス；（ワタシガ）サセテモライマス

宣言表現は，「行動」が自分，「利益・恩恵」も自分という点での「丁寧さ」はあるが，「決定権」を自分が持つという点で「丁寧さ」から遠くなる。

「利益・恩恵」は，「（ワタシガ）シマス」よりも，「（ワタシガ）サセテモライマス」のほうがそれを明示的に表すことになる（なお，宣言表現の「決定権」が相手に移れば，確認表現（[J][A][J]）の「ワタシガシマスネ」「ワタシガシテモイイデスネ」となり，さらに許可求め表現（[J][A][J]）の「ワタシガシテモイイデスカ」につながっていくことになる。こうした点については，本節3「あたかも表現」で詳述する）。

　　(2)　[J]　　　[J]　　　[A]　　　（宣言）
　　　　（ワタシガ）シテアゲマス

この構造の宣言表現は，「決定権」を自分が持ち，「利益・恩恵」が相手にあることを明示的に示している点で，上の宣言表現よりもさらに「丁寧さ」から遠くなる（この宣言表現では，「決定権」を相手に移すことで，申し出表現（[J][A][A]）につながっていく）。

　　(3)　[J]　　　[A]　　　[J]　　　確認，許可求め
　　　　（ワタシガ）シテモイイデスネ；（ワタシガ）シテモイイデスカ

上に述べたように，この構造を持つ表現が，最も丁寧さに適うものとなる。許可求め表現は，明確に「決定権」を相手に持たせるが，確認表現は，許可を求めるのではなく，一応自分が行動に展開することを相手に確認することが意図となる点でやや異なる。また，「利益・恩恵」が自分にあることは表現形式としては明示していない。

「利益・恩恵」が自分にあることをさらに明示的に表すと，「（ワタシガ）リセテモラッテモイイデスネ」，さらに，許可求め表現の形になって，「（ワタシガ）サセテモラッテモイイデスカ」となる（このようなタイプの許可求め表現については，本節4「許可求め型表現」で詳述する）。

　　(4)　[J]　　　[A]　　　[A]　　　申し出
　　　　（ワタシガ）シテアゲマショウカ

「利益・恩恵」が相手にある点だけが「丁寧さ」から遠いものとなっている。したがって，「利益・恩恵」が相手にある点を明示しなければ（「利益・恩

恵」が自分にも相手にもない場合は，［０］と表すことにする），「（ワタシガ）シマショウカ」［Ｊ］［Ａ］［０］となって，より丁寧さに適した表現に変わるといえる。

 (5) ［Ａ］ ［Ａ］   ［Ａ］ 忠告・助言，勧め
  （アナタハ）シタホウガイイデスヨ；（アナタハ）シマセンカ

 相手の「行動」であり，相手に「利益・恩恵」があることを表現する点で「丁寧さ」からは遠いものとなる。
 「利益・恩恵」を自分に移すと依頼表現の構造（［Ａ］［Ａ］［Ｊ］）になる。表現形式としては，「シタホウガイイデスヨ」から「シテモラエマスカ」に変わる（実際の表現としては，「（アナタハ）シタホウガイインジャナイカナア」などの自己表出的な表現や，「（アナタハ）シタホウガイイトオモイマスヨ」などの理解要請的な表現を用いることがある。これらも，本節3で述べる「あたかも表現」だといえよう）。

 (6) ［Ａ］ ［Ａ］   ［Ｊ］ 依頼
  （アナタハ）シテクレマスカ；（ワタシハ）シテモラエマスカ

 「行動」を相手にさせるという点においてのみ，丁寧さからは遠いものとなる。
 「シテクレマスカ」よりも「シテモラエマスカ」のほうが丁寧だと認識されることが多い詳しい理由については後述するが，「シテモラエル」は，相手の「行動」を自分の「行動」に転換している表現であることが大きく関わっている。実際には相手の「行動」（シテクレル）を自分の「行動」（シテモラエル）であるかのように表現することで，「丁寧さの原理」において最も丁寧さを表し得る［Ｊ］［Ａ］［Ｊ］の構造に近づけると考えられるからである。
 「決定権」が自分に移ると，指示・命令に変わる（［Ａ］［Ｊ］［Ｊ］）。先にも述べたように，依頼と指示・命令との違いは，「決定権」をどう捉えるかによるものだといえる。

 (7) ［Ａ］ ［Ｊ］   ［Ａ］ 許可与え
  （アナタハ）シテモイイデスヨ

 許可求め表現「シテモイイデスカ」に対する回答としての許可与え表現「シ

テモイイデスヨ」となるわけだが，「丁寧さの原理」からすれば，［A］［J］［A］という構造を持つものが最も丁寧さからは遠くなる。それは，かりに「ナサッテモヨロシイデスヨ」という敬語表現になっても変わることのない原理である（行動展開表現としては丁寧さから遠い表現になることから，例えば，「シテモイイデスヨ」ではなく，「シテモイイトオモイマスヨ」などの理解要請表現に変えることで，丁寧ではない点を回避する場合もある）。

　(8)　［A］　　［J］　　［J］　　指示・命令
　　　（アナタハ）シテクダサイ；（アナタハ）シナサイ

　基本的には，「行動」が相手，「決定権」が自分という点で丁寧さからは遠いものとなる。ただし，「利益・恩恵」が相手にある場合の命令表現であると（例えば，「モット食ベナサイ」など），許可与え表現と同様の構造（［A］［J］［A］）になって，さらに丁寧さからは遠いものとなる。
　指示表現としての「シテクダサイ」は，命令形ではあるものの「利益・恩恵」が自分に与えられることが明示されている。一方命令表現としての「シナサイ」には，それがないため，敬語ではあってもまさに命令形であり，丁寧さの点ではより遠い表現になるわけである。
　「決定権」を相手に移すと，依頼表現に変わる（［A］［A］［J］）ので，後述するように，指示・命令表現を依頼表現にすることで「丁寧さ」を表そうとする工夫が多用されることにつながるといえる。
　なお，「利益・恩恵」が自分にも相手にもないという認識になると（［A］［J］［0］），「決定権」を持つ人が上の立場から指示や命令をする点が強調されることにもつながるといえるだろう。

　(9)　［JA］　　［A］　　［JA］　　誘い
　　　（ワタシトアナタデ）シマセンカ

　誘い表現は，自分と相手とが「行動」に展開し，「利益・恩恵」も両者が共有するものとなる。「行動」「利益・恩恵」からだけでは丁寧さを判断しにくいが，「決定権」が相手にある点では，丁寧さにつながるものである。
　実際の誘い表現において，表現主体の認識としては「利益・恩恵」が両者にあるとしても，客観的な事実として「利益・恩恵」が両者にあるといえるかどうかは別の問題である（相手は誘われることが迷惑であり，「利益・恩恵」があるとはまったく思っていない場合など。これは，他の行動展開表現について

も同様のことである）。

　「行動」を相手だけにし，「利益・恩恵」を自分だけにすることで，依頼の構造（［A］［A］［J］）と同じになる。これも後述するように，誘い表現の「シマセンカ」を依頼表現の「シテモラエマセンカ」に変えることで「丁寧さ」につながるといえる。

　以上，「行動展開表現における丁寧さの原理」に関する基本的な考え方と，個々の行動展開表現における構造や形式との関係について述べてきた。この原理自体は，極めて常識的な考え方に基づくものではあるが，これによって，実際の待遇表現における様々な配慮や工夫に関する原理的な説明が可能になることが重要なのだと考える。次は，そうした点について述べていくことにしたい。

3. あたかも表現

　行動展開表現に関する基本的な構造，そこから生じる「丁寧さの原理」について述べてきたが，各箇所でも触れたように，表現主体は，それぞれの基本的な構造に対する認識を少し変え，それに基づく表現形式に変えることで「丁寧さ」も変えられる，という表現上の工夫が生じると考えられる。
　例えば，指示・命令表現のところで述べたように，指示・命令の意図の持つ構造は，「行動」＝相手，「決定権」＝自分，「利益・恩恵」＝自分であるが，「決定権」を自分が持つことをそのまま表現する（例えば，「取りなさい。」）のでなく，「決定権」が相手にあるかのように表現する（例えば，「取ってくれますか。」）ことで，より丁寧な表現に変えることができるということである。
　また例えば，上司が，部下に対して，明日までに上司が必要とする書類を作成するように伝える場合，まず事実としては，「行動」＝部下，「決定権」＝上司，「利益・恩恵」＝上司，ということになる。それを表現主体としての上司が，そのまま認識し，表現すれば，「行動」＝部下［A］，「決定権」＝上司［J］，「利益・恩恵」＝上司［J］という，指示・命令表現（［A］［J］［J］）を選択することになる。結果としての表現は，部下を［Aレベル・－1］だと認識すれば「明日までに，この書類を作成してくれ。」，［Aレベル・0］だと認識すれば，「明日までに，この書類を作成してください。」ということになる。しかし，いずれにしても，［A］［J］［J］という構造に変化はないので，「丁寧さの原理」に基づけば，「行動」が［A］，「決定権」が［J］という点で，あまり丁寧な表現にはならないといえよう。
　そこで，事実としての事態は変わらなくても，表現主体が表現上の認識を変

えることで，「決定権」が自分にあることを前面に出すのではなく，部下の判断にも委ねるように変え，［A］［A］［J］という構造を持つ依頼表現にし，その結果としての表現を「明日までにこの書類を作成してくれないか。」「明日までにこの書類を作成してもらえませんか。」などとすることが考えられる。

　これは，個々のコミュニケーション主体が常にそのように意識しながら表現しているということが主張したいのではなく，日常の言語生活において，こうした工夫が行われているとすれば，それはどういう理由に基づくのかという点を明らかにする必要があるということである。

　そしてそれは，ただ単に表現形式を変えるということではなく，その局面における人間関係や場をどう認識し，それによって意識や内容をどうするかを考えた上で，結果としての表現形式を選択するという，待遇コミュニケーション行為全体の問題として捉えなければならない。この例では，「決定権」を自分から相手に渡すという認識をすることにより，相手に対する配慮を示そう，より丁寧な表現にしようとする，表現主体の表現上の工夫だと捉えるということなのである。

　要するに，事実としての事態の認識（上司から部下へ書類を作成するように指示・命令することであり，「行動」＝部下［A］，「決定権」＝上司［J］という基本的な構造を持つこと）から，「決定権」を部下［A］に切り替え，その結果，指示・命令表現［A］［J］［J］から依頼表現［A］［A］［J］に変えることで，「作成してください。」から「作成してもらえますか。」という結果としての表現を選択するという展開になるわけである。

　ここで生じた最後の依頼表現は，本来の依頼表現とは異なり，本当であれば指示・命令表現が使われる場面なのだが，あたかも依頼しているかのような表現に変えた結果としての依頼表現なのである。そうする理由は，指示・命令表現では「決定権」が自分にあることを明示するため，上位の立場から尊大な姿勢で指示・命令することになり，「丁寧さの原理」に基づけば，丁寧さには欠けるものとなるからだといえる。

　節題に掲げた『あたかも表現』とは，蒲谷（1998）で示したように，

　　　意図Xを持つ事態において，本来の意図Xを示す表現Xを用いず，あたかも意図Yを意図とするかのように表現Yを用いて表現する行為，あるいは，その時に用いられる表現Yのことである。

と規定されるものであるが，上に述べた例で言えば，指示・命令する場面において，本来であれば「作成しなさい。」を用いるところ，あたかも依頼を意

図とするかのような表現である「作成してもらえますか。」を用いて表現する行為，あるいはその「作成してもらえますか。」という結果としての表現のことを「あたかも表現」（ここでは「あたかも依頼表現」）と呼ぶことで，本来の依頼表現とは区別し，表現主体の表現上の工夫によって生まれた表現だと捉えるわけである。

　しかし，ここでいくつかの疑問点や問題点が生じることだろう。

　その一つは，「作成しなさい。」ではなく，「作成してもらえますか。」と表現したということは，事実として依頼表現をしたのであって，指示・命令表現との関係で生じた表現であると捉える必要はないのではないか，という点である。

　これについては，表現主体が本来の場面や意図というものをどのように捉えたかによって解釈も異なってくるが，上司が部下に書類を作成させるという事態，そこにおいて生じる意図は，本来，指示・命令すべき場面であり，指示・命令の意図を持つということを基準に据えないかぎり，結果としての表現が「あたかも表現」であるかどうかにも意味はなくなるわけである。

　結果として成立した表現「作成してもらえますか。」は，たしかに依頼表現だといえるのであるが，自分が社員で，相手が上司の場合，それを単なる依頼表現だと受け止めることはできないだろう。「作成しなさい。」と「作成してもらえますか。」という表現の違いを考えたとき，前者は指示表現，後者は依頼表現とするだけでは，実際の表現の意図を解明できないということから「あたかも表現」という考えが生まれたのである。実際の場面，そこで用いられる表現形式の性質，実際になされた表現のそれぞれについて考えていくことが，待遇コミュニケーション行為として捉える際にも重要なことなのだと考える。

　しかし，上司が部下に「作成してもらえますか。」と表現したところで，それは結局のところ指示・命令なのだから，表面的には依頼されたように見えても，事実上「決定権」は自分にはないので断ることはできない，だからそれは依頼表現ではなく命令表現なのではないか，という次の疑問が生じるかもしれない。

　もちろん，それは単なる依頼表現ではなく，理解主体にとって，依頼されたように見えても実は命令なのではないかと感じられるからこそ，「あたかも依頼表現」として捉える意味があるといえよう。命令でありながら，依頼表現の形でそれを表現しようとするところに，「あたかも表現」の表現上の特色があり，それは真意とは異なる偽りの表現をしようとすることではなく，「丁寧さの原理」に基づく，部下である相手への配慮の現れだと捉えるわけである。

　当然のことながら，現実のコミュニケーションとして，表現主体としての上司がどういう意識で表現したのか，理解主体としての部下がそれをどう受け止

めたのか，という点については，個々のコミュニケーション主体によって異なるため，ここではそうした個別の問題について述べているわけではない。ここでの主旨は，「あたかも表現」という表現のあり方を立てることで，現実の様々な表現をコミュニケーション主体の場面に対する認識，意識と形式との連動から捉えることができるのではないか，という提言をすることなのである[35]。

　以上の点を踏まえ，先にも少しずつ触れてはいるが，それぞれの行動展開表現が「あたかも表現」としてはどのようなものになるかについて述べていくことにする。

　　(1)　[J]　　　[J]　　　　[J]　　　宣言
　　　（ワタシガ）シマス：（ワタシガ）サセテモライマス

　宣言を意図とする場合，自分にある「決定権」を相手に移すことによって，「お先に帰ります。」[J][J][J]ではなく「お先に帰りますね。」という「あたかも確認表現」[J][A][J]になり，「お先に帰ってもいいですか。」という「あたかも許可求め表現」[J][A][J]になるといえる。

　　(2)　[J]　　　[J]　　　　[A]　　　（宣言）
　　　（ワタシガ）シテアゲマス

　相手に「利益・恩恵」があるタイプの宣言表現は，「決定権」を相手に移すことで，例えば「手伝ってあげます。」（[J][J][A]）から「手伝ってあげましょうか。」という「あたかも申し出表現」（[J][A][A]）につながっていく。さらに「利益・恩恵」が相手にあることを明示しないように「手伝いましょうか。」とすれば，配慮のある「申し出表現」（[J][A][０]）に変わる。

　ただし，手伝うかどうかを相手に尋ねるのではなく，自分の意思で決めてしまうほうが，かえって相手に対する配慮となり，丁寧さに適う表現になる場合もある。そのときには，「利益・恩恵」が相手にあることを明示せず，「お手伝いします。」（[J][J][０]）とすればよくなる。

---

35)　「あたかも表現」においては，表現形式がどのような意図によって選択されたものかを考えることが必要である。また，ある意図によって，どのような表現形式が選択されるのか，様々な形式の選択があり得るという点も重要な観点である。例えば，慣用的な形式として，「どうしていつも遅刻するの。」は，質問しているわけではないことや，「暑いですね。」が含意する様々な意図や，「していただけたらありがたい」のような理解要請表現によって依頼するといった表現のしかたも，「あたかも表現」という観点から捉えることが可能になるだろう。そうしたことが検討できるための枠組みとして意味があると考えている。

(3)　[J]　　[A]　　　[J]　　　　確認, 許可求め
　　　(ワタシガ) シテモイイデスネ；(ワタシガ) シテモイイデスカ

　この構造を持つ表現が最も丁寧さを表すことになるという「丁寧さの原理」からすると、これをさらに丁寧さに関する「あたかも表現」に変える必要はないのだが、「してもよろしいですね。」よりも「してもよろしいですか。」にするほうが、「決定権」を明確に相手に渡すことになる。確認表現から「あたかも許可求め表現」にすることで、その意識を示すことは可能になるわけである。
　実は、「してもいいですか。」という許可求め表現は、「利益・恩恵」が自分にあることが形式上は明示されていないので（その意味では [J] [A] [0]）、そのことを明確にするために、「利益・恩恵」が自分にあることが明らかな「テモラウ」を用いた「させてもらってもいいですか。」という表現に変えることもある（本節4「許可求め型表現」を参照）。これは許可求め表現内での工夫になるが、宣言表現の「します。」、確認表現の「してもいいですね。」からであれば、「あたかも許可求め表現」となりうるものである。

　(4)　[J]　　[A]　　　[A]　　　　申し出
　　　(ワタシガ) シテアゲマショウカ

　例えば「手伝ってあげましょうか。」([J] [A] [A]) では「利益・恩恵」が相手にあることを明示してしまうため、「手伝いましょうか。」([J] [A] [0]) にすることでより丁寧な表現になるといえる。ただし、これは申し出表現内の工夫である。
　宣言表現「手伝います。」「手伝ってあげます。」から「手伝いましょうか。」「手伝ってあげましょうか。」への変更は、「あたかも申し出表現」となる。しかし、これも先に触れたように、場面によっては、申し出表現「手伝いましょうか。」から「手伝います。」へ変更される場合もあり得る。その場合は、申し出を意図とした「あたかも宣言表現」であり、その時の状況に即して配慮された申し出表現だということもできるわけである。
　さらに言えば、「手伝いましょうか。」([J] [A] [0]) が「手伝ってもいいですか。」([J] [A] [J]) という「あたかも許可求め表現」に変わる場合もある。状況にもよるが、「丁寧さの原理」に基づけば最も丁寧さを表すことができる許可求め表現にすることで、相手への配慮を示すことが可能になるといえるだろう。

以上，「行動」が自分の場合の表現群では，「決定権」が相手［A］，「利益・恩恵」が自分［J］という構造を持つ許可求め表現の形を持つ「あたかも許可求め表現」に収斂していくことが見て取れる。「あたかも表現」は丁寧さだけの問題ではないのだが，丁寧さの観点からは，すべてが［J］［A］［J］の構造を持つ方向に向かって表現しようとする傾向があるといえるだろう。

(5)　［A］　　［A］　　［A］　　忠告・助言，勧め
　　（アナタハ）シタホウガイイデスヨ；（アナタハ）シマセンカ

　忠告・助言，勧めは，「行動」が相手，「利益・恩恵」も相手，という点で，「丁寧さ」からは遠くなるため，「利益・恩恵」を自分に移して［A］［A］［J］とすることで「あたかも依頼表現」になる。
　例えば，医師が，年配の患者に対して，「もう一日お風呂には入らない方がいいですよ。」と忠告・助言するところを「もう一日お風呂には入らないでいただけますか。」などと「あたかも依頼表現」にすることなどが，その例として挙げられる。
　例えば，「お風呂には入らないほうがいいんじゃないかなあ。」は「あたかも自己表出表現」，「お風呂には入らないほうがいいと思いますよ。」は「あたかも理解要請表現」であり，「あたかも表現」も行動展開表現を超えて用いられることがわかる。
　これは，行動展開表現の「あたかも依頼表現」である「入らないでいただけますか。」であっても，結局は相手に働きかける表現であり，その意味では相手に対する配慮や丁寧さの点で若干問題が残るため，自己表出表現や理解要請表現に変えることでその問題を回避することにつながるのだと考えられる。もちろん，こうした表現方法を採ることのすべてが丁寧さに向かうわけではなく，医師が患者に対して「お風呂には入らないほうがいいんじゃないかなあ。」「お風呂には入らないほうがいいと思いますよ。」と伝えたのでは，医師としての責任を逃れるような表現に聞こえてしまうという別の問題が生じるともいえるだろう。ただし，そうしたことは，医師と患者との待遇コミュニケーション全体の課題であり，ここでの議論とは別の観点となる。

(6)　［A］　　［A］　　［J］　　依頼
　　（アナタハ）シテクレマスカ；（ワタシハ）シテモラエマスカ

　例えば，「それを取ってくれますか。」よりも「それを取ってもらえますか。」

のほうが丁寧だといえる理由は,「取ってくれますか。」が依頼の持つ構造である, 行動が相手[A]（取る),「決定権」相手[A]（か？),「利益・恩恵」自分[J]（てくれる）にそのまま合う表現であるのに対し,「取ってもらえますか。」は,「取ってもらえる」によって行動が相手[A]（取る）→自分[J]（取ってもらえる）にすることで，[J][A][J]という構造に近づけているからだと考えられる。その意味では,「取ってもらえますか。」は「あたかも表現」の一種だといえるのである。

　もちろん，これは依頼表現の中での変換なので,「あたかも依頼表現」だとはいえないが，構造自体は「丁寧さの原理」に基づく最も丁寧な表現にしようとするという工夫なのだと考えられる。また，依頼表現をさらに「あたかも表現」にする工夫として「シテモラッテモイイデスカ」という「許可求め型表現」の問題があるが，これらについては，本節の4で詳述する。

　なお，行動展開表現を超えた「あたかも表現」としては,「それを取ってもらえるかなあ。」(「あたかも自己表出表現」),「それを取ってもらいたいんですけど」(「あたかも理解要請表現」）などがある。これも上に述べたように，依頼表現はそもそも相手に働きかける表現であり，それ自体が相手に心理的負担をかけるものとなるため，述べる表現としての理解要請表現に言い換えることによって，それを和らげようとする配慮につながるのだと考えられる。

(7)　[A]　　　[J]　　　[A]　　　　　許可与え
　　（アナタハ）シテモイイデスヨ

　例えば，許可求め表現「参加してもいいですか。」に対する回答として，許可与え表現「参加してもいいですよ。」にすると,「丁寧さの原理」からすれば，最も丁寧さから遠い表現を選ぶことになる。

　「あたかも表現」としては,「参加してもいいと思いますよ。」という理解要請表現にする場合もあることを述べたが，そういう可能性を示したのであって，常にその表現形式が適切だということではない。(「参加してもいいと思いますよ。」は，例えば,「参加してもいいんですか。」という事実確認に対する返事として用いられた場合，許可与え表現とはいえない。)

　「参加してもいいですか。」という許可求め表現に対して,「あたかも指示表現」の「どうぞ参加してください。」([A][J][J])にすることで「利益・恩恵」を自分[J]に移すことはできるが,「決定権」は自分[J]のままである。

　また，別の「あたかも指示表現」である「どうぞ御参加ください。」のほうが相手への配慮を感じさせる表現になるわけだが，構造自体は[A][J][A]

と，元々の許可与えと変わらない。それは，ここでいう丁寧さの問題ではなく，相手が参加することを遠慮しているような場合に，参加することを強く促すことで相手への配慮を示そうとするものであり，「どうぞ，どうぞ，（ご遠慮なく）召し上がれ。」という命令表現が配慮の表現になることと近い現象である。

　ここでの論点に即して言えば，許可与え表現を「あたかも依頼表現」にして，「参加してくれますか。」（[A][A][J]）とすることで，「許可与え」の持つ丁寧さの問題点を解消することができる。ただし，実際の表現として，「参加してもいいですか。」に対して「参加してくれますか。」を選ぶかどうかは，個々の場面によって異なる。実際には，単に「どうぞ。」という促しの表現によって丁寧さを表そうとする場合も多いだろう。

　(8)　[A]　　[J]　　[J]　　指示・命令
　　　（アナタハ）シテクダサイ：（アナタハ）シナサイ

　これも先に述べたように，「決定権」を相手に移すことで，「あたかも依頼表現」に変えられるので，例えば，「取ってください。」（[A][J][J]）ではなく「取ってくれますか。」，「取ってもらえますか。」（[A][A][J]）にすることで，丁寧さを表すことになる。このように指示・命令表現を「あたかも依頼表現」にすることで丁寧にしようとする工夫は多くみられる。

　ただし，明らかに相手に「利益・恩恵」がある場合には，例えば，「飲み物は自由に取っていただけますか。」ではなく，「お取りください。」にすることで[A][J][A]であることが明確になる。そのときには，「取っていただけますか。」という「あたかも依頼表現」が常に丁寧さにつながるわけではないが，原理的な点と実際の場面に即した表現上の工夫とを同時に議論することで，かえって「丁寧さの原理」や「あたかも表現」の本質が見えなくなってしまうことは避けなくてはならないだろう。

　以上，「行動」が相手の場合の「あたかも表現」を見てくると，実際の表現では他にも様々な工夫や配慮が必要にはなるが，基本的には，「決定権」＝相手，「利益・恩恵」＝自分という「丁寧さの原理」に即した形で，「あたかも依頼表現」に収斂してくることが明らかになる。この点は，次の誘い表現にも適用できる考え方である。

　(9)　[JA]　　[A]　　[JA]　　誘い
　　　（ワタシトアナタデ）シマセンカ

先に述べたように,「行動」を相手だけにし,「利益・恩恵」を自分だけにすることで,依頼の構造（[A][A][J]）と同じになる。例えば,誘い表現の「一緒に行きませんか。」を「あたかも依頼表現」の「一緒に行ってもらえませんか。」に変えることで「丁寧さ」につながるといえる。ただし,これも実際の場面で常にそう表現することが適切になるということではない。

なお,「一緒に行きましょう。」（[JA][J][JA]）という表現は,誘い表現として使われるものの,「決定権」が自分にある表現となる点で,むしろ宣言表現に近くなる。

以上,行動展開表現における「あたかも表現」について述べてきたが,「あたかも表現」は,行動展開表現だけのものではなく,すでにいくつか例を挙げたように,自己表出表現や理解要請表現との関わりもあるものである。依頼表現でよく用いられる,例えば「作成していただきたいのですが。」なども,形としては理解要請表現なので,「あたかも理解要請表現」としての依頼表現だということができる。

また,「あたかも表現」は,丁寧さに向かおうとするものだけではなく,逆にわざと失礼な言い方にすることで,親しい人間関係にあることを示そうとする（例えば,「させてやってもいいよ。」などと「あたかも許可与え表現」を用いること）など,そのときの人間関係や場にふさわしい表現にするために用いることもあるといえよう。

ここまで述べてきたように,「あたかも表現」は,「行動」が自分の場合の表現には,ほとんどが「あたかも許可求め表現」に収斂し,「行動」が相手の場合には,ほとんどが「あたかも依頼表現」に収斂することになる。

その理由としては,許可求め表現も依頼表現も,「決定権」が相手,「利益・恩恵」が自分ということで,「丁寧さの原理」に基づく丁寧さに即した表現であることが挙げられる。

蒲谷他（1998）では,「あたかも表現」を巡り,次のように述べた。

　　この「あたかも表現」が用いられることによっても「日本語では本当の「表現意図」がわかりにくい」とか,「日本人は言葉は丁寧でも,心の中では何を考えているのかわからない」などといった批判があるのかもしれません。しかし,上に述べてきたように,「敬語表現」としての「あたかも表現」の根底には,「決定権」を「相手」に,「利益」を「自分」に,という「丁寧さ」の原理が働いているわけです。したがって,こうした「あたかも表現」が行われる理由として「日本語は非論理的で曖昧な言語だか

ら」とか，あるいは「日本人は慎み深い人種だから奥ゆかしい表現をするのだ」などといった曖昧な説明に逃げ込まずに，「不可思議な日本人の表現方法」も，実は「相手」に「決定権」を委ね，「自分」が「利益」を受けてありがたいと表明するという原理に基づいているのだと説明する必要があるでしょう。このような原理によって「丁寧さ」を表そうとすることは，日本語的というだけでなく，おそらくかなり普遍性の高い現象であると考えられます。(p130-p131)

　この見解自体は，現時点でも異なるものではないが，このときには，「丁寧さの原理」で示した，「行動」が自分であるほうが丁寧だ，ということについての記述が含まれていなかった。つまり，「行動」が自分の場合は「あたかも許可求め表現」，「行動」が相手の場合は「あたかも依頼表現」に収斂する，というところまでの記述になっていたのである。しかし，依頼表現の「シテモラエマスカ」に代表される表現形式の持つ意味を考えることで，「あたかも表現」はさらにもう一歩先に進められることが明らかになった。
　それは，先にも記述したように，「取ってもらえますか。」という依頼表現は，事実としての行動は相手であるが，それを「〜テモラエル」によって「取ってもらえる」とすることで相手の動作を自分の動作として捉え直すことになるわけである。その意味は，依頼を「取ってくれますか。」で表現するよりも，依頼表現でありながら，構造は，「行動」＝あたかも自分，にすることで，「丁寧さの原理」に即して丁寧に表現しようとすることにつながるのではないか，ということなのである。
　そして，それがさらに進んだ現象としての「シテモラッテモイイデスカ」という表現に，その傾向が明確に見て取れるのである。依頼表現である「取ってもらえますか。」を許可求め表現の形式にさらに近づけたのが「取ってもらってもいいですか。」という表現であり，その本質にあるのは，依頼表現をさらに「あたかも許可求め表現」にすることで，究極の丁寧さを示そうとすることなのだと考えられる。
　つまり，

　　行動＝自分系→「あたかも許可求め表現」
　　行動＝相手系→「あたかも依頼表現」

に収斂するところから，さらに，

行動＝自分系→「あたかも許可求め表現」
　　　行動＝相手系→「あたかも依頼表現」→「あたかも許可求め表現」

に進むことで，すべての「あたかも表現」は，「あたかも許可求め表現」に収斂するということなのである。
　これは「丁寧さの原理」における丁寧さにつながる，「行動」＝自分，「決定権」＝相手，「利益・恩恵」＝自分，という構造を持つ許可求め表現に，すべてが向かっていくことを表しているといえるのである。
　さらに，「サセテモラッテモイイデスカ」という究極の許可求め表現（「シテモイイデスカ」という許可求め表現の「利益・恩恵」を強調する形式）が出現していることも，このことを補強するものだと考えられる。
　あくまでも原理としての説明であり，原理からの解釈ではあるが，実態として頻繁にこの表現が用いられていること，林他（2011），田所他（2012）の意識調査があることからも裏付けられるのではないかと考えている。
　次に，このような「許可求め型表現」と呼べる表現について，蒲谷（2007a）における考察を基にまとめておくことにしたい。

4．許可求め型表現

　「許可求め型表現」というのは，「シテモラッテモイイデスカ」（実際に「行動」するのは，相手），「サセテモラッテモイイデスカ」（実際に「行動」するのは，自分）という形式を持つ表現であり，この表現自体に関する賛否や好悪は別として，こうした表現の広がりが「丁寧さの原理」から説明できるのではないかということについて述べておきたいと思う。

4.1 「シテクレマスカ」と「シテモラエマスカ」

　先にも述べたように，「シテモラエマスカ」という「依頼表現」の形式自体が，すでに基本的な「依頼表現」の構造とは少し異なるものとなっている点には，留意する必要がある。
　依頼表現の典型は，例えば「書いてくれますか」であり，それは「行動」＝相手であり，「書く」主体も，「書いてくれる」主体も相手となるものである。それに対して，「書いてもらえますか」の場合，「書く」のは相手だが，「書いてもらう」のは自分であり，〈自分が「書いてもらう」ことは可能なのか〉と尋ねている表現になるのであり，「行動」のところについて，相手を自分に置き換えているといえよう。すなわち，基本的な依頼表現の構造である，「行

動」＝相手であるところを，あくまでも表現の「形式（かたち）」の上ではあるが，あたかも「行動」＝自分であるかのような言い方に切り替えていると考えられるのである。

　それでは，なぜ「シテクレマスカ」ではなく，「シテモラエマスカ」にする必要があるのだろうか。それに対する一つの，そして大きな理由として，〈表現主体は，人間関係や場を考慮し，丁寧に表現しようとするときには，常に「丁寧さの原理」に即した表現に換えていこうとする〉という点が挙げられるだろう。「指示・命令」[A][J][J]よりは「依頼」[A][A][J]にするほうが，「決定権」を相手[A]にすることで丁寧になるといった工夫と同様に，「シテクレマスカ」[A][A][J]ではなく「シテモラエマスカ」[J][A][J]にするのは，「行動」＝相手を，あたかも「行動」＝自分であるかのようにすることで，「丁寧さの原理」に即した表現にしているということである。

　もちろん，これは原理としての分析なのであって，個々の表現主体がこうしたことを常に自覚的に行っているということが言いたいのではない。結果としてこのような工夫が見られる表現になっているということは，「丁寧」にしようとする場合に，そうした表現のしかたを無意識のうちであっても選び取ろうとしているのではないか，ということなのである。

　敬語の使い方に関してよくある問いに，「書いてくださいますか」と「書いていただけますか」はどちらが丁寧なのか，というものがある。それに対しては，「くださる」と「いただく」の元の形である「くれる」「もらう」の違いから説き，依頼しているときには「いただく」のほうが丁寧である，しかし，「くださる」のほうが丁寧だと感じる人もいる，などと回答をすることが多かった。

　しかし，「書いてくださいますか」は，基本的な依頼の構造である，「行動」＝相手，「決定権」＝相手，「利益・恩恵」＝自分ということが，表現上も明確であるのに対し，「書いていただけますか」という表現は，「行動」が自分に，すなわち，「私が書いていただける」に切り替えられているという点にもっと注目すべきであった。つまり，「書いていただけますか」は，「書く」のは相手なのだが，その「行動」を「私が書いていただける」というように捉え直した表現の仕方であり，そのことによって，「行動」＝自分，「決定権」＝相手，「利益・恩恵」＝自分という，「許可求め表現」と同様な構造に換えていると考えられるのである。そして，「丁寧さの原理」に従えば，その構造を持つ表現が最も丁寧であることから，「書いてくださいますか」よりも「書いていただけますか」のほうが構造的に丁寧な表現である，といえるわけである。

　なお，それでも「書いてくださいますか」のほうが丁寧だと感じる，と主張

する人も出てこようが，個人の語感については，ここでは問題にしていない。要するに，「シテモラエマスカ」という表現は，依頼の典型的な表現ではあるのだが，その「形式（かたち）」の点から見れば，ある種の「あたかも依頼表現」だと考えられるのである。

4.2 「許可求め型表現」の構造

「シテモラッテモイイデスカ」は，その表現形式の点からは，「シテモイイデスカ」という「許可求め表現」ということができる。しかし，事実としてその「行動」をするのは相手であるため，実際には「依頼表現」として機能しているわけである。これを分析的に記述すると，

「シ」＝相手[A]の「行動」
「（シ）テモラウ」＝自分[J]の「行動」
「シテモラウ」全体＝自分[J]の「行動」，自分[J]の「利益・恩恵」

となり，

「カ」＝相手[A]の「決定権」
「（シテモラッ）テモイイデスカ」で，「許可求め表現」[J][A][J]の形式になる

ということである。

これは本来の許可求め表現ではなく，許可求め表現の型を持つ形式の表現だと考えられるため，「許可求め型表現」と名づけておく。

こうした「許可求め型表現」には，「シテモラッテモイイデスカ」のほかに，「サセテモラッテモイイデスカ」がある。

「シテモラッテモイイデスカ」（「行動」＝相手→自分，「決定権」＝相手，「利益・恩恵」＝自分）が，依頼を意図とする「許可求め型表現」であるのに対して，「サセテモラッテモイイデスカ」は，「許可求め表現」をさらに「利益・恩恵」を明示した「許可求め表現」にしているわけである。

基本的な「許可求め表現」である「シテモイイデスカ」と比べて，「行動」＝自分（シ）→相手（サセテ）→自分（サセテモラウ）というように，「行動」する人物を「（サ）セル」によって捻っている点に特色がある。

「シテモイイデスカ」と明らかに異なるのは，「利益・恩恵」が自分にあることを「テモラウ」によって明示的に表している点である。恩恵を表す「テモラウ」を使うためには，自分の「行動」である「スル」を相手の「行動」である「サセル」にする必要があるのだが，「シテ」と同じ内容をわざわざ「サセテモラッテ」にすることで，「利益・恩恵」を自分が受けることを明確にしようとしているのだと考えられる。これも，「許可求め表現」の「利益・恩恵」のあ

りかを強調しようとしている「形式」だといえるだろう。それによって，ゆるぎない「丁寧さ」が生まれてくるといえるのである。

　何度も述べているように，こうした「許可求め型表現」を用いている個々の表現主体としては，何だか回りくどいけれども，何となく丁寧だという程度の意識で用いている，あるいは，そんなことすら意識せずにマニュアルどおりに使っているということもあろうが，それは，ここでの原理的な分析とは直接には関係のないことである。

　「シテモラッテモイイデスカ」「サセテモラッテモイイデスカ」は，それぞれ，次のような「あたかも表現」として捉えることができる。

「シテモラッテモイイデスカ」
①「シテクダサイ」（指示）［A］［J］［J］→「許可求め型表現」［J］［A］［J］
　「行動」＝相手→自分，「決定権」＝自分→相手，「利益・恩恵」＝自分
　　例（事務所の人が書類を渡して）「ここに署名してもらってもいいですか。」

　本来であれば，「ここに署名してください。」という指示表現で問題ないわけだが，それを「許可求め型表現」にしているものである。「指示」［A］［J］［J］から直接「許可求め型表現」になるのか，「あたかも依頼表現」［A］［A］［J］から「許可求め型表現」になるのかは，ここでは断定できないが，そもそも，指示をするという「意識（きもち）」が強いのであれば指示表現の「形式（かたち）」を採用するわけなので，「許可求め型表現」を選ぶということは，「意識（きもち）」の点でも，指示よりは依頼，依頼よりは許可求め，というように変わってきていると考えられる。

②「シテモラエマスカ」（依頼）［A］［A］［J］→「許可求め型表現」［J］［A］［J］
　「行動」＝相手→自分，「決定権」＝相手，「利益・恩恵」＝自分
　　例「ちょっと教えてもらってもいいですか。」

　「依頼表現」を「許可求め型表現」に変えるのは，「丁寧さの原理」に即した最終調整だと考えられる。依頼表現から，より丁寧な依頼表現への工夫，例えば，「シテモラエマスカ」から「シテモラエマセンカ」にする，というような工夫を乗り越えるものとして注目すべきであろう。今後の課題としては，［Aレベル・－1］の「教えてもらってもいい？」から［Aレベル・＋1］の「教えていただいてもよろしいでしょうか。」に至るまで，「許可求め型表現」

が相当幅広く使われている実態を明らかにしていく必要があるだろう。

「サセテモラッテモイイデスカ」
① 「シテモイイデスカ」（許可求め）［J］［A］［J］
　　　　→「許可求め強化型表現」［J］［A］［J］
　「行動」＝自分を強化，「決定権」＝相手，「利益・恩恵」＝自分を強化
　　例「私が書いてもいいですか。」→「私が書かせてもらってもいいですか。」

　「利益・恩恵」を自分が受けるということを明示する「許可求め型表現」として，これも「丁寧さの原理」を突き詰めたような表現であると考えられる。
　ただし，一方で，「書かせていただきます。」など，「（サ）セテイタダク」系の言い方の広がりもあり，そこには「させていただく」が本来持つ，「利益・恩恵」を受けてありがたい，というような「意識（きもち）」もなく使われているという実態と合わせて検討する必要があるだろう。その意味では，「サセテモラッテモイイデスカ」という「許可求め型表現」は，「形式（かたち）」だけが「丁寧さの原理」に即しているということも十分考えられる。
　実例としては，テレビのバラエティ番組（2011年6月）の出演者からの発言として，以下のようなものがあった。この種の表現は，頻繁に耳にするようになっている。
　　［CS］…女医
　　「仕組み，説明させていただいていいですか。」（「ホンマでっか!?TV」フジテレビ）
　　［CS］…男性タレント
　　「ちょっと考えさせてもらってもいいですか。」（「笑ってコラえて」日本テレビ）

② 「シマスネ」（確認）［J］［A］［J］
　　　　→「あたかも許可求め表現」［J］［A］［J］
　　　　→「許可求め強化型表現」［J］［A］［J］
　「行動」＝自分，「決定権」＝相手，「利益・恩恵」＝自分を強化
　　例「私が書きますね。」→「私が書いてもいいですか。」
　　　　　　　　　　　　→「私が書かせてもらってもいいですか。」

　「シマスネ」という確認表現が直接「許可求め強化型表現」になる場合もあ

るだろうが，考え方としては，「あたかも許可求め表現」をはさんで，その「許可求め表現」が「強化」されたとしておく。実際の「意識」は別の問題として検討する必要があるだろう。

③「シマス」(宣言) [J] [J] [J]
　　　→「あたかも許可求め表現」[J] [A] [J]
　　　→「許可求め強化型表現」[J] [A] **[J]**
　「行動」＝自分，「決定権」＝自分→相手，「利益・恩恵」＝自分強化
　　例「私が書きます。」→「私が書いてもいいですか。」
　　　　　　　　　　　　→「私が書かせてもらってもいいですか。」

「シマス」という宣言表現についても，確認表現と同様に「あたかも許可求め表現」をはさんでの変化だと考えておく。実際には，なぜここまでずらしていくのか，その意味を場面とともに考える必要もあるだろう。

　ここまで述べてきたことを踏まえ，さらに追究していくと，次のようなことがいえるのではないかと思われる。
　それは，第一には，「シテモイイデスカ」という許可求め表現と，「サセテモラエマスカ」という依頼表現（これは相手が行動する依頼表現ではなく，実際には自分が行動することを依頼する表現なので，依頼型表現とでもいえるものである）との関係の重要性であり，第二には，この「サセテモラエマスカ」という表現を経て，「シテモイイデスカ」が「サセテモラッテモイイデスカ」につながるのではないかということである。
　第一の重要性というのは，「シテモイイデスカ」（許可求め表現）と「サセテモラエマスカ」（依頼型表現）は，表現の形式は異なっても，実態としては同じことであり，いずれも許可求めを意図としているわけである。つまり，許可求めの表現は，実は，自分が行動することを依頼している表現だと言い換えることもできるのであり，それが，「シテモイイデスカ」と「サセテモラエマスカ」との関係につながるということなのである。
　第二の「サセテモラエマスカ」という表現を経て，「サセテモラッテモイイデスカ」につながるという点だが，先に「サセテモラッテモイイデスカ」の①として述べた，

①「シテモイイデスカ」（許可求め） [J] [A] [J]
　　　→「許可求め強化型表現」[J] [A] **[J]**

「行動」＝自分を強化,「決定権」＝相手,「利益・恩恵」＝自分を強化
　　例「私が書いてもいいですか。」→「私が書かせてもらってもいいですか。」

は,「私が書いてもいいですか。」→「私に書かせてもらえますか。」→「私が書かせてもらってもいいですか。」という関係になるのではないかということである。

つまり,「行動」(書く)＝自分, は変わらないのだが, 許可求め→依頼型→許可求め型という展開として,「サセテモラッテモイイデスカ」が成立すると考えられるのである。

このようにみていくと,
　　シテモイイデスカ(許可求め)＝サセテモラエマスカ(依頼型)
　　サセテモラエマスカ(依頼型)＝サセテモラッテモイイデスカ(許可求め型)
という関係によって,
　　シテモイイデスカ(許可求め)＝サセテモラッテモイイデスカ(許可求め型)
という関係が成り立つということになるわけである。

やや複雑ではあるが, 原理としては明確な関係にあるといえるだろう。

以上述べてきたように,「シテモラッテモイイデスカ」「サセテモラッテモイイデスカ」という「許可求め型表現」が用いられる理由は, 単に婉曲的や間接的などという言葉で言い表すことはできない。それは,「行動展開表現」における「丁寧さの原理」としての,「丁寧」であることが持つ基本的な構造, すなわち,「行動」＝自分,「決定権」＝相手,「利益・恩恵」＝自分, という構造に適うことを目指した表現の形式だと考えられるのである。

「サセテモラッテモイイデスカ」は, たしかに回りくどい表現ではあるが,「シテモイイデスカ」という「許可求め表現」における「行動」＝自分,「利益・恩恵」＝自分という点を, 依頼型を経由することでさらに明確にした形式として存在し, それゆえに相手から許可が与えられることがありがたい, という意識を強く表すこともできるわけである。

本研究での主旨は,「丁寧さの原理」,「あたかも表現」という捉え方により, 行動展開表現における丁寧さの本質とその現れ方を示すことにあるのだが, 現段階での結論としては, すべての行動展開表現は, 丁寧さを求めると,「あたかも許可求め表現」と「あたかも依頼表現」に, そして最終的にはすべてが「許可求め型表現」に収斂するということを述べておきたいと思う。

第3節　行動展開に関する待遇コミュニケーション

　ここまで，行動展開表現について，「丁寧さの原理」，そして「丁寧さの原理」に関係する「あたかも表現」という観点から考察してきた。
　本節では，行動展開の表現行為だけではなく，理解行為の点も含めて検討していくことにしたい。つまり，行動展開表現を待遇コミュニケーションの観点により考察していくということである。
　1として「行動展開に関する待遇コミュニケーションの捉え方」，2として「行動展開に関する待遇コミュニケーションの諸相」について，「宣言」「確認」「許可求め」「申し出」「忠告・助言」「勧め」「依頼」「許可与え」「指示・命令」「誘い」についての待遇コミュニケーションを中心に述べていきたいと思う。

1. 行動展開に関する待遇コミュニケーションの捉え方

　まず，行動展開に関する待遇コミュニケーションを捉えるための枠組みについて，図式的にではあるが，検討していくことにする。
　前提となる点について確認しておくと次のようになる。

　行動展開に関する待遇コミュニケーションは，コミュニケーション主体［CSx］とコミュニケーション主体［CSy］という二者間の待遇コミュニケーションとして考えていく。

　　［CSx］が表現主体のときには，［CSy］が理解主体となり，
　　［CSy］が表現主体のときには，［CSx］が理解主体となる。

　　［CSx］が表現主体，理解主体のときの，自分［J］は［CSx］，相手［A］
　　　は［CSy］のことであり，
　　［CSy］が理解主体，表現主体のときの，自分［J］は［CSy］，相手［A］
　　　は［CSx］のことである。

　例えば，［CSx］と［CSy］との依頼に関する待遇コミュニケーションの場合，
　　［CSx］が依頼する主体，［CSy］が依頼される主体となる。
　　［CSx］から見た依頼に関する構造は，［A］［A］［J］であり，

［CSy］から見た依頼されることに関する構造は，［J］［J］［A］となる。つまり，［CSx］から見た依頼の構造とは逆に，自分が「行動」し，自分が「決定権」を持ち，「利益・恩恵」は相手になる，ということである。

［CSy］が依頼を承諾する場合，［CSy］は承諾する主体，［CSx］は承諾される（承諾してもらう）主体となる。

［CSy］が依頼を断る場合，［CSy］は断る主体，［CSx］は断られる主体となる。

以上が，前提となる点である。

次に，先に挙げた，行動展開表現の9類型を基に検討していきたい。

先にも述べたように，表現例としては，［Aレベル・0］における表現によって代表させるが，実際に［Aレベル・0］の相手にこの表現が常に使われるということではなく，あくまでも典型例を示すための抽象的な表現だということでカタカナ表記にしておく。

宣言の待遇コミュニケーション

［CSx］…宣言する主体　　［CSy］…宣言される主体

［CSx］（宣言する主体）からの宣言の構造
「行動」＝自分［J］，「決定権」＝自分［J］，「利益・恩恵」＝自分［J］
あるいは，
「行動」＝自分［J］，「決定権」＝自分［J］，「利益・恩恵」＝相手［A］

［CSx］→［CSy］
宣言表現…（ワタシガ）シマス；（ワタシガ）サセテモライマス
　　　　　（ワタシガ）シテアゲマス

［CSy］（宣言される主体）からの宣言の構造
「行動」＝相手［A］，「決定権」＝相手［A］，「利益・恩恵」＝相手［A］
あるいは，
「行動」＝相手［A］，「決定権」＝相手［A］，「利益・恩恵」＝自分［J］

［CSy］→［CSx］
承諾表現…ドウゾ；アリガトウゴザイマス

オネガイシマス
断り表現…基本的には，相手に「決定権」があるため断れないが，あえて断るとすれば，下記のような表現になる。
シナイデクダサイ；シテハイケマセン；ケッコウデス

確認の待遇コミュニケーション

［CSx］…確認する主体　［CSy］…確認される主体

［CSx］（確認する主体）からの確認の構造
「行動」＝自分［J］，「決定権」＝相手［A］，「利益・恩恵」＝自分［J］

［CSx］→［CSy］
確認表現…（ワタシガ）シテモイイデスネ

［CSy］（確認される主体）からの確認の構造
「行動」＝相手［A］，「決定権」＝自分［J］，「利益・恩恵」＝相手［A］

［CSy］→［CSx］
承諾表現…ドウゾ；シテクダサイ；オネガイシマス
断り表現…シナイデクダサイ；シテハイケマセン

許可求めの待遇コミュニケーション

［CSx］…許可を求める主体　［CSy］…許可を求められる主体

［CSx］（許可を求める）からの許可求めの構造
「行動」＝自分［J］，「決定権」＝相手［A］，「利益・恩恵」＝自分［J］

［CSx］，［CSy］
許可求め表現…（ワタシガ）シテモイイデスカ

［CSy］（許可を求められる主体）からの許可求めの構造
「行動」＝相手［A］，「決定権」＝自分［J］，「利益・恩恵」＝相手［A］

［CSy］→［CSx］
承諾表現…ドウゾ；シテモイイデス

断り表現…シナイデクダサイ，シテハイケマセン，シナイホウガイイデス

申し出の待遇コミュニケーション

　　［CSx］…申し出をする主体　　［CSy］…申し出をされる主体

　　［CSx］（申し出をする主体）からの申し出の構造
　　「行動」＝自分［J］,「決定権」＝相手［A］,「利益・恩恵」＝相手［A］

　　［CSx］→［CSy］
　　申し出表現…（ワタシガ）シテアゲマショウカ；シマショウカ

　　［CSy］（申し出をされる主体）からの申し出の構造
　　「行動」＝相手［A］,「決定権」＝自分［J］,「利益・恩恵」＝自分［J］

　　［CSy］→［CSx］
　　承諾表現…（スミマセン，デハ）オネガイシマス
　　断り表現…（アリガトウ，デモ）ケッコウデス；ダイジョウブデス

忠告・助言の待遇コミュニケーション

　　［CSx］…忠告・助言する主体　　［CSy］…忠告・助言される主体

　　［CSx］（忠告・助言する主体）からの忠告・助言の構造
　　「行動」＝相手［A］,「決定権」＝相手［A］,「利益・恩恵」＝相手［A］

　　［CSx］→［CSy］
　　忠告・助言表現…（アナタハ）シタホウガイイデスヨ；（アナタハ）シマ
　　　　　　　　　センカ

　　［CSy］（忠告・助言される主体）からの忠告・助言の構造
　　「行動」＝自分［J］,「決定権」＝自分［J］,「利益・恩恵」＝自分［J］

　　［CSy］→［CSx］
　　承諾表現…シマス；シテミマス；サセテモライマス
　　断り表現…シマセン；シタクナイデス

勧めの待遇コミュニケーション

　　［CSx］…勧める主体　　［CSy］…勧められる主体

　　［CSx］（勧める主体）からの勧めの構造
　　「行動」＝相手[A],「決定権」＝相手[A],「利益・恩恵」＝相手[A]

　　［CSx］→［CSy］
　　勧め表現…（アナタハ）シタホウガイイデスヨ；（アナタハ）シマセンカ

　　［CSy］（勧められる主体）からの勧めの構造
　　「行動」＝自分[J],「決定権」＝自分[J],「利益・恩恵」＝自分[J]

　　［CSy］→［CSx］
　　承諾表現…シマス；シテミマス；サセテモライマス
　　断り表現…シマセン；シタクナイデス

依頼の待遇コミュニケーション

　　［CSx］…依頼する主体　　［CSy］…依頼される主体

　　［CSx］（依頼する主体）からの依頼の構造
　　「行動」＝相手[A],「決定権」＝相手[A],「利益・恩恵」＝自分[J]

　　［CSx］→［CSy］
　　依頼表現…（アナタハ）シテクレマスカ；（ワタシハ）シテモラエマスカ

　　［CSy］（依頼される主体）からの依頼の構造
　　「行動」＝自分[J],「決定権」＝自分[J],「利益・恩恵」＝相手[A]

　　［CSy］→［CSx］
　　承諾表現…シマス；シテアゲマス；シマショウ；シテアゲマショウ
　　断り表現…デキマセン；シテアゲラレマセン

許可与えの待遇コミュニケーション

　　［CSx］…許可を与える主体　　［CSy］…許可を受ける主体

［CSx］（許可を与える主体）からの許可与えの構造
　　「行動」＝相手［A］，「決定権」＝自分［J］，「利益・恩恵」＝相手［A］

　　［CSx］→［CSy］
　　許可与え表現…（アナタハ）シテモイイデスヨ

　　［CSy］（許可を与えられる主体）からの許可与えの構造
　　「行動」＝自分［J］，「決定権」＝相手［A］，「利益・恩恵」＝自分［J］

　　［CSy］→［CSx］
　　承諾表現…サセテモライマス；アリガトウゴザイマス

指示・命令の待遇コミュニケーション

　　［CSx］…指示・命令する主体　　［CSy］…指示・命令される主体

　　［CSx］（指示・命令する主体）からの指示・命令の構造
　　「行動」＝相手［A］，「決定権」＝自分［J］，「利益・恩恵」＝自分［J］

　　［CSx］→［CSy］
　　指示・命令表現…（アナタハ）シテクダサイ；（アナタハ）シナサイ

　　［CSy］（指示・命令される主体）からの指示・命令表現
　　「行動」＝自分［J］，「決定権」＝相手［A］，「利益・恩恵」＝相手［A］

　　［CSy］→［CSx］
　　承諾表現…ワカリマシタ；ショウチシマシタ
　　断り表現…基本的には，相手に「決定権」があるため断れないが，あえて
　　　　　　　断るとすれば，下記のような表現になる。
　　　　　　　　デキマセン；ケッコウデス

誘いの待遇コミュニケーション

　　［CSx］…誘う主体　　［CSy］…誘われる主体

　　［CSx］（誘う主体）からの誘いの構造
　　「行動」＝自分と相手［JA］，「決定権」＝相手［A］，「利益・恩恵」＝自分と

相手[JA]

［CSx］→［CSy］
誘い表現…（ワタシトアナタデ）シマセンカ

［CSy］（誘われる主体）からの誘いの構造
「行動」＝自分と相手[JA]，「決定権」＝自分[J]，「利益・恩恵」＝自分と相手[JA]

［CSy］→［CSx］
承諾表現…イイデスネ
断り表現…デキマセン；シタクナイデス

　なお，上では「する」という行動に展開する表現のみを示したが，「しない」，「やめる」という行動に展開する表現もあり，それらは以下のようになるといえるだろう。
　これまでと同様に，表現例は，相手レベルは［Aレベル・0］における表現によって代表させるが，実際に［Aレベル・0］の相手にこの表現が常に使われるということではなく，あくまでも典型例を示すための抽象的な表現だということでカタカナ表記にしておく。

　　宣言表現…シマセン；シテアゲマセン
　　確認表現…シナクテモイイデスネ；ヤメテモイイデスネ
　　許可求め表現…シナクテモイイデスカ；ヤメテモイイデスカ
　　申し出表現…シナイデアゲマショウカ；ヤメテアゲマショウカ；ヤメマショウカ
　　忠告・助言表現，勧め表現…シナイホウガイイデスヨ；ヤメタホウガイイデスヨ
　　依頼表現…シナイデクレマスカ；ヤメテクレマスカ
　　許可与え表現…シナクテモイイデスヨ；ヤメテモイイデス
　　指示・命令表現…シナイデクダサイ；ヤメナサイ；スルナ
　　誘い表現…シナイデオキマセンカ；ヤメマセンカ

2. 行動展開に関する待遇コミュニケーションの諸相

　以上を前提として，行動展開に関する待遇コミュニケーションの諸相について述べていきたいと思う。先に述べた枠組みに加え，コミュニケーションとしての関係を挙げ，それらに基づき検討することにしたい。下記の順に述べていく。

　　(1)宣言の待遇コミュニケーション
　　(2)確認の待遇コミュニケーション
　　(3)許可求めの待遇コミュニケーション
　　(4)申し出の待遇コミュニケーション
　　(5)忠告・助言の待遇コミュニケーション
　　(6)勧めの待遇コミュニケーション
　　(7)依頼の待遇コミュニケーション
　　(8)許可与えの待遇コミュニケーション
　　(9)指示・命令の待遇コミュニケーション
　　(10)誘いの待遇コミュニケーション

(1)宣言の待遇コミュニケーション
［CSx］…宣言する主体　　［CSy］…宣言される主体

［CSx］からの宣言の構造
「行動」＝自分［J］，「決定権」＝自分［J］，「利益・恩恵」＝自分［J］
　あるいは，
「行動」＝自分［J］，「決定権」＝自分［J］，「利益・恩恵」＝相手［A］

宣言表現…（ワタシガ）シマス；（ワタシガ）サセテモライマス
　　　　　（ワタシガ）シテアゲマス

［CSy］からの宣言の構造
「行動」＝相手［A］，「決定権」＝相手［A］，「利益・恩恵」＝相手［A］
　あるいは，
「行動」＝相手［A］，「決定権」＝相手［A］，「利益・恩恵」＝自分［J］

承諾表現…ドウゾ；アリガトウゴザイマス
　　　　　オネガイシマス

第5章 待遇コミュニケーションの諸相 263

断り表現…基本的には，相手に「決定権」があるため断れないが，あえて断るとすれば，下記のような表現になる。
　　　　　シナイデクダサイ；シテハイケマセン
　　　　　ダイジョウブデス；ケッコウデス
断りの構造…~~[A]~~ ~~[A]~~ ~~[A]~~，~~[A]~~ ~~[A]~~ ~~[J]~~
　＊~~[A]~~，~~[J]~~などは，その構造を打ち消すことを示す。~~[A]~~ ~~[A]~~ ~~[A]~~の場合であれば，相手に「行動」させない，相手の「決定権」を行使させない，相手の「利益・恩恵」を打ち消す，ということになる。以下，同様。

［CSx］→［CSy］
　宣言する→宣言される
　　＊［CSx］が宣言する→［CSy］が宣言される，という関係にあることを示す。以下，同様。
［CSy］→［CSx］
　宣言を受け入れる→宣言を受け入れられる
　　＊［CSy］が宣言を受け入れる→［CSx］が宣言を受け入れられる，という関係にあることを示す。以下，同様。
　宣言を受け入れない→宣言を受け入れられない（~~[J]~~ ~~[J]~~ ~~[J]~~）
　　＊［CSy］が宣言を受け入れない→［CSx］が宣言を受け入れられない，という関係にあることを示す。以下，同様。

　［CSx］の宣言表現というのは，［CSx］が自分（あるいは相手）のために，自分がすることを，自分で決めて表現する行為である。したがって，宣言された相手である［CSy］は，基本的にその判断自体には関わることができない。例えば，［CSx］が「お先に失礼します。」と宣言表現した場合，［CSy］はそれについて何も言えないわけである。
　もちろん，状況として宣言がしにくい場合，宣言された内容が［CSy］にとって不都合なものについては，［CSx］の宣言表現に対して否定し，断ることはできる。例えば，［CSx］が「私，帰ります。」と表現しても，まだ帰られては不都合な状態であれば，［CSy］は「いや，まだ用事は終わってないよ。」と言うことはできるわけである。
　また，［CSx］の宣言表現自体が相手を思ってのこと（「利益・恩恵」＝相手）の場合には，［CSy］は断りにくくはあるが，［CSy］が打ち消すのは自分の「利益・恩恵」であると認識すれば，相手に「利益・恩恵」がある場合よりは断りやすい。例えば，［CSx］が「これは重いので，持ってあげましょう。」と

表現した場合，[CSy］はそれを受け入れる可能性が高いが，状況によっては，
「いえ，大丈夫です。」などと断ることもできる。その際には，なぜ断るのかと
いう理由や事情説明を添えるほうが，コミュニケーションとしてはよいものと
なるだろう。

　宣言に関する「やりとり」の観点から記述すると，次のようになる。

　　　［CSx］「お先に失礼します。」（宣言する）──［CSy］（宣言される）
　　　［CSy］「お疲れ様でした。」（宣言を受け入れる）
　　　　　　　──［CSx］（宣言を受け入れられる）

　　　［CSx］「それじゃ，私，帰ります。」（宣言する）
　　　　　　　──［CSy］（宣言される）
　　　［CSy］「いや，まだ用事は終わってないよ。」（宣言を受け入れない）
　　　　　　　──［CSx］（宣言を受け入れられない）

　　　［CSx］「これは重いので，私がお持ちします。」（宣言する）
　　　　　　　──［CSy］（宣言される）
　　　［CSy］「あ，すみません。」（宣言を受け入れる）
　　　　　　　──［CSx］（宣言を受け入れられる）

　宣言表現自体は，「決定権」を自分が取るという点で，相手への配慮がなく
なるため，宣言の意図を叶えつつ，配慮を示すためには，「あたかも許可求め
表現」や「あたかも確認表現」や「あたかも申し出表現」へと切り替えること
になる。上の例でいえば，
　　お先に失礼します→「お先に失礼してもいいですか。」
　　それじゃ，私，帰ります。→「私，帰りますね。」
　　私がお持ちします。→「お持ちしましょうか。」
などとなるわけである。
　［CSy］にとって，これらが「あたかも表現」であるかどうかを見極める
のは難しい場合も多いが，「お先に失礼してもいいですか。」「私，帰りますね。」
と許可を求めながらも，実際にはすでに帰り支度をしている，「お持ちしまし
ょうか。」と尋ねながら，すでに手は荷物にかかっている，など，相手の許可
を待たずに実際の行動に展開し始めているのであれば，それらが「あたかも表
現」であることは明らかだといえるだろう。それらが「あたかも表現」ではな
く，意図どおりの許可求め表現や申し出表現であれば，相手の許可を受けてか

ら行動に展開することになるはずだからである。

　その一方で，宣言表現というのは，そもそも「決定権」が自分にあると認識した上での表現であるため，「あたかも表現」による配慮をする必要がないと判断した上で表現するものだということもできる。その意味では，帰り支度をしながら「お先に失礼してもよろしいですか。」ということが，必ずしも他者への配慮につながるわけでもない。帰ってもよい状況があるのに，それを一々確認したり，許可を求めたりすることで，かえって不自然で嫌味な行動になるおそれもあるわけである。待遇コミュニケーションとして，「あたかも表現」が常に配慮につながるわけではないことも押さえておく必要があるだろう。

　宣言表現そのものは，「決定権」＝自分という点で，「丁寧さの原理」における丁寧さには合わない構造を持つものだが，「決定権」を自分が取ることで，むしろ丁寧になる場合もあるというのは重要な観点になる。常に「決定権」を相手に与えることがよいわけではなく，相手の負担を減らすため，自分が「行動」することは当然であるという認識を示すためにも，適切な宣言表現を使うことで，効果的なコミュニケーションになる場合があるということである。例えば，日本料理店などでは，料理長が客に一々「決定権」を与えるのではなく，むしろすべての「決定権」を自分が取ることで，客に対する配慮を示すことになる場合もある。これは，逆に見れば，客が料理長に「決定権」を渡すことで信頼の気持ちを示し，配慮しているともいえるわけだが，いずれにしても，場面により，「決定権」をだれが取ることが尊重や配慮につながるかが決まってくるといえる。

　以下，用例を通じて検討していくことにする。

【用例1】宣言――指示　『拝啓，父上様』p125
[CSx] 竜次…料亭坂下の花板　[CSy] 律子…若女将，保…二番板，律子の夫

　　夢子の部屋
　　（中略）
　　竜次「これからお迎えに行ってきます」
　　律子「どこにいたの！」
　　竜次「それは聞かないでやって下さい」
　　律子「――」
　　竜次「私に――とにかく任して下さい」
　　保「（立つ）俺も行きます」
　　竜次「いや，ここにいて下さい。私が一人で行ってきます」

竜次が「迎えに行く」という宣言をした後，それをそのまま受け入れられない律子からその宣言の内容に対する激しい問いかけ「(自分の母親であり大女将の夢子が)どこにいたの！」があるが，竜次は，「それは聞かないでやって下さい」，「私に——とにかく任して下さい」といった指示表現により「決定権」が自分にあることを明確に表現することで，「私が一人で行ってきます」という宣言表現につながる強い決意を示している。

　竜次は，保に対しても，板場での二番板前［Ａレベル・－１］としての待遇とは異なる，若旦那［Ａレベル・０〜＋１］に対する言葉遣いをしてはいる（「いや，ここにいて下さい。」）が，「私が一人で行ってきます。」と明確に宣言表現をすることで相手に有無を言わせない様子が出ている。

　宣言［Ｊ］［Ｊ］［Ｊ］と指示・命令［Ａ］［Ｊ］［Ｊ］との構造上の近さが，表現の展開にも現れている例だといえる。

【用例２】宣言『拝啓，父上様』p129
　　［ＣＳｘ］一平…主人公，板前

　　　　書いた手紙を読み返している一平
　　　語り「この度大変な不始末をしでかし，お店に多大の御迷惑をかけました。
　　　　よって責任をとり，本日限り，店を辞めさせていただきます。
　　　　　平成十八年十二月一日
　　　　　　　　　　　　田原一平
　　　坂下律子様」

　拙い表現ではあるが，その中に典型的な辞表のイメージが出ている。「店を辞めさせていただきます。」「実家に帰らせていただきます。」などといった表現は，レベルの高い敬語を用いているため，言葉遣いは丁寧であっても，自らがその行動を実行する決意は固いということを示す，典型的な宣言表現［Ｊ］［Ｊ］［Ｊ］であることには変わりない。

【用例３】宣言——断り——指示　『拝啓，父上様』p313
［ＣＳｘ］一平　［ＣＳｙ］竜次

　　　一平「岩手へはいつ発たれるンですか」
　　　竜次「まだ決めてないが，二，三日うちだろう」
　　　一平「決まったら必ず教えてください。送ります！」

竜次「気にしないでくれ」
一平「いやです！送らして下さい！」
　　　長い間。

　これも，宣言表現と指示表現との組み合わせによって，表現主体の強い意思を表すものとなっている。「決定権」を自分が取ってしまうことで，相手の意思を尊重するといった意味での丁寧さは出せなくとも，むしろ相手に対する自分の強い思いを表すことができるため，かえってそれが相手への配慮につながることにもなるわけである。これは，必ずしも「利益・恩恵」が相手にあるという認識ではなく，その行動内容を実現しようとする自分の意思の強さの表明であるため，「お荷物お持ちします。」というタイプの宣言表現（[J] [J] [A]）とは，やや異なる表現だと考えられる。

(2)確認の待遇コミュニケーション
[CSx]…確認する主体　　[CSy]…確認される主体

[CSx]からの確認の構造
「行動」＝自分[J]，「決定権」＝相手[A]，「利益・恩恵」＝自分[J]

確認表現…（ワタシガ）シテモイイデスネ

[CSy]からの確認の構造
「行動」＝相手[A]，「決定権」＝自分[J]，「利益・恩恵」＝相手[A]

承諾表現…ドウゾ；シテクダサイ；オネガイシマス
断り表現…シナイデクダサイ；シテハイケマセン
　　断りの構造…~~[A]~~[J]~~[A]~~（[J]だけが打ち消されていないのは，「決定権」を行使して断ったということを表す。以下，同様。）

[CSx] → [CSy]
　確認する→確認される
[CSy] → [CSx]
　確認を受け入れる→確認を受け入れられる
　確認を受け入れない→確認を受け入れられない（~~[J]~~[A]~~[J]~~）

［CSx］が確認表現をするのは，自分が行動することの必然性が高いことは認識しつつも，それを自分が「決定権」を行使して実行するのではなく，念のため相手の［CSy］に確認した上でその「行動」に展開するという意識に基づくものだと考えられる。

　確認表現は，許可求め表現と同様の構造を持つものといえるが，「決定権」を持つ相手の決定に従ってから行動するというよりも，念のために相手に「決定権」を渡すというような意識での表現だといえよう。したがって，確認された［CSy］も，基本的には，確認した［CSx］を尊重して確認を受け入れることになる。

　　　［CSx］「コピーしてきますね。」（確認する）　──　［CSy］（確認される）
　　　［CSy］「あ，お願いします。」（確認を受け入れる）
　　　　　　　　── ［CSx］（確認を受け入れられる）

　もちろん，確認の内容によっては，受け入れられないこともあるわけだが，その場合は，そもそも［CSx］の認識が的確ではなかったと表明することにもなってしまう。例えば，次のような展開である。

　　　［CSx］「それじゃ，私，帰りますね。」（確認する）
　　　　　　　　── ［CSy］（確認される）
　　　［CSy］「あれ，まだ帰っちゃだめですよ。この後まだ会議がありますよ。」
　　　　　　（確認を受け入れない）　──　［CSx］（確認を受け入れられない）

　確認表現は，状況によっては，「あたかも許可求め表現」になる場合がある。「私，帰ってもいいですか。」という表現が「あたかも表現」である場合は，状況として帰ってもよい「当然性」が高い場合であり，そうであれば，相手もすぐに「どうぞ。」あるいは，「あ，お疲れ様でした。」のような反応になるといえるだろう。

　確認表現が，宣言表現の「あたかも表現」である場合は，先に述べたように，「私，帰りますね。」と言いながら，もう立ち上がっているような状況になるといえる。

　なお，ここでの確認表現というのは，自分が「行動」する場合であって（例えば，「私が行きますね。」），相手の「行動」について確認する場合には，行動展開表現ではなく理解要請表現になると考えられる（例えば，「あなたは行きますね。」）。

また，自分が行動する内容について確認する場合には，行動展開表現ではなく理解要請表現になるといえる（例えば，「私が行くんですね。」）。相手が行動する内容について確認する場合（「あなたが行くんですね。」）も，同様である。
　以下，用例でみていくことにする。

【用例1】確認（「あたかも確認表現」）『ふぞろいの林檎たち』p24
［CSx］愛子…耕一の母親　［CSy］耕一…愛子の長男

　　愛子「…浅野さん，言って来るからね（と出て行ってしまう）」
　　耕一「──」

「（と出て行ってしまう）」というト書きにより，「言って来るからね」が「あたかも確認表現」であることがわかる。確認された［CSy］である耕一は，何も返事をしていないにもかかわらず，［CSx］である愛子は，確認表現をして出て行くという行動に展開しているわけである。
　次も同様の例である。

【用例2】確認（「あたかも確認表現」）『ふぞろいの林檎たち』p173
［CSx］愛子…耕一の母親

　　店
　　愛子「フフ，いってらっしゃいっていわれるほどの所じゃないけど（店にいる耕一へ）ちょっと浅野さんいってくるからね（と行きかけ）…」

　上の例と同様，「（と行きかけ）」とあることで，相手である［CSy］の耕一の返事を待たずに行動に展開していることがわかる。要するに，確認表現本来の［J］［A］［J］という構造ではなく，［J］［J］［J］という宣言を意図とする「あたかも確認表現」ということである。

　次が典型的な確認の用例である。

【用例3】確認　『拝啓，父上様』p183
［CSx］澄子，玉子…料亭坂下の仲居　［CSy］保…二番板前
［CSz］竜次…花板

板場（夜。戦場）
澄子「杉の間，焼き物下がりました！竜さん，西京焼きとってもおいしかったそうです！」
玉子「松の間これ八寸，お出ししていいですね！」
保「いいよ！」

　この状況では，かなり「当然性」の高い確認になると思われるが，[CSy]の保の「いいよ！」という返事があることからすると，宣言表現（[J] [J] [J]）を丁寧にするための「あたかも確認表現」ではなく，「決定権」が相手にある通常の確認表現（[J] [A] [J]）だといえるだろう。

(3) 許可求めの待遇コミュニケーション
[CSx] …許可を求める主体　　[CSy] …許可を求められる主体

[CSx] からの許可求めの構造
「行動」=自分[J]，「決定権」=相手[A]，「利益・恩恵」=自分[J]

許可求め表現…（ワタシガ）シテモイイデスカ

[CSy] からの許可求めの構造
「行動」=相手[A]，「決定権」=自分[J]，「利益・恩恵」=相手[A]

承諾表現…ドウゾ；シテモイイデス
断り表現…シナイデクダサイ；シテハイケマセン；シナイホウガイイデス
　断りの構造…~~[A]~~[J]~~[A]~~

[CSx] → [CSy]
　許可を求める→許可を求められる
[CSy] → [CSx]
　許可する→許可される
　許可しない→許可されない（~~[J]~~[A]~~[J]~~）

　[CSx] の許可求め表現は，自分の「利益・恩恵」になる自らの「行動」について，相手の許可を求めることで，相手である [CSy] に「決定権」を渡し，判断を仰ぐという意識を表そうとする表現である。典型的な許可求め表現は，

［CSy］に「決定権」があり，［CSy］が許可を与える立場にあり，かりに一時的であってもそうした役割を担っている場合である。

　例えば，大学の事務所で，学生と事務員との許可求めに関するコミュニケーションとして，

　　　［CSx］学生「日曜日に，77教室を使ってもよろしいでしょうか。」（許可
　　　　を求める）──［CSy］事務員（許可を求められる）
　　　［CSy］事務員「はい，いいですよ。」（許可する）
　　　　　　　　　──［CSx］学生（許可される）
　　　あるいは，
　　　［CSy］事務員「日曜日は，77教室は使えませんね。」（許可しない）
　　　　　　　　　──［CSx］学生（許可されない）

といった展開が考えられる。

　何度も述べているように，許可求め表現は「あたかも表現」として用いられることが多い。「あたかも許可求め表現」にしようとするのは，許可求め表現が「丁寧さの原理」に基づく丁寧さの構造と一致することで，許可求め表現の形式を利用することにより丁寧さや配慮を表すことが可能になるためである。そこで，「行動」＝自分である宣言表現，確認表現，申し出表現との関係が，そして「行動」＝相手の依頼表現などとの関係も生じてくる。

　例えば，［CSx］「この窓，閉めてもいいですか。」（［J］［A］［J］）という許可求め表現に対して，［CSy］の返事は，「閉めてもいいですよ。」（［A］［J］［A］）という許可与えではなく，「あ，どうぞ。」という表現になる。この場合の「どうぞ。」は，相手の「行動」を促し，相手の「利益・恩恵」につながる行動に対する許容を意味する。

　したがって，［CSy］にも閉めたい気持ちがあったとすれば，「あ，すみません，お願いします。」（［A］［A］［J］）というような返事になることもあり得る（［CSy］からの依頼として，［CSy］にも「利益・恩恵」があることの表明となる）。この場合には，申し出を意図とする「あたかも許可求め表現」（［J］［A］［A］）になるといえるだろう。いずれにしても，［CSy］が窓の開閉に関する何らかの権限を持っている場合を除き，［CSx］の「この窓，閉めてもいいですか。」は「あたかも許可求め表現」になる（意図としては宣言あるいは申し出になる）ため，［CSy］の返事も許可与えではなく，許容や依頼の表現になるということである。

　また例えば，状況としてだれが飲んでもよいように置いてある飲料に関して，その場にいる［CSy］に対して，［CSx］が「これ，飲んでもいいですか。」と表現する場合，これも，すでに手がかかっているようなら宣言，返事を聞いて

から取ろうとしているようなら確認を意図とする「あたかも許可求め表現」であるといえるだろう。［CSy］の返事も，特にその飲料を管理する立場にない場合には，「はい。」程度の返事しかできない。あるいは，確認に対する返事としての「いいんじゃないんですか。」「いいと思いますよ。」などが選ばれるといえよう。なおその際，「あたかも許可求め表現」に対して［CSy］が「どうぞ。」と返事をすると，実際には管理している者が「飲んでもいいですよ。」という代わりに，「どうぞ。」を選んだというように聞こえる。この場合の「どうぞ。」には，「決定権」が自分にあることを間接的に示しているといえる。

　ただし，何度も述べているように，これらは原理的な解釈と説明であって，個々のコミュニケーション主体が常にこのような意識で表現を行っているということではない。しかし，その場面，そこで用いられている形式などから，そのような意識と形式とが連動していることを［CSx］も［CSy］も推測しつつ，コミュニケーションが成立していると考えられるのである。

　次が，典型的な許可求め，許可与えの用例である。

【用例1】許可求め　『ふぞろいの林檎たちⅡ』p103
［CSx］綾子…実の親しい友人　［CSy］実

　　西寺ラーメン店・実の部屋
　　　　実，孤独に天井を見ている。
　　綾子の声「私」
　　実「（襖の方を見る）」
　　綾子の声「あけていい？」
　　実「（小さく）ああ」
　　綾子「（あけ）もう，帰る」
　　実「ああ」
　　綾子「ちょっと，いい？」
　　実「なんだよ（すねたように，寝ころがったままである）」

【用例2】許可求め　『ふぞろいの林檎たちⅡ』p314
［CSx］良雄…健一の親友　［CSy］健一

　　健一のアパート・部屋の前
　　良雄「ちょっといいか」

健一「ああ―」

【用例3】許可求め，承諾（許可与え）『拝啓，父上様』p55
[CSx] 保…二番板前　[CSy] 竜次…花板　[CSz] 一平…板前

　　石段下
　　　　ワゴンから荷物を下ろす三人
　　保「竜さん」
　　竜次「おう」
　　保「一寸話を聞いて欲しいンですが，三十分ばかり，いいですか。」
　　竜次「いいよ。一平，お前買物の処理しろ」
　　一平「ハイ」

　ここでは，[CSx] の保は，相手としての竜次を [A レベル・＋1]，[CSy] の竜次は，相手としての保を [A レベル・－1] で待遇している。典型的な，許可求め表現「いいですか。」――許可与え表現「いいよ。」といった「やりとり」となっている。

(4)申し出の待遇コミュニケーション
[CSx] …申し出をする主体　[CSy] …申し出をされる主体

[CSx] からの申し出の構造
「行動」＝自分[J]，「決定権」＝相手[A]，「利益・恩恵」＝相手[A]

申し出表現…（ワタシガ）シテアゲマショウカ；シマショウカ

[CSy] からの申し出の構造
「行動」－相手[A]，「決定権」－自分[J]，「利益・恩恵」＝自分[J]

承諾表現…（スミマセン，デハ）オネガイシマス
断り表現…（アリガトウ，デモ）ケッコウデス；ダイジョウブデス
　　断りの構造… [A] [J] [J]

[CSx] → [CSy]
　　申し出をする→申し出をされる

[CSy] → [CSx]
　申し出を受け入れる→申し出を受け入れられる
　申し出を断る→申し出を断られる（[J]→[A]─[A]）

　申し出表現は，[CSx] が，自分の「行動」が [CSy] にとって「利益・恩恵」になると判断し，それを表明することだが，宣言と異なるのは「決定権」を [CSy] に渡すかどうかという点にある。
　申し出を受ける主体である [CSy] は，相手の「行動」が自分にとって「利益・恩恵」になり，相手の「行動」の「決定権」を自分が持つという構造になるため，申し出を受けた際の対応としては，承諾するにしろ，断るにしろ，申し出てくれたことに対する感謝の気持ちを表明する必要があるといえる。承諾の際の「スミマセン」は，自分のために「行動」してくれることへの申し訳なさの表明，断りの際の「アリガトウ」は，申し出てくれたことへの感謝の表明になるわけである。もちろん，実際の表現においては，「あ，ありがとうございます。じゃ，すみませんが，これお願いします。」のように，承諾の場合でも，アリガトウ→スミマセンと両方が出現することはあるだろう。
　申し出表現は，相手のために行う行動であるという点で，相手への好意や配慮を表す表現になるが，その一方で，その行動を相手が望んでいない場合には，余計な行動であり，「大きなお世話」となってしまうこともあり得る。したがって，申し出表現は，自分の行動を相手が望んでいるかどうかを確認してから行うことで，そのリスクを避けることができる。そのために，前提となる状況を確認すること，相手が自分の行動を必要としている様子や態度をしているかを確認することなどが求められるといえよう。
　例えば，[CSy]「あれ，資料が足りないな。」（独り言）── [CSx]（それを聞いて）「コピーしてきましょうか。」というような「やりとり」である。その後の展開として，[CSy]「あ，すみません，お願いしてもいいですか。」（申し出の受け入れ），あるいは，[CSy]「あ，どうも。自分でしてきます。」（断り）が考えられるが，断りの場合は，[CSx] はさらに「でも，いいですよ，私がしてきますよ。」と，宣言表現に切り替えて申し出をすることがあり，そのほうが，本当の気持ちで申し出をしていることが明確になる。もちろん，さらに [CSy] が断る場合もあるが，[CSx] が申し出をした気持ちは伝わることになるといえるだろう。実際のコミュニケーションの場合は，[CS] 同士のそれまでの人間関係や，その時の状況によって展開も異なり，その結果としての表現のしかたも異なるだろうが，基本的には以上のようなことが考えられる。
　申し出は，自分の行動によって相手に利益を与えようとするという点では，

大変親切な行為なのだが，相手がどれだけ自分の申し出を期待しているかを確認しておく必要はある。「もしよかったら，お持ちしましょうか。」「もしよろしければ，お持ちします。」などと，自分が行動に移ってもよいのかどうかは相手が決めるのだという認識を表明することが大切である。

　例えば，席を譲る，という行為は，厳密に言うと申し出とは異なる構造を持つものだが（申し出は，「行動」＝自分であるのに対して，席譲りは，「行動」＝自分→相手，となる。自分が立ち，それから相手が座るという両者の連続した「行動」となるわけである），実際には，席を譲ることを「申し出る」ものだと捉えられる。

　敬語コミュニケーションとしては，席を譲られたときには快く応じることで，相手の親切に応えることになる。「あ，どうもありがとうございます。助かります。」などと言えば，席を譲った人も申し出た甲斐がある。もちろん，その時々の状況や事情によって断る場合があることはいうまでもない。

　申し出を断るときには，せっかく申し出てくれたことへの感謝の気持ちをお礼として述べてから断ることで，適切な敬語コミュニケーションとなる。例えば，「ありがとうございます。でも大丈夫です。」などと表現するわけである。それでも再度，申し出てくれることもあるが，それを断るためには，「ありがとうございます。これ，見た目よりも重くないんで，一人で大丈夫です。」などと，断る理由を具体的に述べる必要があるだろう。

　せっかく申し出たのに断られるのは残念なことではあるが，「決定権」が「相手」にある以上，しかたのないことである。ただし，相手は遠慮しているのかもしれないので，再度申し出て，それでも断られれば，それ以上しつこく申し出ることは控えなくてはならない。

　席譲りも，立ち上がったのに断られてしまい，ばつの悪い思いをすることがあるので，相手の様子をよく見て，申し出の「当然性」が高いかどうかを判断してから申し出ることで，お互いの気まずい思いを避けることができるだろう。

　支払いのときに，双方で支払うことを申し出ている光景は，やや滑稽な「やりとり」に見えるが，その時々の状況を判断することで，押すべきか，引くべきか，適切な選択をする必要がある。「当然性」の認識にずれがある以上，難しいところがあるので，最初から決めておくほうがお互いにとってよい場合もあるだろう。

　以下，申し出の用例によって検討していく。

【用例1】申し出　『ふぞろいの林檎たち』p182

[CSx] 良雄…学生　[CSy] 夏江…良雄の好きな女性

　　夏江の部屋
　　　　六畳に台所だけの私営の木造アパートの一室。少し荷物多く，片づいていない。
　　夏江「掛けて，どこでも（と窓をあける。まだカーテンもない）」
　　良雄「（ドア閉め）大変だね，荷物」
　　夏江「ひどい違いでしょ，前とこと」
　　良雄「（励ますように）この方がいいよ」
　　夏江「（うなずく）」
　　良雄「彼ンとこ，荷物届けたよ。元気でっていってたよ」
　　夏江「（うなずく）」
　　良雄「片づけるの，手伝おうか？」
　　夏江「いいの。だんだんにやるわ」
　　良雄「（うなずく）」
　　夏江「掛けて」
　　良雄「ああ（と掛ける）」
　　夏江「変ね」
　　良雄「うん？」
　　夏江「気力なくて」
　　良雄「急にサバサバとは，いかないんじゃない」
　　夏江「わり切り，いい方なんだけど」
　　良雄「疲れてるのかもしれないよ」
　　夏江「（うなずく）」
　　良雄「手伝うよ。こんなになってちゃ，気持さっぱりしないさ。片づけて，明日から，スキッと学校へ行くって方がいいんじゃない」
　　夏江「（うなずく）」

　最初は，[CSx] の良雄が「手伝おうか？」と申し出をして，[CSy] の夏江の「いいの。だんだんにやるわ」という断りを受け，良雄はそれを受け入れるが，夏江の様子を見て，「手伝うよ。」という宣言に切り替わるという展開になっている。最初の申し出表現は，引っ越したばかりで片づいていないという状況から，次の「あたかも宣言表現」による申し出は，相手の状況を見た上でという二段階の申し出が行われている（ただし，結局は，[CSy] の夏江の「わるいけど一人にしてくれる？」という断りにつながる）。

【用例2】申し出 『ふぞろいの林檎たち』p252
[CSx] 健一，実…愛子の息子である良雄の友人
[CSy] 愛子…健一，実の友人である良雄の母　[W] 仲手川…良雄

　　健一「おばさん」
　　愛子「え？」
　　健一「俺，車の免許持ってるし，ライトバンオッケです」
　　実「そう。俺と仲手川とこいつなら，二百人や三百人の集会，オッケですよ」
　　健一「やらして下さい」
　　愛子「でも——」
　　実「やらして下さい。なあッ」
　　健一「ああ。やらして下さい（と一礼）」

　[CSy] である相手（愛子）のためになる，[CSx] である自分（たちの）行動（配達）に展開することを意図としているため，本来は申し出表現になるといえる。ただし，申し出表現は，本来の「してあげましょうか」「しましょうか」（申し出　[J] [A] [A]）から，相手が遠慮している場合には「決定権」を自分が取ることで，「します」（宣言　[J] [J] [A]）となり，さらに「決定権」を相手に渡し，「利益・恩恵」が自分にあるかのようにして「してもいいですか」（あたかも許可求め　[J] [A] [J]）そして，自分が「行動」することを「させてもらう」タイプの指示，依頼に変えて「させてください」（あたかも指示　[A] [J] [J]，実質は [J] [A] [A]）と表現することに広がっていくわけである。
　[CSx] の健一と実が「やらして下さい」と畳み掛けるように伝えることで（最後は一礼までしている），[CSy] の愛子はそれを断ることがしにくくなる（結果として，愛子が助かる），という配慮表現であるといえる。

(5)**忠告・助言の待遇コミュニケーション**
[CSx]…忠告・助言する主体　[CSy]…忠告・助言される主体

[CSx] からの忠告・助言の構造
「行動」＝相手[A]，「決定権」＝相手[A]，「利益・恩恵」＝相手[A]

忠告・助言表現…（アナタハ）シタホウガイイデスヨ；（アナタハ）シマセンカ

[CSy]からの忠告・助言の構造
「行動」＝自分[J]，「決定権」＝自分[J]，「利益・恩恵」＝自分[J]

承諾表現…シマス；シテミマス；サセテモライマス
断り表現…シマセン；シタクナイデス
　　断りの構造…~~[J]~~[J]~~[J]~~

[CSx]　→　[CSy]
　　忠告・助言する→忠告・助言される
[CSy]　→　[CSx]
　　忠告・助言を受け入れる→忠告・助言を受け入れられる
　　忠告・助言を受け入れない→忠告・助言を受け入れられない
　　　　　　　　　　　（~~[A]~~[A]~~[A]~~）

　忠告・助言は，突然行われるわけではなく，前提として，忠告・助言を求める段階があるといえる。明確に忠告・助言を求める表現をすることに対応する場合もあり（[CSy]「どうすればいいでしょう。」──[CSx]「課長に相談したほうがいいですよ。」），相手が困っていることを察して忠告・助言表現する場合もある（[CSx]「悩んでいるみたいだけど，あんまり気にしない方がいいよ。」）。
　忠告・助言表現は，「行動」「決定権」「利益・恩恵」のすべてが相手であると認識した上で行う表現であるため，相手が忠告・助言されることを望んでいれば，相手を思い遣った親切なものとなるのだが，相手が望んでいなければ，まさに余計なお世話となってしまう。これは，申し出表現の「決定権」「利益・恩恵」が相手であることから生じる問題と共通する点である。
　忠告・助言は，意図としては基本的に同じ構造であると考えられるため併記しているが，その内容には若干違いがあるだろう。忠告は，助言よりも立場的な上位者から下位者に対して注意を促すというような関係性が強く出るため，指示・命令に近づくことになる（忠告「その仕事には手を出さないほうがいい（です）よ。」→指示「その仕事には手を出さないで（ください）。」→命令「その仕事には手を出さないようにしろ（しなさい）。」）。それだけに，相手への配慮や丁寧さを求めると，それを避ける表現が選ばれやすくなるといえる（先にも述べたように，「手を出さない方がいいんじゃないか（と思いますよ）。」など）。
　基本的には相手のことを思うが故の表現になるため，忠告・助言をされた

［CSy］は，［J］［J］［J］の宣言の構造を持つ表現，例えば「そのようにします。」「そうしてみます。」などと応じるか，忠告・助言してくれたことに対して「ありがとうございます。」と伝えることになるだろう。実際にそのとおりに行動するかどうかは［CSy］の意思によるが，かりに行動しなくても，忠告・助言してくれたお礼を述べることで，［CSx］も忠告・助言をしたことの意義が感じられることになる。それだけに，［CSy］が忠告・助言を受け入れない反応をした場合には，［CSx］も相手を思って表現した甲斐がなくなるため，コミュニケーションもあまり良い方向には進まなくなるが，実際の「やりとり」は一度で終わるわけではないので，続けてどのような展開になるかによって修復も可能になるだろう。これは他のすべてのコミュニケーションについても同様である。

以下，忠告・助言の待遇コミュニケーションに関する一般的な要点を述べておく。

忠告・助言（や勧め）は，「行動」も相手，「決定権」も相手，「利益・恩恵」も相手，という構造を持っている。すべてが「相手」に関することに対して「自分」が何か相手を動かすようなコメントをするため，忠告・助言するときの工夫や配慮としては，まず，自分が忠告・助言をする立場にあるかどうかを考えて表現するということが挙げられる。立場にないときには，やや偉そうで，お節介な表現になってしまうおそれがあるからである。

例えば，「この辞典を使ったほうがいいですよ。」などとアドバイスをするためには，自分が辞典に関して詳しいということ，相手もそのことを承知しているといった前提がないと，コミュニケーションはうまくいかないだろう。その上で，自分がその事柄に詳しいからといって偉そうにはしない，たとえ事実がそうだとしても自分のほうがよく知っているということを強調して表現しない，などといった工夫が必要になるわけである。

何かを忠告・助言するときには，自分の勧める事柄が〈面白い，意味がある，役に立つ〉などといった評価を伝えることになる。しかし，それらはあくまでも〈自分にとっては良かった〉ということなので，例えば「もしよかったら，この辞典を使ってみてください。」などと，相手に押し付けない表現にして，無理に実行しなくてもよいことに触れておく工夫もある。

なお，忠告・助言表現は，親切だがお節介になる危険性が高いので，それを防ぐためには，相手がアドバイスを求めてきたときに応じるようにするとよいだろう。「どうしたらいいでしょうね。／何かよいアイディアはありますか。／ご助言をお願いします。」などと言われたときにはじめて，それでは，

ということでアドバイスすればよいわけである。

　生来の親切心を発揮して、言われないうちから相手が困っていることを察知して忠告・助言してあげる、ということも、むしろ今の世の中では大切なのかもしれないが、どういう人であっても、それぞれの人にはプライドがあるわけだから、それは尊重しなければならないだろう。困っていても、「自分」で解決しようとしている人には余計なことを言う必要はなく、救いを求めてきた人には親切に対応する、ということが待遇コミュニケーションとして求められる態度なのだろうと思う。

　逆に忠告・助言を受けたときには、相手が親切に忠告・助言してくれたことへの感謝、お礼の気持ちを表明すること、例えば、よい辞典を紹介されたときには、「ありがとうございます。では、帰りに本屋に寄って買ってきます。」などと、アドバイスの内容を実行することへの言及などがあれば、忠告・助言をする人もしがいがあるというものだろう。

　忠告・助言される、というと頼んでもいないのに突然言われた、という感じになってしまうので、忠告・助言してもらう、と言い換えると、その場合には、「自分」からお願いした、ということになる。

　忠告・助言をしてもらったときには、その「内容」を実行してみる、ということを表明することで、忠告・助言をしてくれた人の厚意に応えることになる。ただ、御礼を述べるだけでは、あまり実行する気持ちがないと思われてしまう。

　もちろん、アドバイスを求めてもあまり有効な意見が得られないこともある。そのときには、そこであきらめるのではなく、もう少し情報を出しながら、よりよい解決法を考えていくようにすることも大切だろう。抽象的な話だけの場合には、「たしかにおっしゃるとおりだと思いますが、具体的にはどういう方法が考えられるでしょうか。」などと、さらに有効なアドバイスを求めていく姿勢を示すことで、相手と共に考えていけることになる。あきらめずに「やりとり」を続けていくことも、待遇コミュニケーションとしては大切なことである。

　敬語コミュニケーションとしては、受けた忠告・助言を断る、というコミュニケーションをする必要はないといえるかもしれない。なぜなら、すべてが自分に関することについて、「決定権」も自分にあるわけなので、相手が親切に言ってくれた忠告・助言に対して、わざわざそうしないつもりだということを伝える意味がないからである。そのアドバイスの内容が見当違いのものであったり、とても実現できそうもない内容を持つものであったりしても、それを打ち消すのではなく、アドバイスをしてくれたということに対する御礼や感謝を述べればよいのだということである。例えば、「貴重な御意見をありがとうご

ざいます。もう少し，考えてみます。」などということで，相手の面子を保つこともできる。

　もちろん，親しい間柄で，何を言ってもよいという関係であるなら，〈そんなアドバイスは何の役にも立たない〉ということを表明してもよいわけだが，そういう関係であったとしても，親しき中にも礼儀あり，ということで，アドバイスをしようとしてくれたことに対しては何らかの感謝の気持ちがほしい。

　まったくの親切心でアドバイスをした結果，そのアドバイスが役に立たない，ということを言われてしまったとき，どういう対応をすればよいのだろうか。「余計なことを言って悪かったね。じゃ，勝手にすれば」という気持ちであっても，それをそのまま言えば，気まずい関係になってしまう。
　自分の忠告・助言に対して，相手にそれを実行する気持ちのないことを表明された場合，その衝撃は大きいのだが，［CSx］としては，まず，自分がそうする立場にあったのかどうか，相手は自分が忠告・助言することを期待していたのかどうか，という点を確認することが重要だろう。それによっては，忠告・助言をすること自体が無意味になるおそれがあるからである。そして，忠告・助言の「内容」そのものが相手にとってあまり有益なものになっていなかったのはなぜか，という点を考えてみる必要があるだろう。相手の状況や，相手が必要とすることに対する理解なしに，推測だけでアドバイスをしても効果がないことは明らかである。
　親切なら何でもよいわけではなく，「あなたのことを思えばこそ」「あなたに良かれと思って」ということが，相手にとっては迷惑であったり，押し付けがましく感じられたりすることもある。よりよい待遇コミュニケーションを目指すためには，断られたときの態度が重要になり，そもそも，断られるような忠告・助言をしないためにはどうすればよいのかを考えておく必要がある。
　相手にまず共感を示すこと，一般論ではなく相手の立場に合った具体的な内容にすること，相手はすでに答を持っていることが多いのでそれを探りながら賛意を示すこと，などの「やりとり」を通じて，相手の目線に立って一緒に考えていくことなどが，忠告・助言を断られる前に心がけておく要点になるだろう。
　以下，忠告・助言の用例をみていくことにする。

【用例１】忠告　『ふぞろいの林檎たち』p23
［CSx］愛子…耕一の母親　　［CSy］耕一…愛子の長男

愛子「あんた黙りこんじゃうけど、お母ちゃん本気だよ。黙って先へ先へのばしたって、いい事はなんにもないよ（台所へフライパン戻しながら）目先のことをいやあ冷たいようだけど、長い目でみりゃあ、それが一番いいのよ。このまんま何年もたって御覧。それからだなんてことになったら尚更万事厄介でいまの何倍も苦労するよ。お母ちゃんだって年をとっちゃうし、あんただって三十五だ四十だってことになったら、来る相手も少なくなるんだからね。子供だって、それから産んだら、跡継ぐまで大変な騒ぎよ。一家のあるじなんだから、少し長い目で、頭ひやして考えなきゃ駄目よ。浅野さん、言って来るからね（と出て行ってしまう）」
　耕一「──」

　子供のできない耕一の妻を追い出そうとする、[CSx] 愛子の身勝手な忠告。[CSy] の耕一は、当然のことながら賛同できないため返事をしない。ただし、反論をしないのは、母親の気持ちは理解している（後で、弟の良雄に対しては、「いうだけぐらい、いわしといてやれ」「俺がいわれてる分には、どうってことはないんだ」と告げている）ため、その配慮からであるといえる。

【用例2】忠告・助言　『ふぞろいの林檎たち』p192
[CSx] 健一…良雄の友人　[CSy] 良雄…健一の友人

　　廊下（健一のアパート）
　　良雄「（ふりかえり）うん？」
　　健一「兄さん夫婦のことよ」
　　良雄「うん？」
　　健一「お前があんまりいわねえ方がいいよ」
　　良雄「そうかな？」
　　健一「お前が、嫁さんの味方しちゃ、おふくろさん、ひとりじゃねえか」
　　良雄「ああ」
　　健一「──また、すぐ来いよな（と入って閉める）」
　　良雄「──ああ

　友人からの助言として、[CSx] の健一から「お前があんまりいわねえ方がいいよ」という表現がなされ、それに対して [CSy] の良雄が「そうかな？」と納得できていない様子を表すと、[CSx] の健一から「お前が、嫁さんの味

方しちゃ，おふくろさん，ひとりじゃねえか」という助言の根拠を示すという展開になっている。[CSy] の良雄は，完全に納得しているわけではないが，「ああ」という受け入れの返事をすることで，結果として，助言──受け入れの「やりとり」が成立していることになる。健一も，友人とはいえ良雄の個人的な問題にはそれ以上踏み込まないよう，すぐに話題を切り替えることで配慮を示しているといえる。

【用例3】助言　『ふぞろいの林檎たちⅡ』p57
[CSx] 良雄…晴江の親しい友人　[CSy] 晴江…良雄の親しい友人。看護婦

　　24時間営業のレストラン　その店内
　　　　がらんとしている。その隅でラーメンを食べている良雄と晴江。
　良雄「（手を止め）やめたいって──」
　晴江「──（食べている）」
　良雄「あの病院をってこと？」
　晴江「──（食べている）」
　良雄「他の病院へ移りたいってこと？」
　晴江「そうじゃないの分るでしょ？（と目を伏せたままいう）」
　良雄「じゃ，看護婦を？」
　晴江「（うなずく）」
　良雄「だって，そんなの勿体ないじゃないか。看護学校出て，国家試験通
　　　って，やっとプロになったんじゃないか」
　晴江「若い時って，自分が分らないのよ。看護婦に向いてると思ったの。
　　　ほんとは全然そんな人間じゃないのに」
　良雄「なんかあった？」
　晴江「なんにも」
　良雄「──」
　晴江「エゴイストなの。人の面倒着るタイプじゃないのよ」
　良雄「でも，君，評判いいっていうじゃない。そう彼女から聞いたけど」
　晴江「今ンとこは，自分を押さえて，なんとかやってるけど，すっごく病
　　　院も寮も，先生も患者もカルテも匂いもスピーカーの声も，なにから
　　　なにまでたまらなくなって，大声出しそうな時あるの」
　良雄「仕事に，少し馴れてくると，誰でもそういう時期があるんじゃない
　　　かな。正直いって，ぼくにも，そういうことあったし，だからって折
　　　角何年もかけてとった資格捨てるのは，勿体ないんじゃないかな？」

晴江「──」
良雄「辞めて，どうするっていうのさ？自分にピタッとした仕事なんて，そうそうあると思えないし，他の仕事つけば，またその仕事がたまらなく嫌になったりして，転々と仕事かえるなんてことになるんじゃないかな。もう少し我慢していれば，また別の気持になるかもしれないし，出来るだけいまいるところで頑張った方がいいんじゃないかな？」
晴江「──」
良雄「勿体ないよ」
晴江「最低」
良雄「え？」
晴江「そんなことしかいえないの」
良雄「そんなことって」
晴江「そんなことなら，五十や六十のおばんだっていうわ」
良雄「そういうけど──」
晴江「そんな常識的なことしかいえないの？」
良雄「だって」
晴江「私，もう少しあなたってマシだと思ってたの。だから晴海までいったのよ。なんか，もうちょっとちがうこというんじゃないかと思って行ったのよ」
良雄「そんなこといったって」
晴江「勿体ないとか，折角資格とったのにとか，頑張れとか，そんな一般論今更聞いたって仕様がないでしょ」
良雄「なにいえっていうのさ？」
晴江「分んないでしょうね。身体中，一般論と常識で出来上がってる男に，分る訳ないわ」
良雄「いいたいことというなよ」
晴江「（立上り）あー，損した。こんなとこまでついて来て，損したわ」
良雄「こっちの方が余程損したよ。ラーメンおごったのは，こっちだぞ」
晴江「あー，すぐそういうケチくさいこと考える」
良雄「（ちょっとささって）ケチくさいって」
晴江「車出して。さっさと寮へ送って（とドアの方へ）」
良雄「まったく，急に怒るんだから（と口をとがらせて，あとを追う）」

助言の難しさを表している例である。悩みを打ち明けている［CSx］に対し

て、[CSy] が一般論や常識的な助言をしても、ほとんど意味をなさないばかりか、共感されていないことを感じ、助言されることが腹立たしくなるといった状況だといえよう。そうした [CSx] の晴江の気持ちと、一所懸命大人としてのアドバイスをしようとしている [CSy] の良雄とのずれが描かれているわけだが、忠告・助言の基本的にあるべき態度やあり方が示されている。そもそも、晴江は助言を求めているのではなく、ただ悩みを聞いてほしかった、共感してほしかっただけなのかもしれない。そうだとすれば、良雄は求められてもいない助言をしていることになるわけである。

ここでは、[Aレベル・-1] 同士の「やりとり」であるがゆえに、思っていることをそのまま伝えており、最後は喧嘩別れのようになってしまうわけだが、かりに [Aレベル・+1] の相手からの助言であっても、怒りはしないまでも同様の気持ちで助言が受け入れられずに終わってしまうことがあり得る。よりよい待遇コミュニケーションのためには、一般論ではなく、相手の実情や気持ちに即した具体的な助言であることが重要だといえるだろう。

(6)勧めの待遇コミュニケーション
[CSx]…勧める主体　[CSy]…勧められる主体

[CSx] からの勧めの構造
「行動」=相手[A]、「決定権」=相手[A]、「利益・恩恵」=相手[A]

勧め表現…（アナタハ）シタホウガイイデスヨ；（アナタハ）シマセンカ

[CSy] からの勧めの構造
「行動」=自分[J]、「決定権」=自分[J]、「利益・恩恵」=自分[J]

承諾表現…シマス；シテミマス；サセテモライマス
断り表現　シマセン；シタクナイデス
　断りの構造…~~[J]~~-[J]　~~[J]~~

[CSx] → [CSy]
　勧める→勧められる
[CSy] → [CSx]
　勧めを受け入れる→勧めを受け入れられる
　勧めを受け入れない→勧めを受け入れられない（~~[A]~~-[A]　~~[A]~~）

勧め表現は，基本的には忠告・助言と共通の，「行動」＝相手，「決定権」＝相手，「利益・恩恵」＝相手，という構造を持つものといえるが，誘いとも近い関係にある。勧めと誘いとの違いは，「行動」が相手であるか，自分と相手の両者であるか，という点，そこから生じる「利益・恩恵」が相手にあるか，両者にあるかという点にある。ただし，例えば，「私はこれを使っているんですけど，すごくいいですよ。あなたも使いませんか。」という表現において，展開する「行動」としては相手だけなので，勧め表現になるといえるのだが，私とあなたとの両者が「行動」すると捉えれば，誘い表現だともいえるため，表現形式は共通していても，その「行動」に関する認識のしかたによって，勧めなのか誘いなのかも決まってくるわけである。重要な点は，それが勧め表現なのか，誘い表現なのかを決めることにあるのではなく，[CSy]がそれを勧めだと捉えれば，勧められた自分だけの問題として対応するし，誘いだと捉えれば，誘われた自分と相手との両者の問題として対応するということにあるといえる。
　また，上の例が，かりにセールストークだとすれば，[CSx]が表現した「あなたも使いませんか。」の「利益・恩恵」は，相手である[CSy]にあるように見せながら，実は[CSx]自身にあるといえるので，それは「あたかも勧め表現」であることにも留意しなくてはならない。それは，表現形式そのものからは理解することができないため，待遇コミュニケーションとしては，常に場面との関連性によって把握する必要があるといえるわけである。
　勧めに関する細かい点については，忠告・助言，誘いの待遇コミュニケーションで述べていることと重なる点が多いので，そちらの記述を参照されたい。
　用例としては，以下のようなものが挙げられる。

【用例1】勧め　『ふぞろいの林檎たち』p132
[CSx] 愛子…良雄の母　[CSy] 実…良雄の友人
[CSz] 良雄…愛子の息子，実の友人

　　良雄の家（仲屋酒店）で
　　愛子の声「（奥から）良雄」
　　良雄「はい」
　　愛子「お茶入ったから，どうぞ」
　　実「あ，どうも，すいません」
　　愛子「ううん。なんにもないのよ」
　　実「いいえ，フフフ」

「どうぞ」という表現による勧め（提供）である。[CSx]の勧め――[CSy]のお礼――[CSx]の謙遜――[CSy]打消し，という典型的な展開となっている。

【用例２】勧め　『ふぞろいの林檎たち』p258
[CSx] 良雄…愛子の息子，実の友人／愛子…良雄の母／実…良雄の友人
[CSy] 陽子…良雄・実の友人，岩田の恋人
[W] 岩田（健一）…良雄・実の友人，陽子の恋人

　　良雄の家（仲屋酒店）で
　　陽子「今晩は」
　　実「あ。岩田，行っちゃったんだよ，学校へ」
　　陽子「そんなんじゃないの」
　　良雄「まあいいじゃない。夕飯食べてってよ」
　　陽子「そんな，急に来て」
　　愛子「いいのいいの。多めに，たっぷりつくってあるんだから。どうぞ，
　　　　上がって頂戴（と奥へ行きかける）」
　　陽子「いえ，あの，私，やっぱり失礼します。困ってらっしゃるんじゃな
　　　　いかと思っただけで（と外へ）」
　　良雄「いいじゃない」
　　実「そうよ。食べてってよ」
　　陽子「ううん。すいません。お邪魔しました（と愛子の方へ一礼して，小
　　　　走りに去る）」

[CSx]としての良雄，実，愛子が交互に，[CSy]の陽子に上がって夕飯を一緒にと勧めるが，陽子は遠慮と岩田がいないことで辞去する。陽子は，断りの理由として「急に来て」「困ってらっしゃるんじゃないかと思っただけで（食事するつもりなどない）」という一般的な常識を挙げているが，愛子は，「多めに，たっぷりつくってある」という具体的な事実を出すことで，相手の遠慮を打ち消そうとしている。[CSx]から見た相手の[CSy]は[Aレベル・－１]であるため，「食べてってよ」「上がって頂戴」などの表現が用いられている。

(7) 依頼の待遇コミュニケーション
[CSx]…依頼する主体　[CSy]…依頼される主体

［CSx］からの依頼の構造
「行動」＝相手［A］，「決定権」＝相手［A］，「利益・恩恵」＝自分［J］

依頼表現…（アナタハ）シテクレマスカ；（ワタシハ）シテモラエマスカ

［CSy］からの依頼の構造
「行動」＝自分［J］，「決定権」＝自分［J］，「利益・恩恵」＝相手［A］

承諾表現…シマス；シテアゲマス；シマショウ；シテアゲマショウ
断り表現…デキマセン；シテアゲラレマセン
　断りの構造…~~［J］~~［J］~~［A］~~

［CSx］→［CSy］
　依頼する→依頼される
［CSy］→［CSx］
　依頼を承諾する→依頼を承諾してもらえる
　依頼を断る→依頼を断られる（~~［A］~~［A］~~［J］~~）

　依頼というのは，自分の「利益・恩恵」になることを相手の「行動」を通じて実現させようとすることである。その点では，指示・命令と共通の意図となるが，指示・命令と異なるのは，そのための「決定権」を相手が持っていると認識している点にある。だからこそ，その依頼内容を実現させるための，様々な工夫や配慮も求められることになるといえるわけである。
　依頼の待遇コミュニケーションにおいて，まず問題になることは，そもそも依頼をするかどうかということである。つまり，コミュニケーション主体において，自分の「利益・恩恵」のために他者に「行動」してもらうかどうかを判断する段階があるということである。これはどのような意図を持つ表現においても同様なのだが，特に依頼の場合には，自分のために相手に行動をしてもらうという負担や迷惑をかけることになるため，まずもって依頼表現をするかどうかの判断が必要になるわけである。
　しかし，依頼が相手の「行動」を通して実現されるものであり，相手に何らかの負担や迷惑がかかるからといって，すべての依頼が相手にとって負の意味を持つわけではない。依頼すること自体が，相手がその「行動」をなしうる力を有し，実現してくれるという見込みがあるからこそ依頼するのであり，その意味では，相手の力を認め，高く評価していることにも通じるといえるのであ

る。したがって，ポライトネス理論で言えば，依頼表現は常にネガティブ・ポライトネスになるわけではなく，場合によっては，相手の自尊心を満たすポジティブ・ポライトネスとして機能することにもなるのである（例えば，開式での御挨拶や，講演会の講師を依頼することなど）。

　いずれにしても，自分と相手との人間関係，依頼をする状況，相手に依頼内容を実行してもらえる能力的，状況的な可能性（「当然性」）などを考慮した上で，依頼という行為自体をするかどうかが決まってくるといえるだろう。

　依頼をすることが確定したら，次には，「場面」，「当然性」などを考えながら，どのような「意識」「内容」「形式」の連動として表現していくかが問題になる。

　以下，依頼の待遇コミュニケーションに関する要点について述べていく。

　依頼というのは，「行動」するのが相手であること以外は，「丁寧さの原理」に基づく丁寧さに合った構造となる。しかし，やはり，自分のために相手に動いてもらうわけなので，相手に負担や迷惑がかかることに対する配慮を示す必要がある。したがって，次のような前置き表現が効果的になるわけである。

　　［Ａレベル・＋１］…恐れ入りますが；申し訳ございませんが，など。
　　［Ａレベル・０］……すみませんが；申し訳ありませんが；悪いんですけど，など。
　　［Ａレベル・－１］…悪いけど；すまないが，など。

　同時に，自分が「利益・恩恵」を受けるという認識を表明する必要がある。典型的な依頼表現として，次のように，
　「クダサル系」
　　　「書いてくださいますか」「書いてくださいませんか。」「お書きくださいます（でしょう）か。」「お書きくださいません（でしょう）か。」
　「イタダク系」
　　　「書いていただけますか。」「書いていただけませんか。」「お書きいただけます（でしょう）か。」「お書きいただけません（でしょう）か。」
などが使われるのも，これらの恩恵直接尊重語（クダサル系）・恩恵間接尊重語（イタダク系）が，「利益・恩恵」を表すことのできる敬語だからである。こうした恩恵系の敬語を使うことで，［Ａレベル・＋１］の相手に感謝の気持ちを表すことが可能になるといえる。

　［Ａレベル・－１］や［Ａレベル・０］の相手であれば，

「クレル系」
「書いてくれる？」「書いてくれない？」「書いてくれません？」「書いてくれます（でしょう）か。」「書いてくれません（でしょう）か。」
「モラウ系」
「書いてもらえる？」「書いてもらえない？」「書いてもらえません？」「書いてもらえます（でしょう）か。」「書いてもらえません（でしょう）か。」

などの形式が用いられることになる。

また，細かい表現上の違いではあるが，例えば，「書いてもらえますか。」と「書いてもらえませんか。」など「〜ますか」と「〜ませんか」はどちらが丁寧かというのもよく出る疑問である。これは「当然性」に関係してくると考えられる。

「当然性」というのは，依頼であれば，その依頼内容が実現する可能性がどの程度あるのかという「見込み」だということができる。「当然性」が高い依頼，というのは，実現する可能性が高い（と表現主体が見込んだ）依頼で，「当然性」が低い依頼，というのは，実現する可能性が低い（と表現主体が見込んだ）依頼，ということになる。

例えば，文章を書くことが得意な課長に依頼する場合には，「課長，社内報のコラムを書いていただけますか。」ということができるが，苦手な課長に対しては，「課長，申し訳ありませんが，社内報のコラムを書いていただけませんか。」などと依頼することになる。同じ依頼内容であっても，「当然性」の違いによって，依頼のコミュニケーションの取り方も変わってくるわけである。

つまり，「書いていただけませんか。」という依頼表現は，そもそも「書いていただけない」ということを前提とした問いかけになっている点で，表現主体は依頼内容が実現する「当然性」が低い依頼であると認識している，したがって，断られる可能性も高いと認識している，という「表現形式」になっているといえるのである。もちろん，何度も述べているように，個々の表現主体がこのように考えて表現しているということが言いたいわけではなく，この表現形式が表す基本的な意味ということである。それゆえ，「書いていただけませんか。」と打消しの形式で問いかけるほうが，より丁寧な依頼になるといえるわけである。

しかし，実際には，そうした見込みをすると，かえって嫌味に聞こえてしまう場合もあるので注意が必要だろう。同じ形式が常に同じ意味を表し，同じ効果を発揮するとは限らない。事実としては「当然性」が高いと考えられる依頼のとき，例えば，課長の職位にある者がその書類を書くことが決まっているよ

うな場合（つまり「当然性」が高い場合）に，課員が課長に対して，「課長，この書類を書いていただけませんか。」などというと，丁寧な依頼になるというよりも，前提として課長が書くのを嫌がっているような感じが出てしまうおそれもある。常に「～ませんか」にすれば丁寧になるというわけではない。

　恩恵系の敬語を用いること以外にも，「利益・恩恵」を表すためには，「書いていただけると本当にありがたく存じます。」「書いていただけると助かります。」などというような表現を使うと効果的になるのは，相手への働きかけになる行動展開としての依頼表現ではなく，理解要請としての「あたかも表現」にすることで，相手への負担を軽減しようとするからだと考えられる。「書いていただきたいんですが……」といった，願望を表すような言い方もよく使われるが，これも，「書いていただけますか。」という直接的な依頼表現より間接的になるため，「当然性」が低い依頼のときには，より効果的になるといえる。

　このほかにも，指示・命令の意図と「あたかも依頼表現」との関係（「そこに入らないでくれ」という意図と「そこに入らないでいただけますか。」という表現との関係など），申し出表現と依頼の意図を察知することとの関係（「あれを取ってもらいたい」という意図を察知した「あれ，お取りしましょうか。」という表現との関係など），究極の依頼表現としての「許可求め型表現」（「していただいてもよろしいでしょうか。」など），他の意図との関連も行動展開のコミュニケーションとして総合的に考えていく必要があるだろう。

　依頼される，という観点からは，例えば，［CSx］から「書いてくださいますか。」と頼まれた［CSy］の立場からすると，書くという「行動」をするのは自分，書くかどうかを決める「決定権」を持つのも自分，自分が書くことによって「利益・恩恵」を受けるのは相手，という認識になる。

　先にも述べたように，依頼される，ということは，相手の利益になることを，自らの意志で決め，実行してあげるわけなので，負担ではあるけれども，自分のプライドを満足させられることでもあるといえる。依頼されることは，負担であり，迷惑になるという「意識」と，自分が依頼されるのに足る存在であるという「意識」との両方を併せ持つものなのである。この点については，依頼する側も留意しておくべきことだといえる。

　一方で，だれでも実現可能な内容や本来その立場にある者がすべきことではない用件が，［Aレベル・＋１］に当たる「自分」に対して最初に依頼されるというのは，やや自尊心を傷つけられることになる。例えば，部下から「部長，今日の会議の議事録を取ってくださいますか。」などと依頼されることなどを想像してみればわかる。

　また，依頼するときに「本当に簡単なことですから」「大した仕事じゃあり

ませんから」などという人がいるが，そう言われたからといって，必ずしも負担が軽くなる効果があるとは言えない。簡単なことかどうかを決めるのは，あくまでも依頼を受けるほうの問題だからである。[CSx]からすれば「あなたの力を考えれば簡単なことだ」ということが伝えたいのだろうが，そんなに簡単なことなら他の人でもいいのではないか，と[CSy]に思わせてしまったとすれば，逆効果である。

「当然性」も重要な観点になる。例えば，「先生，その本を貸していただけますか。」といきなり頼まれたとき，どうしてそういう依頼をされるのか，その「当然性」について考えてしまう。かりに，〈友人も持っていない，図書館に行ったが借りられていた，本屋でも売切れになってしまった，もはや頼るのはあなたしかいない〉という事情があるのなら，その事情を伝えた上で頼む必要がある。それほど迷惑にはならないだろうから，というだけではなく，なぜあなたに頼むのかという「当然性」も高くないと，適切な依頼のコミュニケーションにはなりにくいわけである。

それに対して，「先生，修了パーティーのスピーチをお願いできますか。」というような依頼は，その依頼内容を実現することが多少は負担であっても，自尊心を満足させる依頼内容になり得る。こうした依頼については，依頼する側は，〈最初にあなたにお願いしに来た〉という事情を示すことが大切であって，〈A先生にお願いしたけど断られ，B先生は忙しくて頼めそうもない，そこで最後にあなたに頼む〉というのでは，かえって失礼な依頼になってしまう。「先生にお願いするしかないので，引き受けていただけると助かります。」などと言われても，もはや嬉しくないだろう。

あなたに負担や迷惑をかけて申し訳ない，しかし，あなたにお願いすることが一番良いことだ，あなたしか頼める人はいないのだ，という認識を，事実と照らし合わせながら，「表現形式」にうまく乗せていくことで適切な依頼のコミュニケーションとなる。依頼する側は，依頼される人の気持ちをよく理解することで，見えてくるものも多いということである。

依頼されて断るという観点からすると，例えば，「書いてくださいますか。」と頼まれて，それを断るというのは，自分は，相手の期待通りに書くことができない，と自分が決めて，結果として相手には「利益・恩恵」が与えられない，ということになる。

依頼を断ることは，断る側にとってもかなり辛い決断になるのは，特に，相手の「利益・恩恵」を打ち消すことになるからだと考えられる。

したがって，依頼を断るときには，そうした「意識」にもきちんと触れ，お詫びをすることが必要になってくる。これは[Aレベル・＋1]の場合だけ

でなく，［Ａレベル・０］であっても，
　「大変申し訳ないのですが…」
　「本当に心苦しいのですが…」
　「できれば，ご期待に添えるようにしたいのですが…」
［Ａレベル・－１］の場合でも，
　「ほんとに申し訳ないんだけど…」
　「悪いんだけどね…」
　「できればやってあげたいんだけど…」
などと，［CSx］の「利益・恩恵」をなくすつもりはなく，そうなってしまうことは本当につらい，という自らの苦しい胸のうちを伝えることになる。
　同時に，自分が行動できない理由についても触れる必要があるだろう。
　「私などにはとてもつとまらないかと思いますので，…」
　「私には荷の重いことですので…」
　「今はまったく余裕がないものですから，…」
などと，「したくない」のではなく，自分の能力や自分を取り巻く状況が行動することを許さないのだ，というような言い方をすることになるわけである。ただし，実際の場面や事実によっては，謙遜することがかえって嫌味になったり，言い訳をしているにすぎないと思われたりするおそれもあるため，ただ謙ればよいというわけではない。
　状況によっては，今はできないが別の機会には可能である，私はできないがあの人に頼むことができる，などといった代案を提示することによって，断りによって生じる気まずさや亀裂を緩和することができるだろう。その際も，よくよく考えた結果，やはりどうしても自分にはできない，しかし，ただ断るのでは申し訳ないので代案を提示する，というような段階が必要になる。適切な断りのコミュニケーションとしては，いきなり断らない，すぐに代案を提示しない，ということも大切な点になるだろう。
　依頼したが，断られたという観点からは，例えば，［CSx］が「書いてくださいますか。」と頼んだが，［CSy］は，書かない，と決めて，それを表明し，その結果，［CSx］の「利益・恩恵」が消えた，ということになる。
　したがって，残念な気持ち，恨みがましい思いなども生じるわけだが，もちろん，それをそのまま表明するわけにはいかない。そして，断った側もつらい選択をしたということに配慮すれば，むしろ，断らせてしまったことや，相手が断らなければならないような依頼をしてしまったことに対して，［CSx］のほうが謝罪する必要がある。
　「いえいえ，こちらこそ申し訳ございませんでした。」

「お忙しいことは重々承知の上でのお願いですので…」

そして，これによって人間関係が続かなくなるわけではない，今後も関係を維持していきたいのだ，ということの表明も重要になる。

「また，次の機会にはぜひお願いいたします。」
「今後ともよろしくお願い申し上げます。」

あるいは，代案が可能かどうかを打診することも必要になるだろう。

「もし，どなたかご紹介いただけるとありがたいのですが，…」
「半年後あたりではいかがでしょうか。」

依頼の待遇コミュニケーションで最も工夫が必要になるのは，依頼することではなく，依頼を断ることでもなく，依頼を断られたときにどう対応するということなかもしれない。特に，その後も人間関係を維持していかなくてはいけないとき，どのようなコミュニケーションをして修復していくかということが重要な課題になるだろう。

依頼をされて，断りのメールを出した後，何も連絡が来ない場合がある。断られたので，もう用はない，ということなのかもしれないが，やはりコミュニケーションとしては中途半端な印象を与えてしまう。断られた後の返信にこそ，待遇コミュニケーションとしての真価が問われるのではないだろうか。

また，言葉の上での工夫だけではなく，断られる場合もあり得ることを想定し，自分が譲る用意をしておく，相手が断ることができるように逃げ道を残しておく，といったストラテジーなどもある。

以下，用例を通じて検討していくことにする。

【用例1】依頼『ふぞろいの林檎たち』p62
[CSx] 陽子…看護学校の学生，晴江とは友人関係，寮で同室　[CSy] 晴江

　　寮・物干し
　　陽子，ひとりテキパキと洗濯物を干している。気配で一方を見て，
　　陽子「(手は休めず) お早う」
　　晴江「(着替えていて) なに，一体 (と近づく)」
　　陽子「うん？ (と手を休めない)」
　　晴江「(まだ身体が目覚めない感じで) 低血圧の陽子がどういうこと？」
　　陽子「頼みがあるの」
　　晴江「やだ，それ私ンじゃない」
　　陽子「昨夜うちから電話があってね」

晴江「(しゃがんで，まだ干していない洗濯物をつまんだりして) 洗ってくれたの？」
陽子「前橋まで行けっていうの」
晴江「前橋？」
陽子「私，十時から十二時まで，電話当番なの(かぶせるように早口でいう)」
晴江「知ってるよ」
陽子「悪いけど，代わってくれない？埋め合せ絶対するから(目を合わせない)」
晴江「(その陽子を見て) なに？前橋って」
陽子「遠い親戚がいるって前にいったじゃない。そこの，年寄りが，具合悪いんだって，お見舞いに行けっていうのよ。日曜日そんなことで，つぶすの，本当にやなんだけど，仕様がないわ。ちょっと行って来なきゃ」
晴江「どうした？」
陽子「どうしたって」
晴江「なんか嘘ついてる」
陽子「どうして？(と笑う)」
晴江「私の方，見ないように見ないようにしてる」
陽子「そんなの」
晴江「一年半一緒の部屋だもの，分るわよ。陽子はいい人だから，嘘つくとすぐ分るの」
陽子「——(苦笑)」

　[CSx]陽子の依頼内容に関しては嘘の依頼であり，そのぎこちない依頼の様子から[CSy]の晴江に嘘であることは見破られてしまったという話の流れになっている。嘘の依頼であるがゆえに，典型的な依頼の展開を踏もうとしている様子が描かれている。切り出し(「頼みがあるの」)，事情説明(「親戚の年寄の具合が悪いのでお見舞いに行かなくてはならない」)，依頼内容の提示(「電話当番の件」)，お詫びと依頼を直接示す表現(「悪いけど，代わってくれない？」)，承諾してくれたときの「埋め合せ」をすることを示す，といった内容や展開は，あえて型通りのものにしているといえるだろう。
　このように典型的な依頼の展開はあるといえるのだが，もちろん，すべての依頼がこのような展開になるというわけではなく，大きくは，切り出し→事情説明→依頼，切り出し→依頼→事情説明といった展開に分かれる。依頼のコミ

ュニケーションとしては，そこに相手からの質問や承諾，断り，それへの対応，お詫びや代案などが絡んでくるため，［CSx］［CSy］両者の「やりとり」によって成り立つものであることは言うまでもない。

【用例2】依頼——承諾『拝啓，父上様』p78
［CSx］カメラマン…雑誌撮影のカメラマン　［CSy］ルオー…喫茶店の店主

  和服の男——ルオーさんである。
  ルオー，全くカメラを気にせず，カメラの視野の中をこっちへ通過。
  カメラ「(突然) ア！すみません！」
  ルオー「？」
  カメラ「あの，もしよかったら申し訳ありませんが——もう一度今のように通っていただけませんでしょうか」
  ルオー「私？(時計を見て一寸迷惑気に) いいわよ，すぐすむなら」

ドラマとしては，［CSy］のルオーは迷惑気に見せながら，実は意図的に撮影をされに行った設定となっている。［CSx］の「通っていただけませんでしょうか」という［Aレベル・＋1］に対する非常に丁寧な依頼に対し，すぐ済むならという条件をつけて承諾している。

【用例3】依頼——承諾『拝啓，父上様』p192
［CSx］竜次…花板　［CSy］騒いでいる客

   若い男女のどんちゃん騒ぎ。
   上半身裸で踊っている男。
   笑いの爆笑。
   竜次，入口に膝をついて。
  竜次「すみません，お客さん」
   騒ぎで全く聞こえない。
  竜次「お客さん」
   騒ぎ。
  竜次「お客さん！」
   少し静かになる。
  竜次「申し訳ありません。隣にもお客さんがいらっしゃるンで，も少し静かにしていただけませんか」

上半身裸の筋肉男（男3）――かなり酒が廻っている。
　男3「判った！迷惑だ！うン，近所迷惑だ！も少し声を小さくして騒ごう！」
　竜次「お願いします」

　本来は，注意を促すための指示（「静かにしてください」）になるが，相手が客であるために「あたかも依頼表現」（「静かにしていただけませんか」）となっている。［CSy］の客も，酔っているため，ふざけた承諾をしている。［CSy］の竜次は，あくまでも立場をわきまえた冷静な対応に努めている。

【用例4】本人から叔父に就職の保証人を頼む『手紙・はがき・文書・メール文例大事典』p235

　　「叔父さま，叔母さま，お変わりありませんか。私は，このたび株式会社○○への就職が内定し，春から上京することになりました。つきましては，東京在住の身元保証人が必要だそうで，叔父さまにお願いできればとお手紙をさし上げます。ご承諾くだされば，さっそくごあいさつに伺いますので，よろしくお願いいたします。
　　　実は，叔父様に電話をしてくれるよう母に頼みましたら，社会人の第一歩として自分で手紙で依頼せよと命ぜられました。不慣れゆえ，おかしな言葉づかいがあったらお許しください。」
　　＊注として「※若い世代で，難解な表現を使うのはかえって不自然。話し言葉調でいいから，ていねいに書く。」とある。

　［CSy］の叔父への保証人依頼ということで，注にもあるように，形式的な文面よりはややくだけた調子になっている。ただし，前半部の展開そのものは，挨拶→事情説明→依頼内容→依頼→承諾後の行動といった典型的なものとなっている。

【用例5】就職の身元保証人を断るときの基本文例『手紙・はがき・文書・メール文例大事典』p322

　　「お嬢様の就職がお決まりになったとのこと，心からお祝い申し上げます。厳しい状況がとりざたされている昨今にあって，ご希望の仕事にお就きになれるとは，ひとえにお嬢様のご努力とご両親様のご教育の賜と拝察いた

します。

　さて，このたびの小生に保証人をとのお申し越し，<u>まことに光栄なことと存じます。ただ，近々の転勤が内定しており，東京を離れることになります</u>。保証人は在京が条件と存じますので，今回はご遠慮させていただきます。どうかご容赦ください。まずはとり急ぎご返事まで。」

　＊下線部の注として「身元保証人の依頼は，相手が自分を心から信頼していることの証。依頼を受けたことに対しては感謝の念を。」「債務保証人と違い，身元保証人は，引き受けても実質的なリスクは少ないため，断るには相応の理由が必要。」とある。

　［CSx］からの依頼を断る場合，［CSy］に明確な理由や事情がある場合には，それを誠実に述べればよいため，ほとんど問題はない。ただし，［CSy］はそれだけを表現するわけにもいかないため，断りの表現全体を緩和するための「ほめ」や「感謝」などを添える必要もあるわけである。結局は断られることになる［CSx］が，そうした表現をどのように受け止めるかは，当然のことながら個々のコミュニケーション主体によって異なるが，敬意コミュニケーションを目指すのであれば，だれでも，依頼したことを断られたくはなく，依頼されたことを断りたくはないのであるから，依頼する側，依頼される側，どちらの立場になったときにも，相互に配慮するという姿勢が求められるだろう。

【用例6】依頼　工場見学の依頼『短いスピーチ・あいさつ実例大事典』p347
［CS］…社員

　「初めてお電話をさしあげます。○○社の山下と申します。先日お願いをさし上げた御社の工場見学の件で，ご連絡いたしました。今，お話ししていてもかまいませんでしょうか。

　実は，私どもの社でも，ただ今新工場の建設計画が進行中です。＊＊社の笹本さんから，御社の工場で画期的なラインレイアウトをとり入れているというお話を伺い，ぜひとも見学させていただきたいと思ったしだいです。

　ご承引いただけるようであれば，日程は，御社のご都合に全面的に合わせます。もちろん，早い時期のほうがありがたいので，可能なら今月中にと願っておりますが，なお，こちらからは，私を含め3名の工場関係者が伺わせていただければと思っております。ご繁忙の折に，面倒なお願いをさし上げてほんとうに恐縮なのですが，どうかよろしくご検討をお願いい

たします。」

　　＊ワンポイントとして「先方が知りたい「見学の目的」「日程」「人数」をはっきり伝えますが，できる限り相手の都合に合わせる譲歩を。」とある。

【用例7】断り　工場見学の依頼を断る『短いスピーチ・あいさつ実例大事典』p351

「昨日，ご依頼のあった当社の工場見学の件なのですが，現場に確認しましたところ，お申込みの日程ではどうも無理のようです。
　おかげさまで新工場ができましてから受注量が一気に増えまして，設備も人員も夜を徹してフル稼働しております。現場が繁忙をきわめておりますので，ご見学にいらしてもご案内できる者もおらず，また混乱した状態をお見せするのも忍びなく，当面は見学をご辞退申し上げたいのです。
　当社の工場にご興味を持っていただいたことはたいへん光栄に存じておりますが，そのような事情ですので，あしからずご了承ください。
　来月以降でしたら，生産ラインにも若干余裕ができるかと存じます。もし，ご希望があれば，あらためて対応させていただきます。
　今回はご要望にそえず心苦しく思いますが，どうか今後ともよろしくお願いいたします。」

　　＊ワンポイントとして，「今後も良好な関係を保ちたい相手には，「今回は断るが来月以降なら」など，代替の可能性を示します。」とある。

　上記の2つは，工場見学の依頼と，その断りという例である。実際の人間関係や状況によっても異なるが，依頼する場合も，断る場合も，様々な気遣いが必要になる。言葉遣いの程度を上げることで，かえって形式的な依頼や断りになるともいえるが，個人ではなく，組織に属する者としての立場で表現し，理解することになるためどうしても敬語が多用されることになるだろう。例には挙げられていないが，待遇コミュニケーションの観点としては，依頼し，断られた側が次にどのような対応をするかが問題となる。継続的に良好な関係を維持したいときには，そこでの対応が重要なものになることはいうまでもない。

⑻許可与えの待遇コミュニケーション
［CSx］…許可を与える主体　　［CSy］…許可を受ける主体

［CSx］からの許可与えの構造

「行動」＝相手［A］，「決定権」＝自分［J］，「利益・恩恵」＝相手［A］

許可与え表現…（アナタハ）シテモイイデスヨ
断りの構造（許可を与えない）…~~［A］－［J］－［A］~~
許可を与えない表現…シテハイケマセン；シナイデクダサイ；ダメデス

［CSy］からの許可与えの構造
「行動」＝自分［J］，「決定権」＝相手［A］，「利益・恩恵」＝自分［J］

承諾表現…サセテモライマス；アリガトウゴザイマス

［CSx］ → ［CSy］
　　許可を与える→許可を与えられる
［CSy］ → ［CSx］
　　許可を与えられない→許可を与えない（~~［A］－［J］－［A］~~）

　許可を与えるというのは，「決定権」を持つ［CSx］が，相手である［CSy］の「利益・恩恵」になる行動について，行動することを許すということになる。この場合の［CSy］は，許可求めをした主体ということになるため，許可を与えられたことを断るという設定は成り立たない（事実として，許可を求めて，許可が与えられたが，結局，許可求めを撤回するということはあるが，それはここで扱う断りとは異なる）。
　以下，許可を与える待遇コミュニケーションに関する要点を述べておく。

　「許可求め表現」に対して，許可を与える表現は，基本的に相手に「利益・恩恵」がある相手の「行動」について，自分が「決定権」を行使するといった構造を持っている。そのため，例えば，［CSy］の〈その席に座ってもいいですか。〉という表現に対して，［CSx］が〈その席に座ってもいいですよ。〉というためには，実際にそういう許可を与える立場にあることが必要である。したがって，もしそういう立場にないのに許可を与える表現をすると，妙なことになってしまう。会場で，「この席，よろしいでしょうか。」と言われたとき，「座ってもいいですよ。」とは言わないのは，自分が許可を与える立場ではないことを自覚しているからだろう。そのときには，相手の「座る」という行動を促すための「どうぞ。」がふさわしい表現になるわけである。
　基本的に，相手の「行動」を決める立場にあるときには，「（ても）いいです

（よ）」が用いられ，許容することを示す立場にある場合には，「(ても) かまいません (よ)」「(ても) けっこうです (よ)」「だいじょうぶです (よ)」などが用いられることになる。そして，相手の「行動」を決める立場にないとき（相手が「あたかも許可求め表現」を用いたと考えられるとき）には，相手の「行動」を阻害しない，促すという表現，「どうぞ」あるいはただ「はい」などが選ばれるだろう。

　なお，「よろしいですか。」と言われると，つい「よろしいですよ。」と返事をしてしまいがちだが，「よろしいですよ。」は，相手の状況が「よい」ということに用いる丁寧な表現なのであって，自分の状況が「よい」ことについては言えない。

　許可を与えない，ということは，相手が「行動」することも，相手の「利益・恩恵」も，自分の権限によって認めない，否定するということである。昔の頑固親父やうるさ型の上司のイメージなので，相手への丁寧さを示すということからは最も遠い構造を持った表現行為になるといえるだろう。

　しかし，自分の権限をふるう，というより，状況によっては，どうしても許可できないことを丁寧に表現しなくてはいけない場合も生じる。その際には，例えば，「会場に入ってもいいですか。」という客からの「許可求め表現」に対して，「大変申し訳ございません。6時までは，ご入場いただけないことになっておりますので，今しばらく控え室にてお待ちくださいますよう，お願い申し上げます。」などと，最高の丁寧度で「許可を与えない」場合も生じる。ここでは，お詫び＋自分が許可しないのではなく，状況として入れない，という事情説明＋だからどうすればよいかという指示をお願いに換えて表現する，といった工夫がされている。もちろん，「申し訳ございません。開場は6時からですので，控え室にてお待ちください。」という程度の簡潔な表現のほうがよい場合もある。客が怒っているようなときには前者の言い方，通常の断りであれば後者の言い方のほうが適切であると考えられるので，常にどういう「場面」かによって，表現のしかたも異なってくるといえるだろう。

　なお，禁止をする意図を実現する場合に，「してはいけません」「しないでください」といった典型的な禁止表現は，実際には使われることは少ないだろう。例えば禁煙車両でタバコを吸っている人に対して，「タバコを吸ってはいけません。」と注意する人は稀だろう。「タバコ，吸わないでください。」「タバコは，吸わないでもらえますか。」といった指示，依頼に換えて表現する方法もあるが，そうした働きかけの表現ではなく，「ここ禁煙車両ですよ。」といった事実に気づかせる方法，「すみません。ここ禁煙なんですけど。」と，謝罪型の「すみません」で前置きをして，事実を伝える方法，「申し訳ありませんが，おタ

バコは…」などと最後まで言わないような言い方を採ることが多いのではないだろうか。場合よっては、「せきをしてみせる」「咳払いをする」などの非言語によって気づかせる方法もあるが、それがいつも効果的であるかどうかは保証できない。ルール違反者について、「決定権」を持っている人を通じて注意してもらうということで、車掌に連絡するのが一番の方法かもしれない。車掌は、同じように、「申し訳ございません。ここは禁煙車両になっております。」「おタバコはご遠慮いただいております。」あるいはより明確に、「お客様、全席禁煙ですので、おタバコはお控えください。」などと注意することも考えられる。注意しにくい客に対しては、より「決定権」を持っている立場の人が要求することになるが、守るべきは他の客の「利益・恩恵」なので、「決定権」を明確に行使するという姿勢も必要になる。いつも丁寧でありさえすればよいなどということではない。

　許可を求めても、必ずしも常に許可がもらえるわけではない。「決定権」が相手にある以上、それは止むを得ないことだろう。どうしても交渉して「行動」に移りたいという状況の場合には、許可求め、依頼、相談、懇願、等々のコミュニケーションが繰り広げられることになるが、許可が与えられない状況にある場合には素直に引き下がるほうがよいかもしれない。「わかりました。申し訳ありませんでした。」と、相手に手間をかけたこと、断らせてしまったことに対するお詫びが必要な場面もあるだろう。

　もちろん、なぜ許可がもらえないのか不明な場合には、その事情説明を求めることになる。相手との「やりとり」を通じて、課題を解決し、行き詰まった局面を打開していくことも大切な点になる。「丁寧さの原理」は、あくまでも原理であって、事実の中ではそれを乗り越えていく工夫も必要になることはいうまでもない。

　以下、関連する用例を挙げておくことにする。

【用例1】許可求め―許可与え　『ふぞろいの林檎たち』p232
［CSx］晴江…看護学校の学生、陽子の友人　［CSy］陽子

　　陽子「(晴江に) アパート行って来ていいかな？」
　　晴江「いいよ。じゃ、制服あずかる」

　これは、許可求め――許可与えの典型例である。この場合は、［CSy］の陽子が許可求め、［CSx］の晴江が許可与えをしている。［CSx］は「行って来てもいいよ。」ではなく、ただ「いいよ。」と言うことで、それほど立場が明確な

許可与え表現ではなくなるといえるだろう。

【用例2】許可与え　『拝啓，父上様』p153
[CSx] 律子…若女将　[CSy] 一平…板前

　　帳場
　　律子「一平君」
　　一平「ハイ」
　　　　間。
　　律子「この前はごめんね。きついこと云っちゃって」
　　一平「――いえ」
　　　　間。
　　律子「あの時はすっかり逆上しちゃってて」
　　　一平。
　　　　間。
　　律子「辛いのよ私も。――色んなことありすぎて」
　　　一平。
　　　　間。
　　律子「それだけ。ごめんなさい。帰っていいわよ」
　　一平「ハイ」
　　　　間。

　最後にある[CSx]律子の「帰っていいわよ」が許可与え表現となっている。「帰ってもいいですか」という許可求め表現はなくとも，[CSy]である一平の早くその場を去りたい気持ちを察した許可与えということになる。

(9)指示・命令の待遇コミュニケーション
[CSx]　指示・命令する主体　[CSy]…指示・命令される主体

[CSx]からの指示・命令の構造
「行動」＝相手[A]，「決定権」＝自分[J]，「利益・恩恵」＝自分[J]

指示・命令表現…（アナタハ）シテクダサイ；（アナタハ）シナサイ

[CSy]からの指示・命令表現

「行動」＝自分[J]，「決定権」＝相手[A]，「利益・恩恵」＝相手[A]

承諾表現…ワカリマシタ；ショウチシマシタ
断り表現…基本的には，相手に「決定権」があるため断れないが，あえて断るとすれば，下記のような表現になる。
　　　　　デキマセン；ケッコウデス
　断りの構造…~~[J] [A] [A]~~

[CSx] → [CSy]
　指示・命令する→指示・命令される
[CSy] → [CSx]
　指示・命令を受け入れる→指示・命令を受け入れられる
　指示・命令を受け入れない→指示・命令を受け入れられない（~~[A] [J] [J]~~）

　指示・命令というのは，基本的には，自分の「利益・恩恵」になることを相手の「行動」を通じて実現させようとすることである。その点では，依頼と共通の意図となるが，依頼と異なるのは，そのための「決定権」を[CSx]自身が持っていると認識している点にある。したがって，依頼に比べ，それほど工夫や配慮が求められないといえるわけである。
　以下，指示・命令に関する待遇コミュニケーションに関する要点について述べていく。

　指示・命令というのは，基本的には，「利益・恩恵」＝自分，「行動」＝相手という構造を持つものであるが，「利益・恩恵」が常に「自分」にあるわけではなく，駅員が乗客に対して「白線の内側にお下がりください。」（[A][J][A]）というように，「相手」が危険な状況にならないために指示する場合や，「この書類は，ボールペンで書いてください。」（[A][J][０]）のように，特にだれの「利益・恩恵」になるのか明確ではない（あえて言えば，書類を読む人）指示などもある。
　[CSx]が指示・命令をするときに重要な点は，相手の「行動」に関する「決定権」を自分が持っているという構造を自覚していることだろう。
　「決定権」を取ること自体，「丁寧さの原理」に基づく丁寧さには反するため，指示・命令は基本的に丁寧ではない表現行為であるといえる。立場上，指示・命令をしなくてはならないときには，もちろんその役目として指示するわけなので，淡々と指示・命令をすればよい場合も多いのだが，その際，立場を強調

しすぎて,「偉そう」に指示するということを回避するために,「あたかも依頼表現」が登場することになる。

　医師が患者に対して,「もう少し包帯は取らないでおいてもらえますか。」「しばらくはこの薬で様子を見ていただけますか。」などと伝えるのは,本来「もう少し包帯をしておいてください。」「しばらくはこの薬を続けてください。」という指示であるわけだが,それを指示の「形式」ではなく,依頼の「形式」を用いることで,配慮をしていると考えられる。

　今では横柄な医師と何を指示されても従順な患者という構図も大きく変わってきているようなので,自らの立場に対する認識も常に変化してきていることを自覚しつつコミュニケーションしていく姿勢が求められているといえるだろう[36]。

　だれでも,指示や命令をされて嬉しいはずはなく,状況や立場によって,しかたなくそうした表現をされることを許容しているのだろう。ただし,緊急時に警備の人から「危ない,早くどいて！」と指示されることに腹を立てる人はいないだろうし,パーティーのホストから「どうぞ召し上がれ。」と命令されたからといって不満に思う人もいないだろう。

　指示・命令されるということは,嬉しいことではないが,そのときの人間関係や場における「当然性」が高いことが多いわけなので,その点をきちんとわきまえておけば,特に問題になることではないだろう。[CSy]からみた「利益・恩恵」が自分にある場合には,自分のためにしているのだと認識すればよいということである。

　基本的に,[CSx]は「決定権」が自分にあると認識しているため,[CSy]に指示が断られるとは思っていないわけである。[CSy]が指示を断るということは,[CSx]の持つ「決定権」を覆し,[CSx]の「利益・恩恵」をも打ち消すという,「丁寧さの原理」には大きく反した行為になるといえる。それにもかかわらず,[CSy]が指示を断るということは,相当の理由があると考えられる。したがって,[CSy]もその理由が何であるかを[CSx]に伝えずに断ることはできないだろう。[Aレベル・−1]同士の会話であっても,「それ,取って。」「ごめん,今ちょっと手が離せないんだ。」という「やりとり」の中に事情説明がなされているわけである。

　このように,「事情説明」は,依頼する場合,誘う場合にも,また,依頼や誘いを断る場合にも,重要な意味を持つものである。「できないものは,できません。」などと断る場合もあるだろうが,そういう断り方が効果的である状

---

[36]　吉岡（2011）などを参照。

況はそう多くない。やはり、きちんと事情を説明した上で、自分が指示には従えないことを伝える必要があるだろう。

　指示が断られるということは、［CSx］からは、自分の「決定権」も「利益・恩恵」も否定されてしまうわけなので、やや大きく言えば、コミュニケーション上の危機だともいえる。ただし、自分が指示をする立場にあると勘違いしている場合は除く。「コーヒー、入れて。」などと指示しても、「自分で入れてください！」などと断られたら、自分がそういう指示をする立場にはない、あるいは、その指示の内容にも問題があると自覚する必要があるだろう。

　いろいろな「場面」が想定されるため、一概には言えないが、指示する立場にある自分が指示しても相手が動かない場合には、何か特別な事情があると考えたほうがよいといえる。断られて怒る前に、断った相手の事情を尋ねる余裕がほしい。その「やりとり」が「人間関係」の維持にとって、重要な意味を持つといえるからである。

　以下、関連する用例をみていくことにする。

【用例１】指示・命令──依頼　『ふぞろいの林檎たち』p199
［CSx］修一…夏江の元恋人　［CSy］良雄…夏江の知り合い
［W］夏江（あの人、彼女）…修一の元恋人。良雄が好きな女性。

　　修一の部屋
　　修一「（上って）それで、来てくれたわけ？（とまだカーテンのない部屋
　　　　の窓の錠をはずし、あける）」
　　良雄「そういうわけでもないけど」
　　修一「あがってよ」
　　良雄「ええ（と入ってドアを閉める）」
　　修一「フフ、あんたも孤独らしいね」
　　良雄「え？」
　　修一「俺んとこへ来るなんて、余程行くとこないんだな」
　　良雄「そんな訳じゃないけど」
　　修一「じゃ、なに？」
　　良雄「ええ──」
　　修一「上がりなさいよ。なに立ってるの」
　　良雄「あの人、泣いてました」
　　修一「──」

良雄「当たり前ですよ。そんな機械みたいに，わり切れるわけないからね」
修一「──」
良雄「あんたは，わり切れてるんだろうけど」
修一「なにがいいたいの？」
良雄「──」
修一「もう一回，一緒に暮せっていうの？」
良雄「そんなこといいませんよ。あんたとなんか」
修一「じゃあ，なに？」
良雄「──」
修一「なに？」
良雄「いいですよ。さよなら（とドアをあける）」
修一「おい」
良雄「──（手を止める）」
修一「話して行けよ」
良雄「──」
修一「お茶でものんでいけよ」
良雄「──」
修一「なんとなく分るよ」
良雄「──なにが？」
修一「彼女が俺恋しいって泣いてるんじゃ，そうそう行くわけにもいかないだろう。いまいましくて，俺に当りたくなっても無理はない」
良雄「分ったようなこといわないでくれ」
修一「上がれよ」
良雄「──」
修一「しゃべろう」
良雄「──」
良雄「あんたに，そんな感情あるのかな？」
修一「あるさ」
良雄「信じられないね」
修一「フフ──ドア，閉めて。上がってくれよ」
良雄「──」
修一「さあ」
良雄「──」
修一「さあ」

良雄「──（中にいて，ドアを閉める）」

　[CSx]である修一の指示・命令表現に関する展開は，「あがってよ」→「上がりなさいよ」→「話して行けよ」→「お茶でものんでいけよ」→「上がれよ」→「しゃべろう」（誘い）→「フフ──ドア，閉めて。上がってくれよ」（依頼）→「さあ」（促し）→「さあ」（促し）となっており，その時々の状況の変化，[CSy]である良雄の反応（無言であることが多い），意識の変化に対応したものとなっている。もちろん，あくまでもドラマとしての展開ではあるが，人間関係─場─意識─内容─形式の連動としての表現上の変化，展開の典型的な一例として見ることができるだろう。

【用例2】指示→依頼　『ふぞろいの林檎たちⅡ』p31
[CSx] 正宮…営業先の現場の課長　[CSy] 健一…営業の社員
[W] 井本…資材課の社員

　　ある工場・構内
　現場・正宮課長「（どんどん歩きながら）いい加減にしてくれよ，仕事になんねえだろ」
　健一「すいません，資材課の井本さんが，正宮課長さんに伺うようにっていわれたんで」
　現場・正宮課長「資材はいつもそうなんだよ。面倒くせえと，こっちに回して来るんだ」
　健一「すいません」
　現場・正宮課長「いいかい（立ち止まる）」
　健一「はい」
　現場・正宮課長「資材課が現場行けっていうのはね，断る時のパターンなんだよ。資材課通さねえで現場がなんか注文するわけないだろ」
　健一「はい」
　現場・正宮課長「そういうとこ察して，邪魔すんじゃねえよ（と行く）」
　健一「でも，それじゃ，おつき合いいただけません」
　現場・正宮課長「仕様がないだろ。こっちはね，新規の代理店とつき合うほど景気よくないんだよ。帰れよ。帰ってくれよ，頼むから（とにらむ）」

　[CSx]である正宮課長は，営業での依頼に対する資材課の断りのパターン

についても言及している。

　［CSx］の正宮は，事情を説明した上で，「帰れよ」という命令表現をし，最後に「帰ってくれよ，頼むから」と依頼しているが，これは，ただの依頼表現ではなく「あたかも依頼表現」である。そのことは，それまでの健一に対する［Aレベル・－1］での話し方，（にらむ）とあることからもわかる。

　このほかにも，「邪魔すんじゃねえよ」という指示・命令表現もしている。

　なお，健一は「資材課の井本さんが，正宮課長さんに伺うように」と伝え，正宮は「資材課が現場行けっていうのはね」と言っている。実際に井本がどう話したかは不明だが，例えば「現場に行って正宮課長に聞いてよ。」という表現が「正宮課長さんに伺うように」ともなり，「現場行け」ともなるわけである。伝聞表現における敬語表現の言い換えが起こる一例である。

【用例3】指示——宣言，宣言，指示，宣言　『拝啓，父上様』p90
［CSx］律子…若女将。夢子の娘　［CSy］夢子…大女将。律子の母

　　律子「逆です！母さんは黙ってて下さい！私がちゃんと始末します」
　　　長い間
　　夢子「なら私消えます」
　　律子「消えてて下さい」
　　夢子「消えます！（間。急に）お世話になりました！（パッと出る）」

　［CSx］の律子は，母親でもある夢子に「黙っている」「消える」という行動に展開することを指示していることになる。かなり失礼な指示の「内容」であるため，それに対する反応は，［CSy］の夢子の，喧嘩腰の「消えます」という宣言表現となっている。

　本来は互いに［Aレベル・－1］での待遇であるのに，ここでは互いに［Aレベル・0～＋1］の待遇となっていることで，親子喧嘩や夫婦喧嘩の典型的な様子として描かれていることがわかる。通常は用いない）等な言葉遣いをすることで，互いの距離感が出ることの例ともなるだろう。

【用例4】指示・命令　『拝啓，父上様』p196
［CSx］律子　［CSy］夢子　［CSz］酔客
［W］酔客にぶつかられてけがをした客

　　玄関

夢子「ぶつかられたお客様はお腰の骨にひびが入ったらしく，さっき救急
　　車で運ばれました。この家の中で起きましたことは，私共この家の責
　　任でございますが，一言位御挨拶があってもよろしいンじゃないでし
　　ょうか」
律子「母さん止(よ)しなさい。(客に)すみませんどうぞもう車が参っており
　　ますから」

　［CSx］の律子は，［CSy］の母親に対して話を止めるように命令している。脇の相手となる客に対する配慮によって，命令口調になっている。

【用例5】命令　『拝啓，父上様』p197
［CSx］一平…板前　［CSy］時夫…板前見習い

　　門前
　　鮮やかな回し蹴りで一発で男3を倒す時夫。
　　とび出した一平，時夫を抑える。
　　一平「止(や)めろ!!」

　先輩である［CSx］一平から後輩の［CSy］時夫に対する命令表現である。一平は時夫に対して，日常的にも命令表現を多く用いているが，ここでの例は，緊急時の命令表現である。このような状況であれば，逆に後輩の時夫が先輩の一平を制止するときにも「止めろ！」となるだろう。

　⑽誘いの待遇コミュニケーション
［CSx］…誘う主体　［CSy］…誘われる主体

［CSx］からの誘いの構造
「行動」＝自分と相手［JA］,「決定権」＝相手［A］,「利益・恩恵」＝自分と相手［JA］

誘い表現…（ワタシトアナタデ）シマセンカ

［CSy］からの誘いの構造
「行動」＝自分と相手［JA］,「決定権」＝自分［J］,「利益・恩恵」＝自分と相手［JA］

承諾表現…イイデスネ
断り表現…デキマセン：シタクナイデス
　　断りの構造……[JA]−[J]　[JA]−（自分の「行動」，自分の「利益・恩恵」だけ
　　　　　　　　を打ち消している。）

［CSx］→［CSy］
　誘う→誘われる
［CSy］→［CSx］
　誘いを受け入れる→誘いを受け入れられる
　誘いを断る→誘いを断られる（［JA］［A］［JA］）

　誘いは，「行動」＝自分と相手，「決定権」＝相手，「利益・恩恵」＝自分と相手という構造を持つものである。他の行動展開表現においても，実際の「行動」が自分と相手になる場合はあり得るが（例えば，「一緒に行ってくれませんか。」という依頼表現もある），意図そのものに自分と相手とが「行動」することが含まれているというものは，誘いだけだと考えられる。
　誘われて断る場合に打ち消す要素は，基本的には上に，[JA]−[J]　[JA]−（自分の「行動」，自分の「利益・恩恵」だけを打ち消している。）と示したように，自分のところだけになる。「一緒に行ってくれませんか。」という依頼を断ると，相手の「利益・恩恵」のすべてを打ち消すのに対し，「一緒に行きませんか。」という誘いの断りであれば，自分の「利益・恩恵」だけを打ち消すだけになる点で，依頼のほうが断りにくく，誘いのほうが断りやすいということにもつながると考えられる。もちろん，実際の人間関係や状況によっては，誘いであっても，結果的に相手の「行動」や「利益・恩恵」を打ち消すことになる場合があることはいうまでもない。
　誘いの待遇コミュニケーションに関する一般的な要点を以下に述べておく。

　誘いは，基本的には相手と自分の双方が「行動」し，双方に「利益・恩恵」があると認識した表現なので，誘うときには，まず，〈「相手」の都合を確認すること，無理な誘いはしないこと，自分にとっては利益があるが，相手にはあるかどうかわからない，自分にはおもしろいが，相手にはそれほどおもしろくないかもしれない〉などといった認識を持つ必要がある。本来は自分の利益のほうが大きいのに，相手にとっても「おもしろいよ」「楽しいと思いますよ」などと相手の利益ばかりをあまり強調すると，「丁寧さ」からは遠くなってしまう。

逆に,「あまり面白いところではないのですが…」「それほど美味しい店ではありませんが…」などと言って誘うと,[CSy] に,それなら誘わなければいいと思わせてしまうため,注意が必要である。必要以上に謙遜した誘い方になると,あまり本気で誘っているわけではないのだな,断ったほうがいいのかな,などと思われてしまう。
　誘いは,構造的には,相手にも「利益・恩恵」があるという認識を示すことになるため,「丁寧さの原理」に従って,相手の「利益・恩恵」を示さないことで,より丁寧な誘いにすることが可能になる。
　「もしご都合がよかったら,いらっしゃいませんか。」
ではなく,
　「もしご都合がよかったら,来ていただけませんか。」
という「あたかも依頼表現」に変えることで,直接的な誘いというよりも,あたかも依頼をしているかのような誘いになり,丁寧であると同時に断りにくい誘いにする効果もある。
　誘われたときには,[CSy] は〈誘ってくれたことへの感謝,誘いの内容に関する興味・関心,相手と行動が共にできることの嬉しさ・喜び〉などが表せると,よりよい待遇コミュニケーションになる。たとえ誘いの内容があまり関心のないものであったとしても,かりにその相手とは行動を共にしたくないとしても,それをそのまま表現することはできないため,まずは,相手が誘ってくれたこと自体への感謝やお礼は示すことになる。
　誘われて嬉しいのは,自分が一緒に「行動」することが相手の「利益」になるということがわかったときだろう。
　〈あなたにとって楽しいと思うので来ませんか〉というように誘われるのではなく,〈あなたが来てくれたら,わたしが楽しいので来ませんか〉というような誘いのほうが嬉しいということである。例えば,
　「先輩,もしご都合がよかったら,いらっしゃいませんか。先輩が来てく
　　だされば,みんな喜びますよ。／みんなも楽しみにしているんですよ。」
などと誘われれば,簡単には断りにくくなる。先輩におごらせるための作戦の場合もあるかもしれないが,「丁寧さの原理」にも適った,より効果的な誘い方になるといえよう。
　何かを「断る」というのは,相手の好意や相手の利益が関係するときには,特に難しいコミュニケーションになる。誘いを断るときには,〈相手と行動を共にしたくないのではない,自分の都合が悪いだけで誘いの内容には興味がある,今後の関係は維持したいのでまた誘ってほしい〉といったことを表明するとよいだろう。例えば,メールでの返事などでも,[A レベル・0]([A レベ

ル・＋１］）の相手に対して，

　「私にまでお声をかけてくださってありがとうございます。せっかく誘っていただいた（お誘いいただいた）のですが，行けなくて申し訳ありません。（伺えずに申し訳ございません。）来月になれば時間ができる（多少は余裕ができるか）と思いますので，今度また誘ってくださいね。（次の機会にお誘いいただければ嬉しく存じます。）」

などと，感謝，お詫び，次の可能性などに言及することによって，断りの気まずさを緩和することができるのではないだろうか。

　誘われるということは，自尊心を満足させられるものではあるが，いかにもついでに誘われていると感じられる場合もあるだろう。例えば，「あ，課長，そんなところにいらしたんですか。みんなで飲みに行くんですが，もしよかったら，一緒にいかがですか。あ，無理にはお誘いしませんけど。」などと誘われたとしたらどうだろうか。かりにそう言われたときにも，皮肉を言う（例えば，「いて悪かったね。」など）のではなく，ついでではあっても，誘ってくれたことに対しての感謝を示す余裕があるとよいのだろうが，冗談として，「無理はしないから安心しろよ。」などということで，偶然遭遇してしまった気まずさが緩和されるかもしれない。

　［CSx］が誘ったのに断られたときには，非常に残念な思いはあるわけだが，だからと言って，〈何だよ，せっかく誘ってやったのに，もう誘ってやんないよ。〉などと表現することはしにくい。親しい友人であれば，そのように言うことで，かえって雰囲気を和らげる効果もあるだろうが，［Ａレベル・０］や［Ａレベル・＋１］の人を誘って，断られたときには，〈無理はしなくていい，次の機会を楽しみにしている，断らせてしまいかえって嫌な思いをさせて申し訳ない〉などといった「意識」や「内容」を持った表現をすることで，相手への配慮が示せる。特に，「残念ですね。では，またお誘いしますので，そのときには，ぜひ，よろしくお願いします。」などと，次の機会に触れることで，お互いに人間関係が維持できることが確認できるため，ただ感謝したりお詫びしたりというだけでは得られない効果が期待できるだろう。

　以下，関連する用例を挙げて，検討していくことにする。

【用例１】　誘い　『ふぞろいの林檎たち』p38
［CSx］晴江…看護学校の学生　　［CSy］健一・実…工業大学の学生

　　　晴江は，公衆電話ボックス，健一と実は，健一のアパート・部屋にいる。

晴江「岩田さん？」
健一「そうだけど——」
晴江「私，そちらの大学の，ワンゲルへ入会して，こないだ御馳走になって——」
健一「津田塾の人？」
晴江「———」
健一「もしもし」
晴江「今日，時間あるかしら？」
健一「ある。夜は，ちょっとバイトだけど」
晴江「昼間でいいの。三時に，駒沢でもいい？」
健一「いいよ。駒沢のどこ？」
晴江「喫茶店でガープっていうんだけど」
健一「ガープね。場所，いってくれる？」
実「なんだって？」
健一「片づけろ，早く（と小さくいって突きとばし）はい——はい，駒沢公園の，はい」

[CSx] の晴江からの直接的な誘い表現はないが，談話全体の展開によって，誘い，あるいは「会ってもらえるか」という依頼に近い誘いになっていることがわかる。

【用例2】誘い（勧め）『拝啓，父上様』p155
[CSx] 夢子…大女将　[CSy] 一平…板前
[W] ナオミ…一平のあこがれの人，エリ…夢子の孫

夢子「ここにチケットが二枚あるの。行かない？」
一平「いや音楽会なんて——ア！　オレ！——行きたいです！」
語り「急に行きたい！と云ったのは，丁度ナオミさんを誘う口実が，何かないかと考えていたからで」
夢子「誘ってやって」
一平「ハイ！　エ！？」
夢子「エリを」
一平「ア！エ!?　エリさんを俺が誘うンですか!?」

[CSx] の夢子の「行かない」は，私とあなたとで行かないか，ということ

ではないので，典型的な誘い表現ではなく，勧め表現だともいえる。それに対する［CSy］の一平の返事は，断りから承諾へと途中で変更されている。

【用例3】知人の演奏会に誘う『手紙・はがき・文書・メール文例大事典』p235

> 「突然チケットを送りつけてしまって，申しわけありません。実は，このA響で私の知人がバイオリニストをしておりチケットをいただいたのです。演目を見ましたら，あなたのお好きなマーラーですので，よろしければいっしょに聴きに行きませんか。この手紙が着くころを見はからってこちらからまたご連絡します。」
> ＊下線部の注として，「誘うに至った経緯を簡単に。また「いただいた」と明記することで，代金はいらないことを示す。」とある。

すでにチケットを送った上での誘い例。そのため，「突然，チケットを送りつけてしまって」「申し訳ない」というお詫びの表現に始まり，事情説明，直接的な誘いの表現，返事をする手間を省くために「こちらからまたご連絡します」と結ぶ，という展開になっている。

「あなたのお好きなマーラー」と表現することによって，相手にも利益があることを明示している。

【用例4】ホームパーティーの誘いを断る（気が進まない）『手紙・はがき・文書・メール文例大事典』p327

> 「このたびは思いがけないお誘い，ありがとうございます。すてきなお住まいとお聞きしておりますので，出席したい気持ちはあるのですが，あいにく所用のため伺うことができません。
>   皆様にどうぞよろしくお伝えください。ご厚情に感謝しつつ，本日はとり急ぎおわびのみにて失礼いたします。」
> ＊下線部の注として，「事情はともあれ招待への礼は述べる。」「「知っている方も少ないので」「人と話すのは苦手で」など，パーティー自体を否定するような表現は慎む。」とある

お礼，一緒に行動したい気持ちはあることの表明，他者への配慮，お詫び，と展開する断りであるが，出席できない理由が「所用のため伺うことができま

せん」という表現になっていることもあり，全体として形式的な断りとなっている。しかし，本当の理由が，「気が進まない」ということにある以上，どのように言葉を尽くしても，形式的な断りにならざるを得ない。形式としての表現上の工夫の限界はあるといえるだろう（もちろん，出席できない事情があるのなら，「所用のため」とはせず，それを具体的に説明すればよいわけである）。

継続的な人間関係を維持するための敬意コミュニケーションとしては，むしろこの種の断りの手紙やメールを受け取った［CSx］が，［CSy］の「気が進まない」という気持ちを理解し（それに対してどういう感情を抱くかは，個々の理解主体によって異なるとしても），それ以上の穿鑿はしないようにすることが大切となるのではないだろうか。表現主体としてだけが工夫するのではなく，理解主体としても様々な配慮をすることによって，よりよいコミュニケーションが成立するといえるわけである。

　以上，行動展開に関する待遇コミュニケーションの諸相として，それぞれにおける構造，コミュニケーション上の工夫や配慮などについて見てきた。
　第2章でも述べたように，シナリオや文例集からの例の場合，それらを実例に準じるものとして扱うのではなく，表現やコミュニケーションの専門家としての，脚本家や編集者やライターの意識や表現を通して，その背景にある一般性を探り，分析，考察していくことが主眼であった。また，典型的な例を扱うのも，それらをモデルとしてコミュニケーションに生かすことがねらいではなく，典型的であると捉えられる表現やコミュニケーションのあり方がどのようなものであるのか，その本質が様々なコミュニケーション主体の実際のコミュニケーションにもつながっていくものであることを検討することが主旨である。そして，こうした枠組みによって，行動展開表現を扱っていく際の観点を提示することができれば，とりあえずは本書での目的を果たすことになると考えている。

第4節　理解要請に関する待遇コミュニケーション

　本節では，理解要請に関する待遇コミュニケーションについて見ていきたいと思う。
　理解要請表現に関しては，蒲谷他（1998）で次のように述べた。

　　「理解要請表現」は，何を伝えようとするかを基準にして，さらに以下の三つのタイプに分けられます。

①「知識・情報伝え」の表現
　　例えば，「論文」や「天気予報」のように，特定の知識・情報を伝えるための表現
②「感情・意志伝え」の表現
　　「表現主体」の喜怒哀楽，願望，意志などを伝えるための表現
③「表現形式伝え」の表現
　　例えば，「こんにちは。」などの挨拶に典型的に見られるように，形式化した表現そのものを通じて，「自分」と「相手」との関わり方への把握のしかたを伝えるための表現　　　　　　　　　　（p218-p219）

　こうした枠組みを用いて，「ほめ」という理解要請表現については，②に属するもの（実質ほめ）と③に属するもの（形式ほめ）があり，それぞれの違いを示した（川口他1996）。
　理解要請表現における「丁寧さ」や相手への配慮なども，それぞれにおいて異なると考えられる。①の「知識・情報伝え」においては，その内容をできるかぎり正確に相手が理解できるように伝えることに「丁寧さ」や配慮があるといえるわけだが，②の「感情・意志伝え」の場合には，必ずしもその感情や意志を正確に伝えることが「丁寧さ」や相手への配慮にはつながらない。特に，喜怒哀楽の「怒」の感情や，願望などをそのまま伝えることは，理解要請としての意図は実現できたとしても，敬意コミュニケーションにはつながらないため，相手との関係をよりよいものとするには，そこに様々な工夫や配慮が必要になってくるわけである。また，③の「表現形式伝え」も，「丁寧さ」につながる場合とつながらない場合がある。感情や思いを率直に述べることが必ずしも相手への尊重や配慮に直結しないことはいうまでもないが，形式的に伝えることだけでも，尊重や配慮の気持ちは表せない。
　結局のところ，どのようなタイプの理解要請表現であっても，「丁寧さ」を表し，相手への尊重や配慮の気持ちを伝えることが大切だといえるわけだが，その気持ちをどのように表せばよいかというところに表現上の工夫が求められるので，待遇コミュニケーション（特に敬意コミュニケーションの場合）においても，そこが最重要の課題となる。
　待遇コミュニケーションにおいては，表現主体としての工夫や配慮だけではなく，理解主体としての配慮も必要であるわけで，相手の気持ちを察すること，慮ること，形式的な問題点にはあまりこだわらないこと，などが理解主体としての「丁寧さ」につながると思われる。コミュニケーションにおける「丁寧さ」については，表現主体，理解主体それぞれの立場から総合的に考えていく

必要があるといえるだろう。
　理解要請表現において，相手に伝え，理解してもらうべき内容としては，このように，過去（経緯，事情説明），現在（状況説明，現状報告），未来（今後の見通し，決意）といったことが含まれる必要があり，そのことはビジネス文書だけでなく，多くの表現に共通するものだといえよう。当然のことながら，個別性はありつつ，そこに共通性や一般性も見出せるわけである。
　理解要請表現に関する待遇コミュニケーションについては，様々なものがあるが，それらに関する考察については，今後の検討課題としたい。

第5章のまとめ

【第1節】意図に基づく表現行為の類型化

(1)表現行為を表現主体の意図によって類型化すると、大きく次の三種にまとめられる。
　　①自己表出表現　②理解要請表現　③行動展開表現

(2)「意図から形式への連動」と「形式から意図への連動」とは、一致する場合と一致しない場合があり、表現形式や結果としての表現自体をそのまま表現意図と結びつけることはできない。

(3)自己表出表現が自己表出そのものを意図とし、理解要請表現が理解要請そのものを意図とするのに対し、行動展開表現は、自己表出することが意図ではなく、また理解要請することが意図でもなく、その先にある、相手あるいは自分、または相手と自分が行動することに展開したいという行動展開が意図となる表現行為であるという点において、自己表出表現、理解要請表現とは異なるものとなる。

(4)「結果としての表現」（例えば、「いい天気だなあ。」「私は学生です。」「それを取ってもらえますか。」などという表現）自体が、自己表出表現、理解要請表現、行動展開表現の文なのではなく、それらの表現は、典型的な表現形式を用いた結果として成立した表現なのであり、上記の三類型は、あくまでも意図による表現行為の類型化を意味する。

(5)行動展開として「依頼」の意図を実現するためには、「それ。」（語単位）、「それを取ってもらえる？」（文単位）、「すみません。それを取ってもらえますか。」（文話単位）のように表現し得る。

(6)行動展開の意図を実現させようとして成立した、「ちょっと手が届かないもので。すみません。それ、取ってもらえますか。」という文話全体が行動展開という意図を表すものであり、「ちょっと手が届かないもので」は行動展開表現の中の事情説明を担う表現、「すみません」は行動展開表現の中の謝罪の気持ちを示す表現だと捉えられる。

【第2節】行動展開表現における丁寧さの原理

(1)行動展開表現について依頼表現を例として説明すると、表現主体で

ある依頼主体は，依頼という意図や行為の持つ構造を認識し，依頼という意図を持ち，それを実現するために必要な言材の知識，表現形式に関する知識を持ち，それらを意図と照らし合わせる形で選択し，表現していく，ということになる。

(2)行動展開表現の9類型は，次のとおりである。(自分＝[J]，相手＝[A])

「行動」「決定権」「利益・恩恵」「意図名」「典型的な表現例」の順に示す。

[J] [J] [J]，宣言，(ワタシガ) シマス，(ワタシガ) サセテモライマス

[J] [J] [A]，宣言，(ワタシガ) シテアゲマス

[J] [A] [J]，確認，許可求め，(ワタシガ) シテモイイデスネ，(ワタシガ) シテモイイデスカ

[J] [A] [A]，申し出，(ワタシガ) シテアゲマショウカ

[A] [A] [A]，忠告・助言，勧め，(アナタハ) シタホウガイイデスヨ，シマセンカ

[A] [A] [J]，依頼，(アナタハ) シテクレマスカ，(ワタシハ) シテモラエマスカ

[A] [J] [A]，許可与え，(アナタハ) シテモイイデスヨ

[A] [J] [J]，指示・命令，(アナタハ) シテクダサイ，(アナタハ) シナサイ

[JA] [A] [JA]，誘い，(ワタシトアナタデ) シマセンカ

(3)行動展開表現においては，「行動」＝自分，「決定権」＝相手，「利益・恩恵」＝自分という構造を持つ行為が，原理的には最も丁寧なものになる。逆に，「行動」＝相手，「決定権」＝自分，「利益・恩恵」＝相手という構造を持つ行為が，原理的には丁寧さからは最も遠いものになる。これが行動展開表現における「丁寧さの原理」である。

(4)丁寧さの原理自体は，極めて常識的な考え方に基づくものではあるが，これによって，実際の待遇表現における様々な配慮や工夫に関する原理的な説明が可能になることが重要なのだと考える。

(5)行動展開表現に関する基本的な構造に対する認識を少し変え，それに基づく表現形式に変えることで「丁寧さ」も変えられるという表現上の工夫が生じる。ただし，単に表現形式を変えるということで

はなく，その局面における人間関係や場をどう認識し，それによって意識や内容をどうするかを考えた上で，結果としての表現形式を選択するという，待遇コミュニケーション行為全体の問題として捉えなければならない。

(6)「あたかも表現」とは，意図Xを持つ事態において，本来の意図Xを示す表現Xを用いず，あたかも意図Yを意図とする表現Yを用いて表現する行為，あるいは，その時に用いられる表現Yのことである。例えば，指示・命令する場面において，本来であれば「作成しなさい。」を用いるところ，あたかも依頼を意図とするかのような表現「作成してもらえますか。」を用いて表現する行為，あるいはその「作成してもらえますか。」という結果としての表現のことを「あたかも表現」（ここでは「あたかも依頼表現」）と呼ぶことで，本来の依頼表現とは区別し，表現上の工夫によって生まれた表現だと捉える。

(7)「行動」が自分の場合の表現群では，「決定権」が相手［A］，「利益・恩恵」が自分［J］という構造を持つ許可求め表現の形を持つ，「あたかも許可求め表現」に収斂していく。また，「行動」が相手の場合の「あたかも表現」を見てくると，基本的には，「決定権」＝相手，「利益・恩恵」＝自分という「丁寧さの原理」に即した形で，「あたかも依頼表現」に収斂してくる。その理由としては，許可求め表現も依頼表現も，「決定権」が相手，「利益・恩恵」が自分ということで，「丁寧さの原理」に基づく丁寧さに即した表現であることが挙げられる。

(8)さらに，行動＝自分系→「あたかも許可求め表現」，行動＝相手系→「あたかも依頼表現」→「あたかも許可求め表現」に進むことで，すべての「あたかも表現」は，「あたかも許可求め表現」に収斂する。これは「丁寧さの原理」における丁寧さにつながる，「行動」＝自分，「決定権」＝相手，「利益・恩恵」＝自分，という構造を持つ許可求め表現に，すべてが向かっていくことを表している。

(9)「許可求め型表現」というのは，「シテモラッテモイイデスカ」（実際に「スル」のは，相手），「サセテモラッテモイイデスカ」（実際に「スル」のは，自分）という形式を持つ表現である。こうした表現の広がりが「丁寧さの原理」から説明できる。

(10)「書いていただけますか」は，「書く」のは相手なのだが，その

「行動」を「私が書いていただける」というように捉え直した表現の仕方であり，そのことによって，「行動」＝自分，「決定権」＝相手，「利益・恩恵」＝自分という，「許可求め表現」と同様な構造に換えている。「丁寧さの原理」に従えば，その構造を持つ表現が最も丁寧であることから，「書いてくださいますか」よりも「書いていただけますか」のほうが構造的に丁寧な表現であるといえる。

(11)「シテモラッテモイイデスカ」(「行動」＝相手→自分，「決定権」＝相手，「利益・恩恵」＝自分)が，依頼を意図とする「許可求め型表現」であるのに対して，「サセテモラッテモイイデスカ」は，「許可求め表現」をさらに「利益・恩恵」を明示した「許可求め表現」にしている。

(12)「依頼表現」を「許可求め型表現」に変えるのは，「丁寧さの原理」に即した最終調整だと考えられる。依頼表現から，より丁寧な依頼表現への工夫，例えば，「シテモラエマスカ」から「シテモラエマセンカ」にする，というような工夫を乗り越えるものとして注目すべきである。

(13)「サセテモラッテモイイデスカ」は，回りくどい表現ではあるが，「シテモイイデスカ」という「許可求め表現」における「行動」＝自分，「利益・恩恵」＝自分という点を，依頼型を経由することでさらに明確にした形式として存在し，それゆえに相手から許可が与えられることがありがたい，という意識を強く表すこともできるわけである。

(14)本研究での主旨は，「丁寧さの原理」，「あたかも表現」という捉え方により，行動展開表現における丁寧さの本質とその現れ方を示すことにある。現段階での結論は，すべての行動展開表現は，丁寧さを求めると，「あたかも許可求め表現」そして「許可求め型表現」に収斂するということである。

【第3節】**行動展開に関する待遇コミュニケーション**
(1)宣言の待遇コミュニケーション
　　[CSx] … [J] [J] [J] あるいは [J] [J] [A]
　　[CSy] … [A] [A] [A] あるいは [A] [A] [J]
　・宣言表現というのは，[CSx] が自分（あるいは相手）のために，自分がすることを，自分で決めて表現する行為である。したがって，

宣言された相手である［CSy］は，基本的にその判断自体には関わることができない。宣言表現そのものは，「決定権」＝自分という点で，「丁寧さの原理」における丁寧さには合わない構造を持つものだが，「決定権」を自分が取ることで，むしろ丁寧になる場合もあるというのは重要な観点になる。常に「決定権」を相手に与えることがよいわけではなく，相手の負担を減らすため，自分が「行動」することは当然であるという認識を示すためにも，適切な宣言表現を使うことで，効果的なコミュニケーションになる場合があるということである。

(2)確認の待遇コミュニケーション

　　［CSx］…［J］［A］［J］　［CSy］…［A］［J］［A］

・確認表現は，許可求め表現と同様の構造を持つものといえるが，「決定権」を持つ相手の決定に従ってから行動するというよりも，念のために相手に「決定権」を渡すというような意識での表現だといえよう。したがって，確認された［CSy］も，基本的には，確認した［CSx］を尊重して確認を受け入れることになる。

(3)許可求めの待遇コミュニケーション

　　［CSx］…［J］［A］［J］　［CSy］…［A］［J］［A］

・許可求め表現は「あたかも表現」として用いられることが多い。［CSx］が「あたかも許可求め表現」を用いようとする意義は，許可求め表現が「丁寧さの原理」に基づく丁寧さの構造と一致することで，許可求め表現の形式を利用することにより丁寧さや配慮を表すことが可能になるためである。そこで，「行動」＝自分である宣言表現，確認表現，申し出表現，そして「行動」＝相手の依頼表現などとの関係が生じてくる。［CSy］は，場面を考慮しつつ，［CSx］の表現が｜あたかも許可求め表現｜であるかどうかを判断する必要がある。

(4)申し出の待遇コミュニケーション

　　［CSx］…［J］［A］［A］　［CSy］…［A］［J］［J］

・申し出表現は，［CSx］が，自分の「行動」が［CSy］にとって｜利益・恩恵｜になると判断し，それを表明することだが，宣言と異なるのは「決定権」を［CSy］に渡すかどうかという点にある。申し出表現は，相手のために行う行動であるという点で，相手への好意や配慮を表す表現になるが，その一方で，その行動を相手が望

んでいない場合には，余計な行動であり，「大きなお世話」となってしまうこともあり得る。したがって，申し出表現は，自分の行動を相手が望んでいるかどうかを確認した上で行うことでそのリスクを避けることができる。そのために，前提となる状況を確認すること，相手が自分の行動を必要としている様子や態度をしているかを確認することなどが求められるといえよう。

(5) 忠告・助言の待遇コミュニケーション

　　[CSx] … [A] [A] [A]　[CSy] … [J] [J] [J]

　・忠告・助言表現は，「行動」「決定権」「利益・恩恵」のすべてが相手であると認識した上で行う表現であるため，相手が忠告・助言されることを望んでいれば，相手を思い遣った親切なものとなるのだが，相手が望んでいなければ，まさに余計なお世話となってしまう。これは，申し出表現の「決定権」「利益・恩恵」が相手であることから生じる問題と共通する点である。基本的には，[CSx] の相手のことを思うが故の表現になるため，忠告・助言をされた [CSy] は，[J] [J] [J] の宣言の構造を持つ表現，例えば「そうしてみます。」などと応じるか，忠告・助言してくれたことに対して感謝の意を伝えることになるだろう。

(6) 勧めの待遇コミュニケーション

　　[CSx] … [A] [A] [A]　[CSy] … [J] [J] [J]

　・勧め表現は，基本的には忠告・助言と共通の，「行動」＝相手，「決定権」＝相手，「利益・恩恵」＝相手，という構造を持つものといえるが，誘いとも近い関係にある。勧めと誘いとの違いは，「行動」が相手であるか，自分と相手の両者であるか，という点，そこから生じる「利益・恩恵」が相手にあるか，両者にあるかという点にある。ただし，重要な点は，[CSy] が勧められた自分だけの問題として対応するのか，誘われた自分と [CSx] との両者の問題として対応するのかということにある。

(7) 依頼の待遇コミュニケーション

　　[CSx] … [A] [A] [J]　[CSy] … [J] [J] [A]

　・依頼というのは，自分の「利益・恩恵」になることを相手の「行動」を通じて実現させようとすることである。その点では，指示・命令と共通の意図となるが，指示・命令と異なるのは，そのための「決定権」を相手が持っていると認識している点にある。だからこ

そ，お願いして，実現させるための，様々な工夫や配慮も求められることになるといえるわけである。依頼される，という観点からは，例えば，[CSx]から「書いてくださいますか。」と頼まれた[CSy]の立場からすると，書くという「行動」をするのは自分，書くかどうかを決める「決定権」を持つのも自分，自分が書くことによって「利益・恩恵」を受けるのは相手，という認識になる。[CSx]と[CSy]との人間関係，依頼の場，[CSy]が依頼内容を実行できる能力的，状況的な可能性（「当然性」）などを含め，依頼という待遇コミュニケーションのあり方が決まってくるといえよう。

(8)許可与えの待遇コミュニケーション

[CSx]…[A][J][A] [CSy]…[J][A][J]

・許可を与えるというのは，「決定権」を持つ[CSx]が，相手である[CSy]の「利益・恩恵」になる行動について，行動することを許すということになる。この場合の[CSy]は，許可求めをした主体ということになるため，許可を与えられたことを断るという設定は成り立たない。許可を与えない，ということは，[CSy]が「行動」することも，[CSy]の「利益・恩恵」も，[CSx]の権限によって認めない，否定するということである。

(9)指示・命令の待遇コミュニケーション

[CSx]…[A][J][J] [CSy]…[J][A][A]

・指示・命令というのは，自分の「利益・恩恵」になることを相手の「行動」を通じて実現させようとすることである。その点では，依頼と共通の意図となるが，依頼と異なるのは，そのための「決定権」を[CSx]自身が持っていると認識している点にある。したがって，依頼に比べ，それほど工夫や配慮が求められないといえる。指示・命令されるということは，そのときの人間関係や場における「当然性」が高いことが多い。[CSy]は，「利益・恩恵」が自分にある場合には，[CSx]が配慮してくれた表現だと認識すればよいということである。

(10)誘いの待遇コミュニケーション

[CSx]…[JA][A][JA] [CSy]…[JA][J][JA]

・他の行動展開表現においても，実際の「行動」が自分と相手になる場合はあり得るが（例えば，「一緒に行ってくれませんか。」という依頼表現もある），意図そのものに自分と相手とが「行動」す

ことが含まれているというものは，誘いだけだと考えられる。[CSx]からの「一緒に行ってくれませんか。」という依頼を断ると，[CSx]の「利益・恩恵」をすべて打ち消すのに対し，「一緒に行きませんか。」という誘いの断りであれば，[CSy]自身の「利益・恩恵」だけ打ち消すことになる点で，依頼のほうが断りにくく，誘いのほうが断りやすいということにもつながると考えられる。

【第4節】理解要請に関する待遇コミュニケーション

(1) どのようなタイプの理解要請表現であっても，「丁寧さ」を表し，相手への尊重や配慮の気持ちを伝えることが大切だといえる。その気持ちをどのように表せばよいかというところに表現上の工夫が求められるので，待遇コミュニケーション（特に敬意コミュニケーションの場合）においても，そこが最重要の課題となる。

(2) 理解要請表現において，相手に伝え，理解してもらうべき内容としては，過去（経緯，事情説明），現在（状況説明，現状報告），未来（今後の見通し，決意）が含まれる必要があり，それはビジネス文書だけでなく，多くの表現に共通するものである。

第6章

まとめと今後の課題

　これまで，第1章においては，「本研究の目的と意義」について述べ，第2章では，「考察のための理論的枠組み」，第3章では，「待遇コミュニケーションにおける敬語」，第4章では，「待遇コミュニケーションとしての敬語コミュニケーション」，第5章では「待遇コミュニケーションの諸相」について検討することで，現代共通日本語としての待遇コミュニケーションの本質，待遇コミュニケーションという枠組みの意義について論じてきた。

　本章では，第1節として，要点を示すことで全体のまとめをし，第2節として，今後の課題と展望について述べておきたいと思う。

第1節　本研究のまとめ

　本研究において明らかにしてきたことは，要するに，待遇コミュニケーションも，すべてはコミュニケーション主体の認識に基づく行為であるということなのである。

　「人間関係」については，従来指摘されてきたように，上下親疎，立場・役割などの，ある程度はコミュニケーション主体の認識以前に決まっている位置づけがあり，「場」についても，経緯や文脈，状況や雰囲気など，これもある程度はコミュニケーション主体の認識とは別に存在するものはあるといえる。しかし，そうした外的な要因だけで待遇コミュニケーションのすべてが決まるというわけではなく，結局のところは，それらをコミュニケーション主体がどう認識し，どう捉え，どう位置づけて，表現行為や理解行為と結び付けていくのかということが，より重要になってくるのである。

　例えば，第5章において詳述した「行動展開表現」の場合においても，それぞれの意図や内容そのものに，だれが「行動」し，だれに「決定権」があり，

だれに「利益・恩恵」があるのかという構造はあり、それが基盤となっているわけであるが、その上で、コミュニケーション主体が、「行動」するのはだれだと認識するのか、「決定権」はだれが持つと認識するのか、「利益・恩恵」はだれにあると認識するのか、ということによって、待遇表現のあり方も、待遇理解のあり方も決まってくるわけである。

「あたかも表現」にしろ、「許可求め型表現」にしろ、そうした現象自体は個々のコミュニケーション主体を超えて見出せる一般的な現象であっても、その根本にあるのは、個々のコミュニケーション主体が意図と表現形式との関係をどう認識するのか、個々のコミュニケーション主体が丁寧さというものをどう認識するのかによって、決まってくるといえるのである。

例えば、「イタダク系」が多用されるのは、そもそもは「イタダク」という「言材としての敬語」の持つ語彙的、文法的、そして敬語的な性質に起因するものだとしても、コミュニケーション主体がその言材を選ぼうとする「意識」は、個々のコミュニケーション主体のものなのである。

また例えば、お詫びや謝罪に関する表現、ほめに関する表現などといった「理解要請表現」について見ても、それぞれの意図を実現するための「文話」には、それぞれの意図を表す典型的な表現形式や展開のしかたがあるといえるものの、それも結局のところ、個々のコミュニケーション主体がどう認識し、どう捉えているかによって、言材の選択も、表現の形式も、表現の展開も決まってくるわけである。一見すると、それぞれの理解要請表現には「意識（きもち）」「内容（なかみ）」「形式（かたち）」の客観的な連動があるかのようであっても、それは構造的な型として備わっているものではなく、あくまでもコミュニケーション主体が連動させているものなのである。

シナリオや文例集などに示されている表現は、一般性の高い、イメージとしての表現であり、その意味では、形式的で、型にはまった表現であるといえなくはないが、それでも、その表現は、脚本家や編集者という表現主体が認識していることを表したものであり、視聴者や読者は、それぞれが理解主体として、そこに自らのコミュニケーションのあり方を重ねつつ理解しているといえるのではないだろうか。

待遇コミュニケーションというのは、それぞれのコミュニケーション主体が、それぞれの観点、立場で、「人間関係」や「場」を認識し、それに基づく「意識（きもち）」「内容（なかみ）」「形式（かたち）」を連動させることで、コミュニケーションを行う、というように、コミュニケーションを捉える枠組みである。そうした待遇コミュニケーションというコミュニケーション行為によって、人は人と関係を創り、社会を創り、文化を創っていくのではないか。その

本質を追究することが，「〈言語＝行為〉観」に基づく待遇コミュニケーション研究の目指すことであり，それはまた，個々のコミュニケーション主体がよりよい待遇コミュニケーションを求めていくことに貢献することであり，待遇コミュニケーション教育のあり方や，教育や学習をよりよくしていくための教育研究につながると考えている。これが，第1章でも述べたように，本研究で目指したことなのである。

第2節　待遇コミュニケーション研究の課題と展望

　本研究で掲げた目的や追究すべきことがらが，その意義どおりに実現できたかどうかは筆者が判断することではないが，筆者自身も認識している，本研究に残された課題としては，次のことが挙げられる。

　まず，待遇コミュニケーションの実態をどのように捉え，明らかにしていくのかという課題である。待遇コミュニケーションの実態がコミュニケーション行為の実態である以上，結果としての表現をいくら眺めていても真の姿は見えてこないものであって，その待遇表現行為，待遇理解行為を行うコミュニケーション主体の認識そのものを明らかにするという課題なのである。そのための調査をどのように行えばよいのか，分析に関する研究方法にはどのようなものがあるのか，何をどう分析し，考察するのか，それらを明確にすることも，課題として残されているといえよう。

　そして，実態がある程度明らかにできたとしたら，それをどのように捉えることによって，個々のコミュニケーション主体のよりよいコミュニケーションにつなげていくことができるのか，という課題が生まれてくる。これは，待遇コミュニケーション教育の課題へとつながっていくものである。

　また，待遇コミュニケーションの理論的な枠組みについても，それを絶対的な前提としてしまうのではなく，常に実態との関連において検証を重ねていかなくてはならないだろう。第1章において述べたように，本研究は先行研究とは異なる独自の枠組みに基づくものであるが，扱う対象や分析の方法において類似の先行研究があることは言うまでもない。本研究における理論的な枠組み，そこから導かれる研究結果と，そうした諸研究におけるものとの異同に関する検討も，今後の課題になると考えている。

　待遇コミュニケーション研究の今後の展望としては，次のようなことが挙げられる。

　まずは，待遇コミュニケーションという捉え方により，従来の敬語，敬語表現，待遇表現に関する研究をさらに深化させていくことがある。現代共通日本

語という範囲から，共時的，通時的な広がりを追究していくことも必要であろう。また，社会言語学，語用論，コミュニケーション論などとの関係を明確にした上で，相互交流を強化していくことも期待される。日本語におけるポライトネス研究とのつながりも探っていく必要があるだろう。さらに言えば，共同研究などを通じ，日本語だけではなく，他の言語における待遇コミュニケーション研究，そして対照研究の発展へとつなげていきたいと考えている。

　そして，言語研究から言語教育研究への展開である。筆者の具体的な課題としては，日本語教育学への展開ということになるが，広い意味での日本語教育として，日本における国語教育についても射程に入れておきたい。言語研究における待遇コミュニケーション研究と言語教育研究における待遇コミュニケーション教育研究，そして言語教育の実践における待遇コミュニケーションのあり方，捉え方は，言語はコミュニケーション行為であるとする「〈言語＝行為〉観」という言語観によって，必然的につながっていくと考えている。

　コミュニケーション主体の一人一人が自らの待遇コミュニケーションをふりかえり，よりよい待遇コミュニケーションを行っていくこと，そのために何が必要であり，具体的にどのようにすればよいのか，そうした課題の解決に向けた，待遇コミュニケーション論，待遇コミュニケーション教育論として展開していきたいと思う。

　そして，言語研究の限界をわきまえた上で，「〈言語＝行為〉観」に基づく言語研究の可能性を探っていきたい。それは，言語研究や言語教育研究，そして言語教育の実践によって，人間をどう創るのか，そして社会や文化をどう創るのかということに参画していくことなのだと考えている。

　最後に，言語以外の待遇コミュニケーションについての探究も大いに期待される分野になると思われる。

　以上，今後の課題と展望について述べてきたが，それらを踏まえ，隣接分野との交流を含む，待遇コミュニケーション学としての発展を目指していきたいと思う。

おわりに

　人と人とのつながりがより一層求められる時代になってきている。その意味でも，これからは「人間関係」と「場」を重視する「待遇コミュニケーション」という観点からの研究や教育についてさらに考え，その研究成果について発信していく必要があるといえるだろう。
　繰り返し述べてきたように，待遇コミュニケーションはコミュニケーション主体の行為として成立するものである。したがって，待遇コミュニケーション研究も，その静態的な姿を明らかにすることだけではなく，常に動態的な行為として捉え，それが実際のコミュニケーション行為の力につながっていかなくてはならないと思う。それによって，待遇コミュニケーション研究と待遇コミュニケーション教育とが本質的に連動していくものとなるのである。筆者の次の課題は，これまでの敬語表現教育，待遇表現教育というものを待遇コミュニケーション教育としての枠組みから捉え直し，発展させていくことだと考えている。

＊　　　　＊　　　　＊

　本書は，これまで筆者が公刊してきた著書や論文などの中，主に，敬語，敬語表現，敬語コミュニケーションに関する研究成果をまとめたものではあるが，可能な限り全体を「待遇コミュニケーション」という捉え方で貫くよう心掛け，新たに執筆し直したものである。
　本書の記述に関する責任はすべて筆者にあるが，本書が完成するまでには多くの方々からの教えを受けてきた。
　大学学部，大学院時代の恩師辻村敏樹先生をはじめ，長い間，共に待遇表現の研究を進めてきた，川口義一氏，坂本恵氏には，大きな学恩を受けている。
　言語研究や教育の理念については，同僚であり先輩である，細川英雄氏から多くを学んだ。また，上野和昭氏には，本書の出版に際し大変お世話になった。
　そして，杉戸清樹氏をはじめとする文化審議会国語分科会委員の方々，一々お名前を挙げることはできないが，待遇コミュニケーション学会で御講演いた

だいた多くの先生方や研究会のメンバーの方々，早稲田大学大学院日本語教育研究科の待遇コミュニケーション研究室の修了生，博士，修士の院生たち，授業に参加してくれた学生たちからもいろいろと学ぶ機会を与えられた。心から感謝を申し上げたい。

　最後になったが，本書の編集を担当してくださった黒崎昌行氏にも御礼申し上げる。

参考文献

井出祥子（2006）『わきまえの誤用論』大修館書店
飯間浩明（2003）『遊ぶ日本語　不思議な日本語』（岩波アクティブ新書）岩波書店
ウォーカー泉（2011）『初級日本語学習者のための待遇コミュニケーション教育―スピーチスタイルに関する「気づき」を中心に―』スリーエーネットワーク
宇都宮陽子（2004）「「～（さ）せていただく」の「定型表現」に関する考察―「待遇表現」の観点から―」『待遇コミュニケーション研究』2　早稲田大学待遇コミュニケーション研究会
宇都宮陽子（2006）「「～（さ）せていただく」の「行動の許可者」に関する考察―「行動展開表現」と「理解要請表現」の観点から―」『早稲田日本語研究』15　早稲田大学日本語学会
大石初太郎（1983）『現代敬語研究』筑摩書房
岡本真一郎（2000）『言語表現の状況的使い分けに関する社会心理学的研究』風間書房
沖裕子（2010）「日本語依頼談話の結節法」『日本語學研究』28　韓國日本語學會
尾崎喜光（2008）「援助申し出場面における授恵表現「～てやる／～てあげる／～てさしあげる」の使用」『待遇コミュニケーション研究』5　待遇コミュニケーション学会
蒲谷宏（1992a）「「オ・ゴ～スル」に関する一考察」『辻村敏樹教授古稀記念　日本語史の諸問題』明治書院
蒲谷宏（1992b）「言語と言材」『国語学研究と資料』16　国語学研究と資料の会
蒲谷宏（1993a）「待遇表現における省略」『日本語学』12-10　明治書院
蒲谷宏（1993b）「「〈言語＝行為〉観」における「行為」について」『国語学研究と資料』17　国語学研究と資料の会
蒲谷宏（1998）「「あたかも表現」―「表現意図」と「文話」とのずれ―」『早稲田大学日本語研究教育センター紀要』11
蒲谷宏（1999a）「〈言語＝行為〉観」に基づく日本語研究の構想―序論―」『日本語研究と日本語教育』明治書院
蒲谷宏（1999b）「「敬語」を乗り越える―『敬語表現』という考え方」『月刊言語』28-11　大修館書店
蒲谷宏（2000）「「〈言語＝行為〉観」に基づく日本語教育学の構想」『早稲田大学日本語研究教育センター紀要』13
蒲谷宏（2001）「「敬語表現」をどのように考えるか」『月刊国語教育』21-10　東京法令出版
蒲谷宏（2002）「「意図」とは何か―「意図」をどのように捉えるか―」『早稲田大学日本語研究教育センター紀要』15
蒲谷宏（2003a）「「表現行為」の観点から見た敬語」『朝倉日本語講座8　敬語』朝倉

書店
蒲谷宏（2003b）「「待遇コミュニケーション教育」の構想」『講座日本語教育』39　早稲田大学日本語研究教育センター
蒲谷宏（2003c）「「待遇コミュニケーション」の研究と教育」『待遇コミュニケーション研究』創刊号　早稲田大学待遇コミュニケーション研究会
蒲谷宏（2004）「「日本語教育」における「文法」の教育を問い直す―「〈言語＝行為〉観」に基づく「日本語教育」の立場から―」『国語教育研究』24　早稲田大学国語教育学会
蒲谷宏（2005a）「「敬語表現」における「個別性」と「一般性」」『表現と文体』　明治書院
蒲谷宏（2005b）「〈行動に展開する表現〉におけるコミュニケーション上の工夫」『伝え合いの言葉』国立国語研究所
蒲谷宏（2005c）「「待遇コミュニケーション」という捉え方」『日本語教育通信』52　国際交流基金
蒲谷宏（2006a）「日本語力の基本的な考え方」『月刊国語教育』25-12　東京法令出版
蒲谷宏（2006b）「「待遇コミュニケーション」における「場面」「意識」「内容」「形式」の連動について」『早稲田大学日本語教育研究センター紀要』19
蒲谷宏（2006c）「「待遇表現教育」の歴史と展望―「敬語」の教育から「待遇コミュニケーション」の教育へ」『早稲田日本語教育の歴史と展望』早稲田大学大学院日本語教育研究科編　アルク
蒲谷宏（2007a）「「丁寧さ」の原理に基づく「許可求め型表現」に関する考察」『国語学研究と資料』30　国語学研究と資料の会
蒲谷宏（2007b）『大人の敬語コミュニケーション』（ちくま新書694）筑摩書房
蒲谷宏（2007c）「「敬語の指針」第3章「敬語の具体的な使い方」について」『教育委員会月報』59-2　文部科学省
蒲谷宏（2008）「なぜ敬語は三分類では不十分なのか」『文学』9-6　岩波書店
蒲谷宏編（2009）『敬語使い方辞典』新日本法規出版
蒲谷宏（2011a）「コミュニケーション教育の意味を考える」『日本語学』30-1　明治書院
蒲谷宏（2011b）「待遇コミュニケーション教育から見た日本語能力の育成」『早稲田日本語教育学』9　早稲田大学大学院日本語教育研究科
蒲谷宏（2012）「待遇コミュニケーション教育の構想（Ⅱ）」『早稲田日本語教育学』11　早稲田大学大学院日本語教育研究科
蒲谷宏・川口義一・坂本惠（1993）「依頼表現方略の分析と記述―待遇表現教育への応用に向けて―」『早稲田大学日本語研究教育センター紀要』5
蒲谷宏・川口義一・坂本惠（1994）「待遇表現研究の構想」『早稲田大学日本語研究教育センター紀要』6
蒲谷宏・川口義一・坂本惠（1996）「「狭義敬語」の分類」『早稲田日本語研究』4　早稲田大学国語学会
蒲谷宏・川口義一・坂本惠（1998）『敬語表現』大修館書店

蒲谷宏・川口義一・坂本恵（2002）「「待遇表現研究」における「仮説」(1)」『国語学研究と資料』25　辻村敏樹先生追悼号　国語学　研究と資料の会
蒲谷宏・川口義一・坂本恵・清ルミ・内海美也子（2006）『敬語表現教育の方法』大修館書店
蒲谷宏・金東奎・高木美嘉（2009）『敬語表現ハンドブック』大修館書店
蒲谷宏・金東奎・高木美嘉・吉川香緒子（2008）「「待遇コミュニケーション」における「敬語」の捉え方」『早稲田日本語研究』17　早稲田大学日本語学会
蒲谷宏・金東奎・吉川香緒子・高木美嘉・宇都宮陽子（2010）『敬語コミュニケーション』朝倉書店
蒲谷宏・坂本恵（1991）「待遇表現教育の構想」『早稲田大学日本語研究教育センター紀要』3
蒲谷宏・坂本恵（1995）「「申し出」表現について」『国語学研究と資料』19　国語学研究と資料の会
蒲谷宏・待遇表現研究室（2003）「「待遇コミュニケーション」とは何か」『早稲田大学日本語教育研究』2　早稲田大学大学院日本語教育研究科
蒲谷宏・高木美嘉（2003）「談話における「意図」の諸相—依頼の談話を例として—」『早稲田大学日本語研究教育センター紀要』16
蒲谷宏・高木美嘉（2008）「待遇コミュニケーション学の構築を目指して」『待遇コミュニケーション研究』5　待遇コミュニケーション学会
蒲谷宏・細川英雄（2012）『日本語教育学序説』朝倉書店
川口義一（2006）「日本語教育における文法―構造から機能へ，さらにその先へ」『早稲田日本語教育の歴史と展望』早稲田大学大学院日本語教育研究科編　アルク
川口義一・蒲谷宏・坂本恵（1996）「待遇表現としてのほめ」『日本語学』15-5　明治書院
川口義一・蒲谷宏・坂本恵（2002a）「「待遇表現」としての「誘い」」『早稲田大学日本語教育研究』創刊号　早稲田大学大学院日本語教育研究科
川口義一・蒲谷宏・坂本恵（2002b）「「敬語表現」と「ポライトネス」―日本語研究の立場から―」『社会言語科学』5-1　社会言語科学会
川口義一・坂本恵・蒲谷宏（2003）「「敬語」から「待遇表現」，そして「待遇コミュニケーション」へ」『待遇コミュニケーション研究』創刊号　早稲田大学待遇コミュニケーション研究会
菊地康人（1994/1997）『敬語』角川書店／講談社
菊地康人編（2003）『朝倉日本語講座8　敬語』朝倉書店
北原保雄編（1978）『敬語』有精堂
金東奎（2004）「「手紙文」と「スピーチ」から見た敬語接頭辞「お・ご」を用いた「敬語表現」の使用様相」『早稲田大学日本語教育研究』4　早稲田大学大学院日本語教育研究科
金東奎（2005）「「待遇コミュニケーション」における「敬語表現化」に関する考察―待遇表現教育のあり方への視座―」『早稲田大学日本語教育研究』7　早稲田大学大学院日本語教育研究科

窪田富男（1990・1992）『敬語教育の基本問題（上・下）』国立国語研究所
熊谷智子（2006）「コミュニケーションにおける「丁寧さ」について」『待遇コミュニケーション研究』4　早稲田大学待遇コミュニケーション研究会
熊谷智子・木谷直之（2010）『三者面接調査におけるコミュニケーション―相互行為と参加の枠組み―』くろしお出版
現代日本語研究会（1997）『女性のことば・職場編』ひつじ書房
現代日本語研究会（2002）『男性のことば・職場編』ひつじ書房
国立国語研究所（2005）『日本語社会における配慮の言語行動』国立国語研究所報告123
国立国語研究所（2006）『言語行動における「配慮」の諸相』くろしお出版
国立国語研究所（2008）『私たちと敬語』新「ことば」シリーズ21
坂本恵（1983）「現代丁重語の性質―「致す」を中心にして―」『国語学研究と資料』7　国語学研究と資料の会
坂本恵（2001a）「敬語と敬意表現」『日本語学』20-4　明治書院
坂本恵（2001b）「敬語から敬意表現へ」『Science of Humanity』32　勉誠出版
坂本恵（2012）「「敬意コミュニケーション」教育の試み」『早稲田日本語教育学』11　早稲田大学大学院日本語教育研究科
坂本恵・蒲谷宏「「申し出表現」について」（1995）『国語学研究と資料』19　国語学研究と資料の会
坂本恵・蒲谷宏・川口義一（1996）「「待遇表現」としての「不満表現」について」『国語学研究と資料』20　国語学研究と資料の会
坂本恵・川口義一・蒲谷宏（1994）「「行動展開表現」について―待遇表現教育のための基礎的考察―」『日本語教育』82　日本語教育学会
施信余（2006）「日本語における「依頼・断り」のコミュニケーションについて―日本人女子大学生同士の電話会話を分析対象に―」『早稲田大学日本語教育研究』8　早稲田大学大学院日本語教育研究科
杉戸清樹（1983）「待遇表現としての言語行動―注釈という視点」『日本語学』2-7　明治書院
杉戸清樹（1989）「言語行動についてのきまりことば」『日本語学』8-2　明治書院
杉戸清樹（2003）「言語行動における省略」『日本語学』12-10　明治書院
髙木美嘉（2003）「依頼に対する「受諾」と「断り」の方法」『早稲田大学日本語教育研究』2　早稲田大学大学院日本語教育研究科
髙木美嘉（2009）『依頼の会話における「待遇ストラテジー」の研究―相互行為としての会話教育の理論と実践』早稲田大学出版部
滝浦真人（2005）『日本の敬語論』大修館書店
田所希佳子・林謙子（2012）「宣言・許可求めを表現意図とする「許可求め型表現」に関する考察」『日本語学　研究と資料』35　日本語学研究と資料の会
蔡胤柱（2005）「日本語母語話者のEメールにおける「断り」―「待遇コミュニケーション」の観点から」『早稲田大学日本語教育研究』7　早稲田大学大学院日本語教育研究科

辻村敏樹（1967）『現代の敬語』共文社
辻村敏樹（1988）「敬語分類の問題点をめぐって」『国文学研究』94　早稲田大学国文学会
辻村敏樹編（1991）『敬語の用法』角川書店
辻村敏樹（1992）『敬語論考』明治書院
時枝誠記（1941）『国語学原論』岩波書店
時枝誠記（1955）『国語学原論　続編』岩波書店
時枝誠記（1957）『国語学への道』三省堂（1976『時枝誠記博士著作選Ⅱ』明治書院）
時枝誠記（1973）『言語本質論』岩波書店（時枝誠記博士論文集１）
時枝誠記（1975）『文法・文章論』岩波書店（時枝誠記博士論文集２）
時枝誠記（1976）『言語生活論』岩波書店（時枝誠記博士論文集３）
西田直敏（1987）『敬語』東京堂出版
西田直敏（1998）『日本人の敬語生活史』翰林書房
任麗潔（2012）「話し言葉における「〜てさしあげる」に関する考察―映画・テレビドラマの使用例と母語話者への調査に基づいて―」『早稲田日本語研究』21　早稲田大学日本語学会
野田尚史（1998）「「ていねいさ」からみた文章・談話の構造」」『国語学』194　国語学会
野田尚史（2009）「日本語非母語話者の待遇コミュニケーション―デスマス形と非デスマス形の運用を中心に」『待遇コミュニケーション研究』6　待遇コミュニケーション学会
林謙子・田所希佳子・李錦淑（2011）「指示・依頼を表現意図とする「許可求め型表現」に関する考察」『日本語学研究と資料』34　日本語学研究と資料の会
林四郎・南不二男編（1973）『敬語講座』明治書院
文化庁（1971）『待遇表現』日本語教育指導参考書　2
文化庁（1995）『言葉に関する問答集―敬語編―』新「ことば」シリーズ２
文化庁（1996）『言葉に関する問答集―敬語編(2)―』新「ことば」シリーズ４
文化庁（2000）「現代社会における敬意表現」国語審議会答申
文化庁（2007）「敬語の指針」文化審議会答申
福島恵美子（2007）『デスマス形と非デスマス形との「混合体」に関する考察―日本人ビジネス関係者の待遇コミュニケーションから―」『早稲田日本語教育学』1　早稲田大学大学院日本語教育研究科
福島恵美子（2008）「待遇コミュニケーション教育における「混合体」に関する考察―日本人ビジネス関係者の会話調査から―」『待遇コミュニケーション研究』5　待遇コミュニケーション学会
南不二男（1987）『敬語』岩波書店
宮地裕（1971）『文論』明治書院
宮地裕（1999）『敬語・慣用句表現論』明治書院
森山卓郎（2003）『コミュニケーション力をみがく』日本放送出版協会
山岡政紀（2008）『発話機能論』くろしお出版

山岡政紀・牧原功・小野正樹（2010）『コミュニケーションと配慮表現』明治書院
山本千津子（2003）「「待遇理解」の諸相―「表現行為」における「適切さ」との関連について―」『待遇コミュニケーション研究』創刊号　早稲田大学待遇コミュニケーション研究会
吉岡泰夫（2011）『コミュニケーションの社会言語学』大修館書店
吉川香緒子（2008）「「オ・ゴ～サレル」に関する考察―インターネットの検索エンジンによる使用実態調査から―」『待遇コミュニケーション研究』5　待遇コミュニケーション学会
渡辺実（1971）『国語構文論』塙書房
Brown, P. and Levinson, S. C. 1987. Politeness Some universals in language usage, Cambridge（田中典子監訳（2011）『ポライトネス　言語使用における，ある普遍現象』研究社）
Geoffrey N. Leech 1983. PRINCIPLES OF PRAGMATICS（池上嘉彦・河上誓作訳（1987）『語用論』紀伊國屋書店）
Thomas, J. 1995. Meaning in Interaction　An Introduction to Pragmatics, Longman（浅羽亮一監修（1998）『語用論入門―話し手と聞き手の相互交渉が生み出す意味』研究社）

索　引

事項

あ

相手　29
相手尊重　84
相手尊重語　115
相手レベル　31
あたかも依頼表現　240,243,244,245,246,
　247,250,251,297,309
あたかも確認表現　241,264,269
あたかも許可与え表現　246
あたかも許可求め表現　241,242,243,246,
　247,248,264,268,271,272
あたかも自己表出表現　244
あたかも指示　277
あたかも指示表現　244
あたかも宣言表現　276
あたかも表現　223,239,240,241,328
あたかも申し出表現　241,242,264
あたかも理解要請表現　243,244,246
アドバイス　280,281
改まり　86,101,117,145
意識　35
意識（きもち）　44
「意識」と「形式」　117
「意識」の段階　55
イタダク系　99,148,185,206,289,328
イタダク系の敬語　211
意図　35,221
依頼　231,236,243,288
依頼型　254

依頼型表現　253
依頼の待遇コミュニケーション　259,
　287
依頼表現　227,289
ウチ・ソト　154
ウチ・ソトの関係　159,207
「ウチ・ソト」の人間関係　146
「お疲れ様」系　160
オフ・レコード　14
恩着せがましさ　100
恩恵間接尊重　84
恩恵間接尊重語　99,116,133,185
恩恵系の敬語　206
恩恵直接尊重　84
恩恵直接尊重語　92,95,99,115,185
音声　42

か

概念敬語　75,85
確認　235,242
確認の待遇コミュニケーション　257,
　267
確認表現　268
かたち　40
漢語・字音語系　76
「感情・意志伝え」の表現　317
間接尊重　84
間接尊重語　96,97,102,116,185
間接尊重語と直接尊重語との誤用　138

間接尊重語に関わる誤用　141
間接尊重語（謙譲語Ⅰ）の可能形　133
きもち　35
許可与え　231,236,244
許可与えの待遇コミュニケーション
　259,299
許可与え表現　303
許可求め　231,235,242
許可求め型　254
許可求め型表現　244,248,250,251,252,
　254,291,328
許可求め強化型表現　252,253
許可求めの待遇コミュニケーション
　257,270
許可求め表現　270,300
許可を与える表現　300
禁止表現　301
クダサル系　99,148,289
くりかえし　26
敬意　129,203
敬意コミュニケーション　46,128,203,
　204
敬意表現　46,203-205
敬語化　90,117
敬語コミュニケーション　46,128
敬語的性質　65,70,75
敬語による冗談や皮肉　90
敬語の誤用　90,92,134,139
敬語の指針　67,131
敬語の分類　66
敬語表現における敬語　67,71,120
形式　40
形式（かたち）　44
形式的なほめ　165
「形式」の段階　55
敬称の選択　96
結果としての表現　49
決定権　169,170,171,209,228,229,230,
　239,267,302
言語過程説　20
〈言語＝行為〉観　7,19,22

言語主体　26
言材　21,22,40,41,74
言材としての敬語　67,69,70,71,74,115
謙譲語　67
謙譲語Ⅰ　67
謙譲語Ⅱ　67
行動　228-230
行動展開　222
行動展開表現　223,224,327
行動展開表現における「丁寧さの原理」
　233
「語句」としての敬語　67
「御苦労様」系　160
5分類　87
個別性と一般性　49
コミュニケーション行為　24
コミュニケーション主体　6,26
語用論　12

さ

「～（サ）セテイタダク」系の表現　207
誘い　237,311
誘いの待遇コミュニケーション　260,
　310
誘われる　313
3分類　66,87
自己卑下　84
自己卑下語　116
自己表現　212
自己表出　222
自己表出表現　223
指示・命令　231,237,238,245,304
指示・命令の待遇コミュニケーション
　260,303
指示・命令表現　308,309
事情説明　305
実質的なほめ　165
詞の敬語　66,73
辞の敬語　66,73
自分　29

社会　8
社会言語学　12
11種類　85
11分類　86
準敬語　186
状態性　78
冗談　91, 197
所有　76
勧め　236, 243
勧めの待遇コミュニケーション　259,
　285
勧め表現　286
席譲り　275
宣言　231, 234, 241
宣言の待遇コミュニケーション　256,
　262
宣言表現　263, 266
相互尊重に基づく自己表現と他者理解
　46
素材敬語　75
疎の関係　213
尊敬語　67
尊重系の敬語　185, 186, 199
尊重語　85
尊重丁重　84
尊重丁重語　102, 116, 182, 185
尊重の意識　129, 203, 212
尊卑語　85, 104

た

代案を提示する　293
待遇　6, 26, 27
待遇意識　37, 72
待遇意図　36
待遇コミュニケーション　6, 45
待遇コミュニケーション学会　11
『待遇コミュニケーション研究』　11
待遇表現　24
待遇理解　25
題材　38

対者敬語　75
高くしない　86
高くする　86
高くする対象　91
「知識・情報伝え」の表現　317
忠告・助言　236, 243, 285
忠告・助言の待遇コミュニケーション
　258, 277
忠告・助言表現　278, 279
直接尊重　84
直接尊重語　92, 93, 96, 115, 185
直接尊重語（尊敬語）の可能形　133
通常コミュニケーション　130
積み重ね　208
であります体　182
定型的表現　119
丁重　84
丁重系の敬語　182, 186, 199
丁重語　96, 101, 102, 116, 145, 182, 199
丁重語の周辺　101
丁重文体　85, 180, 200
丁重文体語　116, 182
丁寧語　67
丁寧さの原理　227, 233, 238, 252
丁寧にする　86
丁寧文体　85
丁寧文体語　116, 182
典型的な依頼の展開　295
典型的な表現形式　225
同系列の上下関係　160
動作に関係する人物　79, 97
当然性　171, 275, 289, 290, 292, 305
当の相手　29
時枝誠記　73

な

内言　43
内容　38, 39
内容（なかみ）　44
なかみ　38

2分類　66,86,87
人間関係　28,327
ネガティブ・ポライトネス　13
ねぎらい　160,208
ねぎらいの表現　161

は

場　32,34,327
媒材　26,42
場の空気　34
場面　6,34
「場面」と「形式」　116
場レベル　33
美化　85
美化語　104,116
美化する　86
低くする　86
ひとごと　93
皮肉　91
表現　24
表現意図　35,221
「表現形式伝え」の表現　317
表現行為　25
表現主体　6,26
表現主体〈表現意図〉　36
文化　8
文体敬語　75,85,105
文話　43,177,190
ポジティブ・ポライトネス　13,208,211
ほめ　164,208,317
ポライトネス　12

ま

前置き表現　206,289

マニュアル敬語　174,176,210
申し出　235,242
申し出の待遇コミュニケーション　258,273
申し出表現　274
文字　42

や

やりとり　26,280
よりよいコミュニケーション　48
4分類　66,87

ら

利益・恩恵　173,228-230
理解意図　35,36
理解行為　25
理解主体　6,26,117
理解主体〈表現意図〉　36
理解要請　222
理解要請としての「あたかも表現」　291
理解要請表現　223,316,328
理解要請表現における「丁寧さ」　317
連動　45
6分類　87

わ

わがこと　93,149
脇付け　153
脇の相手　29
和語系　76
話題の人物　29
話題の人物レベル　31

語句

あ

あなた様　199
イタス　81
イタダク　81
〜イタダク　149
〜イタダケル　149
イラッシャル　77, 78
ウカガウ　79
伺ウ　96
オ〜　76, 83
お会いする　97
オ／ゴ〜イタス　82
オ／ゴ〜イタダク　81, 139
オ／ゴ〜イタダケル　139
オ／ゴ〜クダサル　80, 139
（オ／ゴ）〜（サ）セテイタダク　149, 151, 152
オ／ゴ〜スル　80
お／ご〜できる　133
オ／ゴ〜デス　83
オ／ゴ〜ナサル　78
オ／ゴ〜ニナル　78
オ／ゴ〜モウシアゲル　79
オッシャル　77
おできになる　167
オ天気　83
オ〜ニナッ・テクダサル　95
お弁当　104
お帽子　90
お持ちする　97, 98
お読みになる　93, 96
オル　81
お分かりになりにくい　136
オン（御）〜　82
御校　82
御社　82, 104
御中　153

か

書いていただけますか　249
書いてくださいますか　249
患者様　175
キ（貴）〜　82
貴校　82
記載いただく　120
貴社　82
木村医師　155
愚〜　83
クダサル　80
ゴ〜　76, 83
ゴザル　81
ゴ説明イタス　102
ゴ説明スル　102
ご説明できる　133
ご説明申し上げる　97
ゴ褒美　83
ご利用いただく　147
ご利用くださる　147
ご利用になれる　133

さ

サシアゲル　81
〜（サ）セテイタダク　99
サセテモラエマスカ　253
サセテモラッテモイイデスカ　248, 250, 252, 254
〜サマ　79
シテモイイデスカ　253
シテモラッテモイイデスカ　248, 250, 251
拙〜　83
説明イタス　102

た

田中教諭　155
賜る　148
〜デアリマス　83
〜テイタダク　81
〜テイラッシャル　77, 78
〜デイラッシャル　77, 78
〜テクダサル　80
〜（デ）ゴザイマス　83
〜テサシアゲル　81, 100
〜デス　83
とんでもございません　166, 198, 208
とんでもない　166

な

ナサル　77

は

拝（ハイ）〜イタス　82
拝聴イタス　82
拝読イタス　82
ヘイ（弊）〜　83

弊行　83
弊社　83, 104

ま

マイル　81
参ル　96
〜マス　83
メシアガル　77
モウシアゲル　79
モウス　81

や

山田様　96
山田殿　96
読まれる　96

ら

〜（ラ）レル　78, 96
レイ（令）〜　79
令兄　79
令夫人　79

［著者紹介］

蒲谷　宏（かばや　ひろし）
神奈川県横須賀市生まれ（1957）。早稲田大学第一文学部卒業（1979），同大学院文学研究科博士課程修了（1986）。博士（文学）。専門は，日本語学，日本語教育学。
早稲田大学日本語研究教育センター教授（1995-2001）を経て，現在，同大学院日本語教育研究科教授（2001-）。早稲田大学日本語教育研究センター所長（2008-2010），同大学院日本語教育研究科長（2008-2010, 2012-），文化審議会国語分科会委員・敬語小委員会副主査（2005-2007）を務める。
著書に，『大人の敬語コミュニケーション』（2007）筑摩書房，『敬語表現』（1998共著），『敬語表現教育の方法』（2006共著），『敬語表現ハンドブック』（2009共著）以上，大修館書店，『敬語コミュニケーション』（2010共著），『日本語教育学序説』（2012共著）以上朝倉書店，等。

待遇コミュニケーション論
©Kabaya Hiroshi, 2013　　　　　NDC810／v, 344p／21cm

初版第1刷──2013年4月20日

著　者─────蒲谷　宏
発行者─────鈴木一行
発行所─────株式会社　大修館書店
　　　　　　〒113-0541　東京都文京区湯島2-1-1
　　　　　　電話03-3868-2651（販売部）　03-3868-2290（編集部）
　　　　　　振替00190-7-40504
　　　　　　［出版情報］http://www.taishukan.co.jp

装丁者─────下川雅敏
印刷所─────藤原印刷
製本所─────三水舎

ISBN978-4-469-22227-2　Printed in Japan
Ⓡ本書のコピー，スキャン，デジタル化等の無断複製は著作権法上での例外を除き禁じられています。本書を代行業者等の第三者に依頼してスキャンやデジタル化することは，たとえ個人や家庭内での利用であっても著作権法上認められておりません。

敬語表現	蒲谷　宏・川口義一 坂本　恵　　　　　著	四六判 250頁	本体2,200円
敬語表現教育の方法	蒲谷　宏・川口義一 坂本　恵・清　ルミ　著 内海美也子	Ａ５判 210頁	本体1,600円
敬語表現ハンドブック	蒲谷　宏・金　東奎　著 高木美嘉	Ａ５判 210頁	本体1,800円

大修館書店　　　　　　　　　　　　　定価＝本体＋税５％（2013年３月現在）